博瑞森图书
BRACE
企业阅读 本土实践

博瑞森管理图书网
www.bracebook.com.cn
多读干货■少走弯路

双剑破局

沈坤营销策划案例集

沈坤◎著

中华工商联合出版社

图书在版编目（CIP）数据

双剑破局：沈坤营销策划案例集/沈坤著．—北京：中华工商联合出版社，2015.6

ISBN 978-7-5158-1338-7

Ⅰ．①双… Ⅱ．①沈… Ⅲ．①营销策划－案例－汇编 Ⅳ．①F713.50

中国版本图书馆 CIP 数据核字（2015）第 122864 号

双剑破局：沈坤营销策划案例集

作　　者：沈　坤
责任编辑：于建廷　臧赞杰
责任审读：郭敬梅
封面设计：久品轩
责任印制：迈致红
出版发行：中华工商联合出版社有限责任公司
印　　刷：三河市文阁印刷有限公司
版　　次：2015 年 8 月第 1 版
印　　次：2015 年 8 月第 1 次印刷
开　　本：710mm × 1000mm　1/16
字　　数：280 千字
印　　张：20.75
书　　号：978-7-5158-1338-7
定　　价：66.00 元

服务热线：010－58301130
团购热线：010－58302813
地址邮编：北京市西城区西环广场 A 座 19－20 层，100044
http：//www.chgslcbs.cn
E-mail：cicap1202@sina.com（营销中心）
E-mail：gslzbs@sina.com（总编室）

工商联版图书
版权所有　侵权必究

凡本社图书出现印装质量问题，
请与印务部联系。
联系电话：010－58302915

博瑞森图书：企业阅读　本土实践

亲爱的读者朋友：

也许您是博瑞森图书的老读者，也许是新朋友，欢迎您阅读博瑞森图书！

当今中国，各行各业都存在着转型升级的压力与机遇。博瑞森图书与您一同应对转型挑战并发现其带来的机遇。

我们一直在问：什么样的书能为您解决管理难题并带来启发？

我们一直在找：哪些作品能帮助企业从跟随到领先？

我们一直在做：把最好的作品以最便捷的方式呈现给您，纸质版、电子版、书摘邮件、微信……

我们策划图书的原则是：

- 企业阅读——与您一样，做水中的游泳者，而非岸上的观众或教练，企业的困惑就是我们的任务。
- 本土实践——与您一样，立足本土环境，追求卓越实践，传播最适合当下中国企业的管理之道。

我们也向所有的企业管理者、管理咨询专家和企业研究者征稿，让更多被实践检验的好思想、好方法迸发出来，为企业助力！（bookgood@ 126. com 或 QQ：1963328416 或手机号（微信号）13611149991，绝非“自费出书”，不向作者收取任何费用）

如果有一天，您把博瑞森图书视为您优秀的事业伙伴、管理助手，我们也就实现了自己的梦想。

博瑞森图书

凡购买本书的读者，都将**免费获赠**本书精华电子版 + 书币，请登录**博瑞森管理图书网**，输入刮刮卡号码，即可下载电子版、领取书币。

此书献给我的爱人王宏女士

双剑是无敌的

自2007年我在深圳创建双剑破局营销策划公司（以下简称为双剑）以来，至今已经8年有余。就整个营销策划行业来说，双剑是一个真正的晚辈，诞生的时间比较晚，而且员工人数一直都没有超过30人。

双剑从没有参加过任何机构举办的“十大策划专家”或“十大营销策划机构”等此类的评比活动，因此我从未在公司品牌的抬头上，像其他策划公司那样，冠上很多辉煌和唬人的头衔，而是以实实在在的行动，也就是依靠自己的策划实力，来引起企业和营销策划行业对双剑的关注。可以这么说，双剑是中国唯一一个依靠自身能力创出来的策划品牌，我们不善于过多地包装和宣传，只是带着一股创新的血性在中国的营销策划行业左冲右突，由此，好歹留下了不多不少却也拿得出手的营销策划案例。

我们谈不上成功，只是像记录历史一样，忠实地记录下我们每一个项目的策划经过和思维路径，包括我们所采用的横向思维创新手法和其他低成本营销推广的策略工具等。如果一定要说双剑有什么独特的地方，或者与其他同行相比有什么过人之处，那我也只好照实说出：“在横向思维创新能力和低成本营销策划的能力上，双剑绝对是第一。”

将横向思维引入营销策划的创新，在中国，我当仁不让地自称第一，尽管菲利普·科特勒曾经写出过《水平营销》这本书，但他只停留在理论的构想上，而双剑进行了横向思维实践，我们要比菲利普·科特勒走得更远也更深。

在营销策略上，双剑讲究要一针见血，直接进入事物本质，也就是说，营销策划的核心本质不是要企业去做大规模的传播投入，而是要尽量减少广告甚至消灭广告。营销策划的最高境界是以产品自身的魅力来刺激消费者的购物欲望，并绝对以排他性的潜意识思维力量，在促成自身产品畅销时，将竞争对手的产品扼杀在货架上。

双剑策划的尖刀产品，已经不是一个仅仅停留在物理层面上的产品概念，而是一个有灵魂并能自我表现的灵性产品，这就是双剑策划的核心能力。能做到这一层面的策划，在中国，除了双剑，绝对不会有第二家公司。

之所以有这样一本全景式的案例集出世，是因为在最近的五六年之间，浮现在媒体上的所谓策划案例，仅仅只是诉求点和广告语的创意，以及广告设计创意和影视片创意。从积极意义上来说，中国的营销江湖，需要一种能让普通读者都能看得明白的，并且体现鲜明创新策略思路的策划案例。

本书所收录的营销策划案例中采用的尖刀产品策略及由此而带来的整合传播诉求点，100% 是双剑的原创策划手法，其他公司想学也未必能学得来，我们之所以敢于公开双剑的策划手法和策划细节，就是因为拥有如此的自信。

我们不是只会自卖自夸的浮躁之辈，如果我们没有金刚钻，就绝对不揽瓷器活，如果我们不具备横向思维的创新能力，我们也绝对不敢在营销江湖中称王称霸。双剑的原则是：他人能做的，我们也能做，而且会做得更好；而双剑能做的，他人绝对不会做。这也已经成为“双剑破局”这个策划品牌引以为傲的资本。

还是让大家自己来评判吧。因为只要您阅读了本书，我相信您会明白我上述所说的意义所在，当然，我们也不会就此停滞不前，双剑永不停止创新的脚步。

需要说明的是，书中展示的策略案例中，大部分企业客户都是比较弱小的，一没有广告投入，二缺乏优秀的销售团队，但双剑就是在如此艰苦的条件下，帮助这些企业杀出重围，走向健康发展的光辉大道。

而有些企业客户，由于在方案的执行上与双剑产生分歧，导致方案的效果很不明显，这是作为策划人的遗憾。我在想，如果合作的企业客户能与双剑紧密配合，真正达到双剑合璧的效果，那么双剑所说的破局奇迹就一定会诞生。让我们拭目以待！

双剑掌门：沈坤

案例一
琥珀·金茶
——创茶叶新品，反文化突围

合作客户：湖南湘源天茶业有限公司

客户对接：湘源天茶业总经理贾霆

一、夸海口，立下军令状

大约在 2006 年，我应福建郑源茶具有限公司的郑总之邀，专程去了一趟福建福鼎，这里是中国工夫茶具的生产基地，也是白茶的发源地。与郑总会面，主要是洽谈双方的合作。合作的项目内容有两个，一是茶具，二是茶叶。记得当时郑总也问过我对茶业了解多少，我摇了摇头，说实话我真的对茶业没什么了解，既没做过茶叶营销也没做过茶具策划，十足是一个门外汉。

为了确保项目合作成功，郑总专门开车陪我走访了福州的茶叶市场和茶具市场，对这个市场了解了一个大概。回深圳之后我又走访了深圳的茶叶市场，也询问过一些朋友，大体得出了一些结论：中国茶业营销非常落后，没有一个令人熟记的品牌；虽然有很多有名气的茶叶种类，例如“西湖龙井”“黄山毛峰”“君山银针”“安溪铁观音”等，但这些茶叶都是以地方名称命名，不是以企业注册的名字命名，所以很多企业都可以同时用一个茶叶名称；还有就是，做茶叶的企业几乎都比较注重茶文化。

茶叶产品的包装、茶叶专卖店及喝茶的茶楼，都比较注重文化韵味。虽然我了解到了不少市场情况，但后来由于各方面的原因，合作一直没有达成。

2009 年 7 月 10 日，我在长沙会见了湖南湘源天茶业有限公司（以下简称湘源天茶业）的管理层，他们对我在亚瑟王智能防暴锁项目策划中所表现出来的独特霸气和另类思维非常感兴趣，并希望我能与他们一起合作，再次在茶叶行业内掀起一个破局风暴。

说实话，我当时完全是凭着一股热情爽快地答应了下来，甚至还在管理层集体面前大拍胸脯，说我一定不会让他们失望，一定会为他们找到一条破局之路。但事后走访了几个地区的茶叶市场之后，我才发现我话说得太满了，没有给自己留下一点余地！

没办法，既然夸下了海口，那就迎头而上吧！我对自己的能力充满自信，也正是由于这种超级自信，我与湘源天茶业签下了一个非常苛刻的协议：策划费用只收取30%，余下的达成目标才能获得。也就是说，这个项目有面临亏损的风险，这等于是在战斗前先立下了只许成功不许失败的军令状！

当时我身在亚瑟王，无法分身，只能从深圳抽调大将，由在蓝海战略上颇有研究的陈旭军担任湘源天茶业项目的总监，并火速组建了项目团队。

2009年7月15日，湘源天茶业策划项目正式启动。

二、破疑团，遭遇三重门

为了尽快成为茶叶行业的专家，或者说尽快把握茶叶行业的本质，我召集项目组成员，决定连开三场消费者座谈会：一场是老茶客座谈会，邀请那些几乎每天都离不开茶的人；一场是偶尔喝茶的人座谈会；还有一场是完全不喝茶的人座谈会。通过这三场座谈会，基本可以掌握消费者对茶叶的一般认知了。

结果很快就出来了：老茶客们几乎一口咬定，喝茶就要讲究氛围和文化，他们甚至历数古代文人墨客有关茶的记载来支持自己的观点；偶尔喝茶的人，对茶叶说不上什么文化不文化，只是感觉喝茶对身体有好处；不喝茶的人多是那些年轻的思想前卫的人，他们认为喝茶属于中老年男人们的专利，所以喝茶代表老土……

究竟什么是茶文化？我针对性地问了在座的各位消费者，这下可有点意思了，几乎每个人都对茶文化各执一词，如同盲人摸象，大部分人都只是讲了茶文化的某一个点或者说某一种现象，即使那些被人称为老茶客的

"喝茶专家"，也对茶文化说不出个所以然来。最后我自己也得不出完整的结论，这个茶文化究竟是什么东西！

疑惑依然在不断地增加。不喝茶的年轻人说，味蕾是人类两大欲望享受区之一，没有人会喜欢花钱去买苦涩的东西吃，除非是渴求身体快点康复的患者，才愿意喝下苦涩的中药。他们认为茶太苦了，不喜欢喝也没必要喝，要喝也是喝咖啡。我问咖啡同样是苦的，这不是一样吗？他们却回答说不一样，喝咖啡是一种时尚，如果觉得苦，可以加糖和牛奶……

喝茶被认为是老土，而喝咖啡却被认为是一种时尚……消费者五花八门的回答，引起了我的深思。

"茶叶的包装、喝茶的茶楼，乃至销售茶叶的专卖店，都被弄得古色古香，非常文雅，令人感觉是来自久远世纪的古董，我们不喜欢……"

"喝茶讲究一个心境，在环境好的地方喝茶，确实会给人更好的感觉……"

"喝茶是一种文化，可以让人联想到久远年代的茶马古道；泡茶的步骤也有讲究……"

"我感觉喝茶太麻烦了，滚烫的热开水，那么多茶叶浮在水上，不喜欢！"

我发现年轻人普遍对喝茶不热衷，倒是中年商务人士对此还有点感觉，难怪年轻人会把喝茶的现象看做老土。其实这已经不光是两个年龄层的代沟问题，而是对茶的不同认识所致！

不过，调查中我获得一个结论，大凡去高雅茶楼喝茶的人，都不是冲着那股高雅文化味去的，而是觉得在一个舒适的场所，边喝茶边聊天也是一件惬意的事。有些高端商务人士根本不在乎喝的是什么茶，价格是多少，只是在茶楼休息休息，聊聊天或者打打牌……

记得有一次，我应邀前往长沙一个茶叶企业研讨企业战略。这家在当地很有名气、开了很多专卖店的企业办公环境非常高雅，亭台楼榭山光水色，让我感觉不像是企业倒更像是私家花园。老板办公室的四面墙上挂满了各种字画，其中有一幅字是老板自己的笔墨——"制茶精工人不见，用心良苦天有知"，据说是老板自己对制茶的一种叙述，当时我就觉得纳闷，这老板到底是在经商还是从文？

三、数罪状，茶业问题多

中国的茶叶真是复杂得可以，以颜色区分有青、绿、红、黄、白、黑六大茶系；从制茶工艺分又有发酵茶、半发酵茶和不发酵茶；而喝茶又分为功夫茶、冲泡茶、袋泡茶……

离开茶叶本身，我转入调查企业对茶叶的营销运作。市场调查的结果令我对中国茶业的发展非常失望，我从中发现了很多怪现象。

一是把茶叶品种当做品牌。在中国悠久的茶发展史中，只有产地名牌，而没有产品品牌。龙井、铁观音、碧螺春、普洱、银针等都是名茶品种，但不是茶品牌，而且每个品种都是以产地为茶品质的衡量标准。其结果就是，任何企业都可以把产品冠上龙井、铁观音等名称，造成市场上充斥着品质各异、价格各异的茶品，结果消费者雾里看花，市场缺乏信任度。试问：目前哪个茶叶产品品牌能让消费者脱口而出？这是典型的有种类、无名牌的“有名无姓”市场特征。

二是把文化作为营销战略。在整个茶叶行业，贯穿茶叶上下游产业的企业都在宣扬茶文化，集体陷入文化怪圈无法自拔。茶品名称、传说、卖点、包装等等，都在装古董，装内涵，把一个消费商品行业做得像考古、收藏行业一样。从产品、终端到广告，企业一直在现代消费者面前装大师、装专家。仿佛离开文化，茶就不能喝了，也不是高品质的消费品了。这种单一的营销手段使行业缺乏创新，更难以激发新消费者。

三是忽视现代消费者需求。茶品就是商品，企业必须回归营销本质——关注消费者需求，而不是单一地做文化包装。作为现代消费者，特别是日渐崛起的80后、90后这些生力军，为什么不选择喝茶呢？根据我们的调查显示，这些时尚人群不喝茶的原因来自四个方面：第一，认为茶是中老年人喝的，喝茶老土，不够时尚；第二，认为喝茶不方便，流程烦琐；第三，认为喝茶使人兴奋，影响睡眠；第四，茶叶太苦涩，不愿意品尝苦味。实际上，对于这些消费者反映的真实问题，企业没有去解决，而是一味地传播文化，这样只能让消费者渐行渐远。

四是过分地炒作来哄抬价格。前几年，港台地区的一些资本炒家发现国人对茶文化盲从且对茶叶本质认识模糊，于是他们选择了在口感上容易被人接受的普洱茶作为对象，大肆进行炒作。

普洱茶的价格之低廉是“藏在深山人未知”。在2004年之前，普洱茶的价格很低，1公斤铁观音、乌龙茶的价格，可以买10公斤以上的普洱茶。从2005年开始，那些幕后炒家就重金投入媒体进行舆论造势。据说其中一个大炒家集团在普洱茶概念的推广上耗资2亿元。很多股东一开始都有意见，后来一盘算大家都认为很值。

茶叶炒作采用的手法多种多样——能喝的古董、减肥、养生、慈善义拍、奥运等，但凡能沾上边的炒家都大手笔投入。茶叶，作为一个商品的本质，却被人们给忽略了。

四、湘源天，自身有什么

湖南湘源天茶业有限公司是一家以茶叶为核心，集农产品研发、生产、供应、销售为一体的大型民营科技企业，是省市重点“三农”企业，在湖南商界享有极高的盛誉。公司多年前就依靠湖南安化的黑茶进入中国茶业，但在运作了几年之后发现，刚刚被人们所认识的黑茶并不能担负起公司想在中国茶业有所作为的重任。

2009年，针对茶业群龙无首的局面，湘源天茶业以强烈的民族责任感，在深入分析了中国茶叶企业忽略消费者实际需求的经营弊端之后，试图以一种全新的思路来打造一个真正令消费者满意的茶叶品牌。他们决定以产品创新为切入点，为此，湘源天茶业与湖南农业大学博士生导师刘仲华教授达成合作，双方共同针对茶叶产品存在的先天性不足进行技术和生产上的攻关，研发出一种在口感、茶色、卫生、便利、养生功效及副作用剔除等多方面改良的新茶叶。这种茶叶精选1000米以上高山有机茶园优质芽胚为原料，采用独特的金花提醇技术，使之滋长一种罕见的对人体有益的冠突散囊菌落。该菌落可释放多酚氧化酶、果胶酶、纤维素酶、蛋白酶等活性蛋白，催化芽叶中各种生化成分发生氧化、聚合、降解、转化，产生对人体有益的小分子活性物质，起到有效平衡人体代谢机能的作用。可以说，这种茶叶的价值不仅在于普通饮用解渴，更是一款货真价实的高级养生茶品。

企业知道，好产品未必一定有销路。所以，湘源天茶业董事会经商议，决定从两个方面入手，一是引进快消品操盘手、原酒鬼酒营销总经理贾霆担任公司 CEO，同时选择深圳双剑破局营销策划机构担当这个茶叶新品种的行业破局任务。尤其是针对双剑，湘源天茶业要求我们必须创造一个比亚瑟王智能防暴锁更震撼的破局策略，从产品名称、营销概念到推广策略，务必要创造一个中国茶业至今都无法超越的奇迹！

也许是我在很多篇文章里自我吹捧得太厉害，与双剑合作的客户总是对我们寄予非常大的期望。山东海之宝的曲总甚至对我们提交的略为平淡的策略曾提出这么一句评语："没有双剑的性格……"

什么是双剑的性格？那就是有霸气和杀气，有震撼力和爆炸力，有创新性和独特性，有实操性和实效性！我相信自己的能力，更相信双剑的团队！为了实现湘源天茶业的行业领袖梦想，我组建了自创立公司以来最具实力的杀手团队组合：轩辕劈蓝剑陈旭军担任项目总监，青玄秦女剑翟焕妮为策略助理，公司副总屠龙冲锋剑孙自伟和我作为策略左右手给予大力支持与配合，再加上公司文案快枪手凤凰涅槃剑郭远携带两个文案助理，七剑合一，具备了在中国茶业领域"大开杀戒"的智慧能量！

五、求突围，峰回又路转

茶叶市场调查兵分四路：北京由孙自伟负责，深圳和广州由彭小松和杨柳负责，湖南长沙由张伟和孙军负责，四川成都由杨慧娟负责。各路调查的项目组成员相继回到双剑在湖南长沙的大本营后，我们集体钻进了景程酒店的大套房里，开始了紧张而有趣的策略制造创意会。按照我创建的策略制造方法的步骤，第一步是要确定问题：湘源天茶业请我们双剑来究竟想要什么？仅仅是推广一个茶叶新产品吗？

开创意会的时候，我们把湘源天茶业的管理层集体请到了会场，目的是想让他们知道，我们双剑究竟凭什么能力来解决他们自身难以解决的问题！

为了确保创意的成功，我把对中国文化颇有研究的著名诗人海上老师请到了现场。我想，茶叶作为中国历史的活化石，在专业学者的心里还是有着举足轻重的位置的。除此之外，我还邀请了几位与茶叶一点关系都没有的80后青年代表，我想通过各色人等的参与，来打开我心中一直存在的茶叶疑团。

通过对茶业的了解和市场的分析，我觉得，湘源天茶业要想在中国7万多家茶叶企业所构成的茶产业内有所作为，必须首先开辟出一个新的茶叶品类，而这个品类必须是目标人群喜欢的。要解决这个问题，我们首先得有一个看起来颇像品类的名称。

在按照传统的逻辑思维进行创意无果的情况下，我只能启用双剑的横向思维创意工具。我先把要解决的问题进行论证，在得到大家一致认可的情况下，正式开始进入创意。

通过三层剥离，第一轮创意归纳的名字为“元藏”，组合在一起就叫“元藏茶”，初听名字还颇有点品类的味道，请看我们最初的创意思路：

品牌名称：元藏；

品牌定位：世界最古老的茶；

品牌口号：茗香五千年，元藏茶为先；

品牌核心价值：珍贵的、睿智的、深厚的；

品牌形象元素：煮茶青铜鼎、三足鸟、土布、陶罐；

品牌细分：顶级茶品——元藏金茶；时尚茶品——元藏龙茶、元藏凤茶。

初看没什么，感觉挺像那么回事的！但是，我总感觉，我们不知不觉又走到7万家茶叶企业一起都在走的老路——太文化了！而我要为湘源天茶业闯出一条新的道路。

大家兴奋了一阵子，但最终这个创意还是被我残酷地“枪毙”了。我的直觉告诉我，茶叶策划坚决不能再走到文化老路上去。我总觉得茶叶在树上就是一种植物，加工包装后就成了企业的产品，而流通到市场上就成了商品，到消费者手里，就应该成为他们非常喜欢的品牌和对自己非常有用的饮品。

创意会第二天继续进行，我的要求很简单：创造一个消费者喜欢的茶叶品牌。在这一原则引导下，我们的思路才开始逐渐归位到茶叶的本质上来。

通过六轮的残酷筛选，最终我们才锁定“琥珀·金茶”这四个字。琥珀，为湘源天新茶种冲泡后的茶色；金，显示尊贵的意义，同时也是一个新茶推出的概念。而由两种颜色联合在一起的茶叶名称，在整个茶叶产业中也是绝无仅有，同时琥珀·金茶，读起来确实具备了一个茶叶新品类名称的特征。至此，我们才正式把它纳入提案：

品牌名称：琥珀·金茶；

品牌 USP：金花提醇、时尚尊贵；

品牌口号：好茶金花开（暗示真正的好茶必须具备金花）。

客户完全认同！双剑由此进入如何将琥珀·金茶推向市场、快速让市场接受的传播策略创意之中，而这又将是一场艰难的战斗！

六、欲惊世，出手必不凡

按照我的破局营销策划理论，产品的名称和概念只是策划的基础，我称之为女人出嫁前的梳洗打扮，而真正要引起世人瞩目，新娘必然要有惊世骇俗的举动。那么琥珀·金茶如何才能制造出让整个业界为之震撼的热点事件呢？我必须要为琥珀·金茶找到行业破局的这个点！

沈坤破局理论之三：找到行业共同存在的弊端，并予以猛烈的攻击，以衬托新事物的诞生。那么茶业的现状究竟是什么样子的？行业的弊端究竟是什么？我又开始站在一个行业的高度，对茶业进行入木三分的审视。

归纳了前期市场调研，分析了行业资料，又搜索了网络关于茶业发展的一些相关资料，我发现了翔实的数据支持以下论点：中国终于从印度夺回了茶叶大国的地位；全中国有 7 万多家茶叶企业，每年生产茶叶近 200 万吨，是名副其实的世界茶叶大国；在西方世界，只要一听到茶叶就会联想到中国，而一提到中国自然会想到茶叶；按理，纵横驰骋于国际市场上的茶叶品牌自然应该诞生在中国，但非常遗憾，直至今日，在国际茶叶市场上，我们依然只是一个没有品牌的茶叶大国，而没有品牌的茶叶大国，其最终的结果是以低廉的价格成为国际品牌的打工者。据有关部门统计，英国立顿每年的销售额正好是中国全部茶企的销售额总和，这一事实令每一个涉足茶业领域的中国人深感屈辱，同时也非常无奈……

中国茶叶为什么会集体失声？7 万多家茶企为什么集体兵败于一个洋品牌？中国茶叶的出路究竟在哪里？每一个有民族责任感的中国人，都应该扪心自问，我们究竟能为中国茶叶做些什么？作为一个策划人，我更是为这样一个现实感到遗憾。

我仔细回顾市场上各种茶叶的包装、企业名称、网站、茶楼装修、茶叶名称、茶楼招牌及茶叶营销传播等，发现一个非常奇怪的现象，那就是所有在做茶叶的企业几乎都离不开文化元素，甚至很多企业竟然将古文化完全融入茶叶的宣传中。而根据市场调研结果分析，消费者却无法对茶文化说出一个大概，年轻的消费者更是对所谓的茶文化不屑一顾：不懂！

茶文化究竟是什么？文化真的是茶叶营销唯一的出路吗？茶文化真的能帮助茶叶企业在市场上竞争制胜吗？茶文化能解决茶叶品质问题吗？消费者喝茶难道是因为茶文化的作用吗？带着一系列的疑问，我开始了对茶文化的真相调查。

先是走访了茶业的行业媒体，记者编辑们给我谈了很多深奥的茶叶历史，从丝绸之路到茶马古道，从马可·波罗到陆羽，我听得有滋有味，但还是不明白，这些历史文化究竟给茶叶营销带来什么实质性作用？

我拜访了很多茶叶专家学者，他们也给了我同样的解释和陈述，而我自己得出的结论是：茶文化源远流长不假，足够供专家们研究的，但是，这跟消费者买茶叶的主要动因没有任何关系！

难道酒营销的核心因素是酒文化，茶叶营销就必须有茶文化？蔬菜比茶叶有更悠久的历史，为什么没有蔬菜文化？由此我断定：茶文化是中国茶业集体遭遇滑铁卢的罪魁祸首！

我决定让湘源天茶业代表中国茶业的新生力量，以中国第一个时尚茶品的名义，向厚重的茶文化开出茶叶品牌营销反文化的第一枪：彻底剥离茶文化，还原茶叶商品本质。

消费者因为茶叶好才购买、因为茶好喝才持续购买，因为茶叶品牌的核心价值符合其内心所需才喜欢，而不是因为什么茶文化，对于消费者来说，他们根本不懂茶文化，也不需要懂。好茶，就是一切！而茶文化应该让专家学者们去研究。

让茶文化见鬼去吧，我只想做一个好茶品，一个令消费者真正喜欢的茶叶品牌！

七、破茶局，拯救中国茶

一听说我要改掉养生概念、力推时尚概念，湘源天茶业管理层表示不解，他们认为“时尚”一词极有可能被误解为便宜或者“层次很低”。我知道管理层把“时尚文化”和“潮流文化”混为一谈了。时尚不等于肤浅地赶潮流，而是一种生活的态度，意大利的范思哲、古驰等品牌都是时尚人群所追捧的经典时尚尊贵品牌，没有人会认为它们很便宜或者“层次很低”。国内很多做时尚品的企业是因为没有把握好时尚与“赶潮流”的度，才导致人们对时尚的误读。

我把琥珀·金茶定位于时尚茶，并非仅仅只是给茶叶做时尚包装或者专门供给时尚人群喝，而是要通过与传统茶叶的对立性定位进行区隔，以推出一种“喝茶不是老土，而是一种新的时尚”的概念。时尚饮茶肯定是一个趋势，传统茶文化不是不好，而是消费者离它越来越远，也越来越没兴趣，而时尚感却是当前社会主流人群所喜欢的。

一边是老气横秋的文化茶，一边是青春活力的时尚茶——这个二分法的定位概念一诞生，我就立刻找到了可以进行攻击的行业弊端，并快速整合了琥珀·金茶的招商热点引爆策略。当这个大胆的念头在我的头脑里诞生的时候，我自己都被吓了一跳：沈坤啊沈坤，你这厮也太大胆了吧，竟然敢攻击具有悠久历史传统的中国茶文化？

我决定将“琥珀·金茶”的传播策略确定为行业攻击者，攻击目标锁定被中国茶业界一直捧为神明的“茶文化”。我知道攻击的目的不是要摧毁“茶文化”（事实上我们也摧毁不了），而是攻击“茶文化”在茶业经营中的负面作用，以达到为时尚尊贵茶品“琥珀·金茶”入市做铺垫的目的。因为琥珀·金茶是一个全新的品牌名称和茶叶品类，市场知名度等于零，要想让这个崭新的时尚茶叶品牌一炮打响，必须要为它设计一个足以引起行业10级地震的大事件。而攻击茶文化必然会引起那些茶文化护卫者的反击，尤其是那些对茶文化研究颇深的专家学者，甚至还能引起不少喝茶爱好者的公愤。这是一个真正的马蜂窝，也是一个等待我去引爆的威力巨大的炸弹——而这正是我想要的结果：把事情闹得越大越好！

炸弹何时引爆？在什么地方引爆？引爆这个炸弹的真正意义何在？后果会怎样？我又开始了下一轮的设计，最终还是决定在全国招商会上直接引爆。所以策划一个具有震撼力、向心力的公益性活动，就成为我的当务之急。由此，一个以“拯救中国茶业”为主题的茶业高峰论坛，成了我为琥珀·金茶全国招商准备的最好媒介。

“中国有几千年茶业历史却诞生不了一个真正的品牌，全国7万多家茶叶企业却不敌一个英国立顿；80后近70%不喜欢喝茶，90后不爱茶者更是高达95%，00后乃至10后或者50年以后呢？中国茶叶将成为供人研究的活化石……‘拯救中国茶业，回归茶叶本质’，中国第一个完全剔除厚重的茶文化烙印，聚焦消费者真实饮茶需求的时尚尊贵茶品——琥珀·金茶震撼登场，湖南湘源天茶业有限公司与深圳双剑破局营销策划机构联袂奉献！11月25日湖南长沙，时尚茶品大战腐朽文化茶，新旧两派势力狭路相逢，茶业反文化风暴一触即发，敬请关注！”

这是我编辑的一段短信内容，群发给了我手机里的朋友，我想验证一下他们的反应。朋友们回给我的信息令我信心大增，“打出反文化旗号、为时尚茶开路确实是一步非常精妙的棋，双剑确实太牛了……”这是海上老师给我回复的短信，使我更加确信反文化策略是琥珀·金茶推广成功的最佳选择！

八、破产品，创造新茶品

我的策划习惯是，产品一定要有独特的质量、强大的概念和充满视觉刺激的外包装，因为我们是一家专注创新破局的策划公司，我注重的是尖刀产品的制造。通过调查得到的信息是：第一，顾客认为茶很苦不好喝；第二，大部分人认为晚上喝茶睡不着觉；第三，很多年轻人认为喝茶老土；第四，有很多老茶客认为，黑茶不是很卫生，这是由传统生产工艺决定的。

针对上述这四点，我们能不能改变？我的目的就是要把这些不利因素从茶叶中去掉。厂家说做不到，我说做不到也得想办法去做！在我的横向思维策划体系中，永远都没有做不到的事！

后来经过朋友推荐，我认识了刘仲华教授，刘教授听了我的想法后说这个不难。于是，在刘教授的带领下，我们对黑茶产品进行了全方位的创新突破。

黑茶的养生口碑是最好的，它有助消化、减肥的功效，以前国家还不许出口，因为里面含有特殊的精华，大部分藏族、蒙古族牧民都喜欢喝这种黑茶。但黑茶外观非常粗糙，发酵成型要五到六年甚至更长时间，而且制作工艺不是很卫生，所以出口受到国外检验机构的拒绝，这些都是它的缺点。

我们给企业做产品差异化的时候，采用了蓝海战略的模型。第一，剔除传统黑茶落后的工艺，包括产品形态的改变。黑茶原来的包装都是砖茶和千两大柱茶，对于消费者来说，绝对不方便，所以，我建议将我们的琥珀·金茶制作成与普通绿茶一样的散装茶。

第二，减少了黑茶当中非物质文化的东西，剔除了茶中对人睡眠产生影响的茶碱，同时增加了茶的醇感；

第三，缩短了茶叶的发酵周期，将原来需要5～6年的传统发酵期，缩短到只要3～6个月，这绝对是一个伟大的创举！

第四，在缩短发酵期的过程中，刘教授通过独特的金花提醇技术，促使琥珀·金茶在发酵中能滋生更多的“冠突散囊菌”，即茶叶中的“金花”，从而增加了琥珀·金茶的保健养生功效。

最为重要的是，我们为中国茶业创造了第一个区隔性质量概念——金花提醇。这是一种黑茶中金花的提醇技术，解决了原来制茶工艺上存在的安全、卫生漏洞。

这个茶叶经过我们的创新，已经很大地提高了产品质量，事实上，它已经不是传统意义上的黑茶了，无论是它的创新技术还是最终的茶叶汤色，绝对符合我们为这个新茶品起的名字——琥珀·金茶。

由此，中国茶叶行业第一个尖刀产品琥珀·金茶诞生！

我们的产品目标很有野心，希望所有人都能喝我们的茶，所以价格不能高高在上。我们的生产成本会降低，原来黑茶生产要5年以上，我们只要3个月就可以了。原来的工艺很复杂，我们都简化了，把成本降低了。因为茶叶有一些内芽比较贵，所以定价上分了几个层次。我想把消费者一网打尽，所以定价的时候，我将琥珀·金茶分成三大类：

一曰天尊，取天下独尊之意，是为琥珀·金茶中最高级的茶品，每500克售价10万元；

二曰天骄，当然是取一代天骄之意，每500克要1万元左右，我们称之为中档产品；

三曰天成，取天下大成之意，每500克在2000～3000元，消费对象为办公室白领、商务人士。

从包装的角度，我们又设计了古色古香的坛子包装和时尚美观的纸盒包装，同时每个产品都有它的作用，首先是树品牌，其次是创利润、做销量、拒竞品等。

九、炸新闻：论坛大 PK

2009 年 11 月 25 日，由中国茶业协会、《三湘都市报》和湘源天茶业联合举办的“拯救中国茶业高峰论坛”在长沙进行，邀请了全国茶叶研究专家、茶叶营销专家、茶叶生产专家和茶叶企业代表、全国新闻媒介的记者及经销商代表等 500 余人。

论坛现场震撼上演了“茶叶时尚倡导者 PK 茶文化护卫者”的竞争性演讲，以我为首的反茶文化派和以湖南茶叶协会会长曹文成为代表的茶文化派，展开了真实激烈的争辩。

论坛导火线由我来点燃。我说，中国茶业要有所发展，必须要建立真正的茶业品牌，而剔除传统腐朽的“茶文化”阴影是唯一的出路。茶叶在田野其实只是一种普通的植物，到了市场就是一种符合国家市场标准的好产品，而由于消费者持续地追捧和喜欢成为品牌，不能因为茶叶诞生的历史悠久而把陈旧的历史文化强加给茶叶本身，尤其是茶叶经营企业，更应该把经营的重心放在如何向市场提供更好的产品、更好的服务上，而不是盲目地去向消费者灌输一种连自己都很模糊的茶文化。

“一片嫩绿的茶叶实在承受不了数千年的文化重压……”我特别强调说。

曹文成先生却非常情绪化地反对我的反文化言论。他说：中国的文化是不能反的，我们不能忘记祖宗，更不能反对祖宗们留下来的文化遗产，做茶叶就是要有文化。

关于多位专家提到立顿的品牌效益，曹会长呼吁在座所有专家不能长外国品牌的志气灭我们自己茶叶企业的威风……

话音未落我立刻就抢过话筒高喊反对。我说：如果祖宗的文化不能反，就没有中国的五四新文化运动，而没有新文化运动，那么曹会长您今天不应该穿着西装来，而应该拖着辫子穿着马褂长衫上台……

我的话立刻引起了台下观众雷鸣般的掌声，海上先生却立场鲜明地站在曹会长一边，他认为中国茶文化历史悠久，是一种客观存在，不是说反就能反得了的。

酒业营销专家张学军也认为："运用文化资源来做营销可节约推广成本，白酒营销要讲究文化，同样茶叶营销也离不开茶文化！"

湘源天茶业总经理贾霆对张学军先生的观点表示反对，他说中国古代腐朽的茶文化确实对中国茶叶的发展没有实质性的好处。他以酒为例，白酒一年的销售额超2000亿元，而茶业却只有区区300亿元。酒业讲究的是品牌，而茶叶却更像是一种原料，生产工艺缺乏卫生不说，在营销上更是落后，根本没有建立品牌。他认为，过去茶业所倡导的产品和营销的创新其实只是一种表象和手段，我们更要以产品和营销创新的杠杆来撬动中国茶业发展，其关键是需要一个品牌文化创新的支点。

英国《金融时报》特约评论员王孟龙先生非常简练地概括道：白酒生产已经工业化，而茶叶依然是农业社会的产物，这是值得茶业经营者深思的问题。我们一味地追求茶文化，把一片普通的茶叶供奉成少数人把玩的"古董"而被人收藏恰恰是违背文化创新的传承精神的。

贾霆认为，目前，由于年轻人群对茶叶延伸产品的消费认同，茶饮时尚化趋势越来越明显。湘源天茶业此次力推的新品——琥珀·金茶，在研发和营销中始终贯穿"尊贵、时尚、健康、方便"的宗旨，这个新产品、新品牌不但寄托了企业发展的希望，更承载了为新的中国"茶文化"试水蹚路的责任。琥珀·金茶是公司与国家教育部茶学重点研究室刘仲华教授及其团队合作开发的高科技产品，它选用雪峰山千米高山生态有机茶园的纤嫩芽叶为原料，经"金花提醇"技术，使茶叶在发酵过程中滋长茂密金花，泡饮时其色如琥珀，口感极佳。琥珀·金茶是中国第一个时尚尊贵茶品，它继2009年10月在第二届中国（益阳）黑茶文化节上获得金奖之后，11月再获2009"金芽奖"中国黑茶最具竞争力品牌奖，这也是中国茶品牌2009年唯一的一个黑茶类奖项。

论坛的辩论非常激烈，台上六位专家分成两派，以曹会长为代表的文化派固守中国茶业的发展离不开茶文化，更不能反茶文化，而以我为核心的激进派认为，中国腐朽的茶文化是中国茶叶未能创立有市场竞争力品牌的罪魁祸首，中国茶业必须剔除文化的阴影，还原茶叶作为一个商品的本来面目。

台下的观众也由此分成了两派。一派是80后的年轻生力军，其中有一位美女记者直接针对曹会长的观点喊出了：“曹会长，你OUT了!”而另一位更为激进的来自中南大学MBA班的青年认为，中国如果一味抬高茶文化，那么中国的茶叶未来只有一个去处，那就是成为古董进入博物馆……

有意思的是，主持人唯恐年事已高的曹会长听不懂年轻人说的“OUT了”，就翻译给他：“刚才那位美女的意思是，曹会长，你老土啦!”现场立刻轰然响起如雷般的掌声。

另一派以老茶客出身的经销商为代表，他们认为中国茶叶反文化营销绝对行不通，有代表甚至针对台上激进派专家的反茶文化言论喊出“放屁”的粗言，引起场上一阵骚动……

场内争辩激烈，气氛非常紧张。众多媒体记者在休息间隙也纷纷表示，这次的论坛充满了火药味，大家各执一词，言辞激烈震撼力很大，同时也非常精彩和富有价值，并认为这才是一个真正的论坛，是非常值得媒体争相报道的行业热点事件。

“拯救中国茶业高峰论坛”所传递出来的文化争论，是中国自茶叶诞生数千年来的第一次，虽然现在还不能断定阻碍中国茶业品牌化发展的究竟是不是传统腐朽的茶文化，或者是不是应该给历史传承下来的茶文化添加时尚的新元素，我想，通过反文化行动，可以给中国正在寻求突围的茶叶企业带来实质性的启迪。

“茶文化PK”的新闻很快传遍全国，很多媒体是免费刊登这类新闻，《南方都市报》甚至专版刊登大辩论实况文字。

这是我们在反茶文化营销上跑出的第一步。我的目的其实很简单，就是想通过事件和造势，来赢得经销商的重视，吸引他们与我们达成合作。事实上，茶文化大PK论坛已经深深地影响了前来看热闹的经销商。很多经销商几乎就是在活动结束后的几个小时内就与企业签署了合作协议。

十、琥珀·金，十剑式传播

为了确保招商成功并辅助经销商成功打开市场，促使琥珀·金茶成为中国茶业的时尚亮点，我围绕着琥珀·金茶的营销目标，设计了一系列的推广思路，因为正好十个策略环环相扣，我称之为“破局十剑式传播计划”。

第一剑之新闻公关——“拯救中国茶业系列之一”高峰论坛是整个传播中最重要的一环，是正式打响“时尚茶品向中国古老的茶文化发起茶业反文化战争”的第一枪，其引发的舆论声势，将烘托琥珀·金茶的入市，吸引渠道商加盟。这是完成渠道招商的重要一环。所以，我制定了两个策略：一是将论坛信息随琥珀·金茶全国渠道招商广告在《销售与市场》上独家刊登，于2009年11月号广告发布；二是为了吸引更多的经销商加盟，我特别训练了客户的营销人员，让他们将印刷好的“拯救中国茶业，你也有份”的DM单，分别向茶叶经销商、批发商和茶叶店老板派发，派发区域是长沙、株洲、湘潭。

为了吸引更多的眼球，我特意在宣传单的背面，用订书机订上一小包附赠的“琥珀·金茶”样品茶，让收到宣传单的消费者品尝。事实证明，这两个策略非常奏效，会议当天，整个可容纳400人的酒店会议室，竟然挤了500多人！

第二剑之事件营销——“拯救中国茶业系列之二”时尚饮茶倡议：把论坛引发的影响力延续下来，利用新闻媒体和平面广告，发起新一轮“拯救中国茶业行动”。具体做法：通过新闻报纸倡议和广告告诉消费者，中国茶业为什么集体兵败洋品牌？其一是因为中国茶叶企业自己往脖子上套了过于沉重的文化枷锁，茶文化严重阻碍了中国茶叶企业的品牌发展之路，倡议让茶叶回归本质；其次是西方咖啡的入侵，使中国茶叶逐渐成为中老年人的“古玩”，活动的目的就是要呼唤青年人加入爱国爱茶行动，以社会规范中的责任感，来唤醒消费者对中国茶业的关注，活动主题“减少饮用咖啡，畅饮时尚茶品”。

这一活动，在湖南媒体的配合下，做得非常成功。

第三剑之时尚选秀——琥珀·金男人全国大评选：与《时尚先生》和《中国企业家》等高端企业和时尚杂志联合举办“琥珀·金男人全国大选秀”活动，分别从形象、智慧、事业等维度进行评选，同时在目标客户能接触到的门户网站及知名时尚、奢侈品网站上发布“琥珀·金男人”考评细则，请广大网民建言献策，形成琥珀·金男人考评标准。湘源天茶业可依据此标准，在不同区域市场开展琥珀·金男人评选活动。活动可举办多场复赛，也可根据不同领域人群来举行，持续不断地将品牌文化传递给目标消费者，从而真正打造一个令现代时尚女性所钟爱的“琥珀·金男人群”——他们是一群有高学历、形象健康、有创造力、有事业心、有绅士风度、懂生活品位的魅力新男人！

第四剑之茶客寻觅——深厚茶垢、铁杆茶客征集活动：中国民间有很多用搪瓷茶杯喝茶并将有茶垢的茶杯保留至今的老茶客，活动将从民间把这些老茶客及他们使用至今的老茶杯评选出来。在给铁杆茶客颁奖之后，邀请茶叶研究专家及医疗卫生专家，针对茶垢现象进行解剖，以科学实证来告诉大家，茶垢是因为常喝劣质茶叶所引起的，而劣质茶叶对人体的伤害非常之大，倡导大家要喝卫生的茶和有养生功效的时尚茶，从而达到推广琥珀·金茶的目的！

第五剑之茶品品鉴——琥珀·金茶高端品鉴会：当年产新茶经现代科技的金花提醇技术加工，口感远远胜过陈茶，琥珀·金茶在每个茶叶采摘季节都会推出时尚新茶品。湘源天茶业在新茶品面市时，将联合房地产客户联谊会和国内外红酒知名品牌等合作伙伴，在豪华酒店举办时尚尊品品鉴会，邀请新老客户参加品鉴会，稳固老客户并不断扩大客户群体的同时，借助知名红酒品牌提升琥珀金茶的品牌形象，以真实的场景与氛围逐步渗透琥珀·金茶的时尚尊贵印痕，从而与奢侈品时尚文化相关联。

第六剑之时尚茶艺——琥珀·金茶时尚茶艺秀：这是整个推广中最具有反文化特征的一个创举。湘源天茶业将成立中国第一支时尚茶艺表演队，茶艺小姐完全剔除了原来传统茶艺表演的文化风格，而是以面目清秀、身材性感、才艺双全、动作新颖、观赏性强来吸引顾客的眼球，使客户加深对琥珀·金茶的时尚尊贵印象。她们身穿特制的琥珀·金时尚茶艺服装，由时尚舞蹈专家专门针对琥珀·金时尚茶品的含义，设计专业的时尚茶艺表演动作，配以时尚茶具和动感音乐，成为供时尚人群欣赏的现代茶艺活动。琥珀·金茶艺队将专门在一些高级茶楼进行巡回表演，推广琥珀·金茶。

第七剑之动感视频——琥珀·金品牌 MTV 征集：在艺术工作者能接触到的门户网站及影音网站上发布琥珀·金茶的品牌文化介绍，征集品牌 MTV。请广大网民创意 MTV 脚本，企业在公证部门的监督下评选稿件，比赛分为入围赛和决赛，此举在于将琥珀·金的时尚品牌文化传递给目标消费群体，加大琥珀·金茶的品牌知名度。

第八剑之国际行动——琥珀·金茶亮相美国时代广场：湘源天茶业的琥珀·金茶一经面世就引起了世界相关机构的重视，尤其是琥珀·金茶内含大量金花吸引了美国多家企业的重视，其中一家美国企业成功成为琥珀·金茶美国市场的总代理，该代理商拟将琥珀·金茶的广告发布在美国纽约时代广场的电子屏幕上，以引起西方传媒的广泛报道，从而迅速提升琥珀·金茶品牌的国际知名度。这一事件将会大大影响国内茶叶企业。

第九剑之珍品拍卖——琥珀·金茶珍藏版限量拍卖会。在第三阶段琥珀·金茶终端销售半年之际，湘源天茶业将推出中国第一款限量珍藏版琥珀·金茶，该珍品将由国内著名时尚画家承担外包装设计，每一款产品包装上将打上个性化编码，包装盒设计图将当众销毁，拍卖会将邀请政府要人、演艺明星和商界领袖等出席。珍藏版琥珀·金茶的拍卖所得，将全部捐赠给灾区和贫困地区的学生，以此举来提升琥珀·金茶的时尚品牌美誉度！

第十剑之网络病毒——上中下三路软文全线出击。为了确保琥珀·金茶在全国范围内的轰动性，我专门设计了运用网络资源进行传播的软文计划，准备将高峰论坛上的新旧势力 PK 所产生的影响力直接延伸到互联网上，将反文化的战火燃烧到网络。我相信像攻击茶文化这一类的文章一定会刺伤很多人的神经，会使他们拿起笔来写文章进行反击，而一旦有这样的反应，我的网络病毒计划就算正式开始产生作用。而软文的设计更是进行了周密的上中下三路出击：上是正面、下是反面，而中自然是保持中立的态度。通过如此争论，中国茶业必将掀起一场文化大冲撞——暴风雨，要来就来得猛烈些吧！

这十招虽然尚不能称之为大创意大突破，但在稍嫌浮躁的茶业界，这么一环扣一环的十个策略还不多见，虽然最后未能全部实施，但是，琥珀·金茶策划带来的效果是非常显著的。

2009 年 11 月 25 日，第二届中国茶品牌“金芽奖”即中国茶品牌的“奥斯卡”奖颁奖盛典在广州隆重举办，琥珀·金茶首创金花提醇技术，改善了茶品在口感、卫生、功效等方面的诸多不足，并以时尚包装、便利饮用等独特优势，成为第一款中国消费者喜爱的时尚尊贵茶品，征服了评委挑剔的眼光夺得大奖。此次获奖，充分肯定了琥珀·金茶以消费者需求为中心，开辟了中国茶业营销新路。

十一、做样板，引导经销商

一个好的产品和好的策略虽然确实能打动经销商加盟，但如果所有的推广只是停留在招商的忽悠上，那么最终还是会造成渠道反水。为了以实际行动验证琥珀·金茶的破局策略，我在全国市场大规模启动前，要求湘源天茶业先以长株潭地区为样板，打造一个有销售力的市场试验田，然后将成功方案在全国复制。

很多企业在推出新品的时候，往往是全国一盘棋，由于系统不匹配，造成企业无法精细化运营。为此，我首先要打造全国示范样板市场。即以“长株潭”为中心，打造“时尚茶”的样板市场。这个策略使得很多营销创新在样板市场实现落地，起到了示范、引导和辐射作用，最终形成了全国市场的“一呼天下应”局面。

我们的破局策略不仅帮助琥珀·金茶在定位上做到了市场区隔，将茶行业划分成两个时代，还做了 360°的市场推广战略，从而以消费者为辐射圈来完成市场的教育和培育。在这方面，我们双剑与湘源天茶业一起进行了周密的部署，针对两个群体进行推广：

首先是间接用户——经销商，即从会议营销、DM 直邮、市场帮扶、广告支持、公关传播等形成辐射半径，完成前期招商和铺货工作；

其次是最终用户——消费者，即通过“拯救中国茶业”公益事件营销、公关传播、DM、专卖店陈列和时尚茶艺秀等活动，完成“中国时尚尊贵茶品”的市场推广。

这种双剑合璧式的营销策略，能环环相扣步步深入，所构建的360°推广战略，与其他企业的推广策略相比，更具有立体化、全面性和实效性。其实，归根结底就是针对消费者的本质性营销，一切以消费者需求为中心，实现市场的爆破。

面对中国茶业技术同源、产品同质、营销策略贫乏的营销现状，中国的茶叶市场急需强势品牌的出现已经成为不争的事实。也就是在这样的背景下，我们双剑才出手，与湘源天茶业一起采取了颠覆性的营销策略：一面是开创品类，另一面是塑造品牌，完成了两条腿走路战略。同时，在市场推广上，采取了颠覆性的攻击策略，率先打起反文化旗号。这些创新策略的应用，确实引发了茶叶市场格局的变动。

从 2009 年 7 月 15 日项目正式启动到当年的春节前夕，经过企业统计，整个琥珀·金茶的销售回款为 1790 多万元。如果扣除我们出谋划策的三个月策划期，真正开始销售应该从 11 月 25 日算起，到 2010 年 2 月结束，总共也就三个多月，但就是这么短短的三个多月，我们却为企业客户创造了近 2000 万元的巨大成果！

十二、后记：双剑核心能力

我在茶叶策划的一开始，就对中国茶叶市场做了深入的了解，并很快运用破局营销理论，找到了中国茶业集体不作为的真正根源，然后才在这一基础上提出了行业的创新思路，并找到了真正的行业破局点。

回顾这个策划，自我感觉有三点值得骄傲，一是确定琥珀·金茶的时尚定位，二是实现产品的技术性突破，三是公然攻击茶文化，并把茶文化确认为影响中国茶业创品牌的罪魁祸首，这真的是一个非常大胆的举动。在策划之初，湘源天茶业的管理层也感到震惊，同时提出了很多不同意见，但最终，大家都一致认同了，觉得唯有这个策略才能使琥珀·金茶震撼亮相。

事实证明，双剑破局的策划能力及思维导向的策划方法已经凌驾于中国营销策划界之上，并且正在以一个个经典的成功案例，证明自己在中国策划界无可替代的先锋地位。

而在项目推进过程中，我们双剑的策划精英们也付出了很多艰辛努力：项目总监老陈每天带着他的小组成员没日没夜地奋斗，这个双剑的老烟枪，为这个项目至少"谋杀"了20多条香烟，浓烈的烟雾也坑害了他手下的几个美女文案；资深广告策划专家翟焕妮作为老陈的助手，在项目启动后的三个月里，几乎没有一个晚上按时回家的，显示了一个广告人的痴迷本质；一个策划方案所涉及的各种文案数都数不清，而客户在后面又催逼得紧，导致整个项目组疲惫异常，美女文案、来自云南的李雯竟然因为长时间的加班熬夜而体虚晕倒；而在公关传播上颇有心得的郭远郭大侠，更是绞尽脑汁，为琥珀·金茶的新闻公关和网络推广策略的制定立下汗马功劳；最值得一提的是，双剑最小的美女杀手龚孟娇，号称"黎明破晓剑"，虽然半路参与茶叶项目，但却非常投入，写的反文化软文凶猛异常，一点也看不出系出自女生文笔，由于性格直率身材高挑，成为项目中最惹人喜爱的美女杀手……项目小组的"杀手"作风令我感动也令我欣慰，我们虽然付出了太多太多，但毕竟，我们的努力得到了客户的高度评价，湘源天茶业即便有再大的野心，也绝不会想到我们竟然会给出如此充满杀伤力的破局方案，而这就是深圳双剑所能给予企业客户的最好回报！

长沙市政府一位官员朋友对我说："选择双剑的客户有丰厚的利益收获，而未选择双剑的企业只有后悔……"我觉得这个评价有点夸张，但至少，我们给湖南企业的每一个策划案，都获得了客户和政府官员的高度认可，并经得起市场的验证，这也许就是双剑在长沙声名鹊起且要求合作的企业络绎不绝的原因所在吧。

2010 年 12 月，在中国杰出营销案例评奖大会上，琥珀 · 金茶一案荣获“中国茶叶创新二等奖”和“文化营销一等奖”两个大奖。

“琥珀 · 金茶以区别于传统黑茶的‘时尚尊贵’茶品为定位，在产品开发、战略选择、整合传播、竞争壁垒设计方面实现了全方位的领先。品牌在参与竞争之前，企业就围绕着‘客户选择、价值获取、战略控制、业务范围’事先设计盈利模式，从客户需求的角度设计经营价值链，千方百计地想办法帮消费者解决问题，这个出发点的不同就决定了琥珀 · 金茶品牌的境界和层次远远高于同类产品，从而赢得市场主动权和品牌话语权，该营销模式必将成为中国茶企模式转型与品牌之路的范式。”

上面的文字是主办方给出的精准评语，这说明我的破局营销理论和独特的横向思维策划方法在营销上的成功实践，得到了由学院权威、实战专家、企业高层组成的专业评审团队的一致赞许。

案例二
珠宝翡翠
——老市场的新玩法

合作客户：北京玉珺珠宝有限公司

客户对接：玉珺珠宝总经理金熙颜

【案例背景】

珠宝行业在双剑的策划史上是零经验，尽管公司所在的深圳，有着全国珠宝产业集中地的美称，但在公司创立6年时，还没有一家珠宝企业找过双剑并且有过合作，所以，与北京玉珺珠宝有限公司（以下简称玉珺珠宝）的合作真的是进入珠宝行业的第一次。而且，这次合作的邀请者是我的粉丝，玉珺珠宝的总经理金熙颜，她是一个刚从其他行业进入珠宝行业的职业经理人。在接触双剑之前，金小姐已经阅读过我的《魔鬼营销人》，对我在《魔鬼营销人》中提到的策划奇遇和策划奇招非常崇拜。当她领导玉珺珠宝开展产品营销时，发现自己掌握的营销技能太有限，凭她自己的能力无法为公司带来更大的发展，她需要一个外脑公司尤其是像我这样的破局专家，来为玉珺珠宝的未来发展指明方向，对公司当前的销售困境进行破解。所以这次的合作，对于双剑来说无法把价格开高。我是一个特别讲义气的策划专家，最终双方以一个金小姐能接受的价格，促成了合作。

一、爽快合作

2012年临近年底的时候，我接到了一个美女的电话，对方自称姓金，阅读过我的《魔鬼营销人》，也浏览过双剑的网站，对双剑的破局理念挺有兴趣。随后金小姐问我对珠宝行业熟不熟悉，我想了想，老实告诉她，不是特别熟悉，而且也没有正式操作过珠宝方面的策划项目。之后我也谈了我对这个行业的初步认识，以及双剑在营销策划上的独特点，双方在电话里交流了大约半个多小时，彼此感觉都不错。

然后金小姐也坦诚地介绍了自己，她是北京一家专营翡翠饰品的珠宝公司的总经理，自己也是门外汉，刚进入这个行业不久，但是内心有许多想法，想寻求一个专家进行印证，如果彼此投缘，她想聘请外脑公司进行战略合作。

通过电话交流我很快就感觉到，这个金小姐是个性格开朗直爽的人，所以我也直言告之，这样在电话中交流不能做出判断，我们两家是否能够合作，还是得安排一个时间进行面对面的深入交流。金小姐表示同意，就由她来安排时间，专程到深圳拜访我。

大约过了一个礼拜，金小姐就风风火火地从北京专程飞到了深圳，于是我们就在双剑的会议室里，就翡翠市场的现状和未来可能的发展做了深入的交流。这次因为我预先已经通过互联网和与朋友的交流，初步了解了翡翠行业的大致情况；同时又利用闲暇时间，走访了我住宅附近的“布心珠宝市场”，通过观察和与营业员的交流，掌握了一些翡翠产品的加工和价格情况，所以，我们谈得比较深入，也比较理解各自对未来的判断。

因为聊得感觉不错，彼此之间就有了下一步的合作探讨。说实话，虽然是第一次见面，但我对金小姐这种浑身上下充满职业经理人精神的那副干劲很是欣赏。考虑到她也是刚上任这家珠宝公司的总经理，各项杂事也比较多，在策划费用上的权衡需要太多的考量，所以，我破天荒地以比较低的价格，提出了我的合作思路。金小姐非常满意，答应返回北京后立刻会将我的合作方案与董事长做交流，如果不出意外，她说很快就可以启动。

金小姐回北京后一周内，就认真地对合作协议上的几个节点做了调整，得到我的认可后，就打印好了合同文件，并盖章签字，快递到了深圳，我也快速签字盖章后返递给她两份，而这个时候又恰好到过年了，所以我跟金小姐商议后决定项目延迟到年后。在公司放假前，玉珺珠宝将20万元的项目启动资金打入双剑的账户上。

二、市场洞察

基于金小姐对项目的深度配合及玉珺珠宝在财务上的快速反应，在春节期间我就做好了项目启动后第一个月的作业计划，同时也向金小姐提交了关于市场调查的一些相关要点，春节假期结束后的2月25日，项目正式启动。

项目组兵分两路：一组立刻动身前往北京玉珺珠宝公司进行内部诊断工作，同时针对北京、天津两地的珠宝市场进行走访式的初步调查；另一组负责针对广州、深圳地区进行市场调查，以消费者座谈会、珠宝售点深度考察、经销商一对一访谈为主，同时通过购买二手资料、访问相关专家等，对翡翠市场的行业和竞争状况进行广泛而深入的调查。除此之外，项目组又特派专员到翡翠加工之乡广东阳美的翡翠交易市场进行专项调查。

本次调研共搜集了438例消费者样本资料，走访了北京和深圳的周大福、玉和缘、东方金钰等知名珠宝品牌专卖店和百货商场专柜共计103家，走访了南北三地市场珠宝翡翠专业市场6家，分别进行了细致深度的访谈，整个内诊外调工作进行了15天后，各路小组才回到深圳总部，开始对所掌握的市场信息进行归纳汇总。

由此，我们得出了以下结论：

（1）翡翠市场纯粹是中国特色，历史悠久但发展缓慢。

中国佩玉的历史很悠久，而翡翠作为玉石中的精品，更是成为古代帝王的珍享之物，而从翡翠消费市场来说，虽然翡翠最大的产地在缅甸，但最大的市场却在中国。据资料分析，我国已成为世界上最大的翡翠消费市场；从翡翠市场地域发展来看，从珠江三角洲向长江三角洲，从南方向北方，从东部向西部，从大城市向中、小城市发展；经营规模越来越大，地区越来越多，但整体的发展还是比较缓慢，与钻石和金银珠宝相比，翡翠在整个珠宝市场上占的比例很小。

（2）**普通大众普遍不懂翡翠，而了解翡翠的却都是玩家。**

一直以来，翡翠都只是少数富人的游戏，这其中有翡翠本身稀少难以再生且不可量产的原因，也有经济收入有限的因素，也有消费习惯、价值观念及对珠宝玉石的认识不够等原因。另外，片面宣传也是造成翡翠成为少数人专利的一个关键原因。翡翠有“玉石之王”的美誉，因而消费者普遍以为其价值一定都很昂贵，再加上在不少介绍翡翠的书刊中，较偏重于报道翡翠如何高贵，其价格如何高昂。一块小小的翡翠动辄价值几十万元、几百万元甚至更高。在相当多的珠宝店里，翡翠饰品的标价也常常高得吓人，更加深了人们对其价值的片面认识，从而不敢贸然进入翡翠商场（店），翡翠与许多人自然就无法结缘了。

（3）**翡翠的收藏性远远大于翡翠饰品的实用性。**

双剑项目组对翡翠市场的调查结果显示，翡翠作为一种高级玉石饰品的消费意识远远没有作为可供投资等待增值的收藏品意识强烈，大部分翡翠的消费者其实也正好是翡翠的爱好者和收藏者，俗称玩家，这个奇怪的现象影响了翡翠消费市场的规模。

我们在调查中询问了部分翡翠饰品的消费者，他们都认为翡翠作为一种不可再生的稀有玉石，其未来升值的空间非常大，他们通过朋友推荐购买了翡翠制品，尽管没想过要再出售，但也期望日后能随行就市地获得一些升值利润。

（4）**玉珺公司的翡翠销售大部分寄托于老板一个人的能力。**

我们在对玉珺珠宝的内部诊断中发现，整个公司上亿的销售额，几乎80%来自于老板个人的商务交友圈，而不是来自门店柜台的销售。玉珺珠宝团队虽然经过专业的销售培训，但实际的成交额依然有限，远远不如老板的一个电话。这说明对翡翠这类珠宝饰品的产品质量认知，具有不透明性和缺乏标准性，导致普通的顾客不敢随意去门店像购买戒指一样选购翡翠。这不光是玉珺珠宝，全国其他珠宝品牌的翡翠销售都是如此，几乎都是在人脉圈里具有一定影响力和高信任度的专家和玩家，才能达成销售。

（5）**翡翠企业的运作非常传统，没有任何创新迹象。**

通过对翡翠行业的全盘了解，我们发现，翡翠行业的市场运作非常传统，除了开门店、设专柜及专业的交易市场外，策划拍卖会、藏品鉴赏会等主题式会议营销是企业常用的营销手法，虽然目前已经有不少企业涉足电商，但网民对翡翠类产品的网购依然保持着十分警惕的心理，导致翡翠网购也没有哪一家企业有独特的成功案例。

（6）玉珺珠宝想有所发展必然会遭遇三大难题。

首先是原料困局：翡翠原料将面临巨大限制。缅甸由于战争的影响及该国自身的战略需要，已经有明确的政策出台，禁止原石出口，也就是说将以高利润的翡翠饰品出口为主，这必将制约翡翠产品原材料的供应。其次是渠道困局：目前主要渠道形式为大中型百货商场品牌专柜，在该渠道中，翡翠不过是其他金银珠宝的陪衬，仅仅是边缘化产品，难以形成主流。最后是市场困局：目前翡翠产品为少数高端人士的投资品，而装饰功能面临没落局面。在大众心目中，翡翠是传统、年纪较大的人佩戴的，与时尚风格格不入。如何让翡翠变得时尚并让更多人拥有成为考验我们的重大难题。

（7）玉珺珠宝同时也拥有翡翠行业的三大机会。

一是强势的专业翡翠品牌极少，让消费者瞬间联想到的品牌几乎为零，这说明可供玉珺珠宝在翡翠领域中占位的空间极大；二是60%的消费者认为翡翠价格虚高，喜欢翡翠而消费能力又有限，而现有翡翠产品几乎全部聚集于高端，中低端翡翠市场出现明显的空白化，这对于想谋求更大市场发展的玉珺珠宝来说，又是行业和市场赐给自己的一个机会；三是营销乏力，整个翡翠行业仍基本停留在自然销售的状态，缺乏独特的营销手段及策略，而玉珺珠宝充分考虑到这一点，才与双剑达成合作，就是想运用专业外脑的智慧力量，协助其完成在整个翡翠行业的营销破局任务。

三、第一套策略

通过对翡翠市场的调查结论进行分析，很明显，玉珺珠宝如果真的想在这个行业里有所作为或者说有一些强大的野心的话，那么跟着整个行业如此传统地运作下去没有任何成功的可能性。不如此传统地运作，那么还有什么可供翡翠品牌创新发展的新模式呢？这是我们在分析玉珺珠宝所面临的翡翠市场发展诸多难题时需考虑的问题。

2013 年 3 月 20 日，我率领整个翡翠项目组成员，躲进了公司附近的一家酒店里，进行全封闭头脑风暴会，此次头脑风暴的核心焦点只有一个：如何让消费者感性地购买翡翠产品，而不是像现在这样的超理性购买？

说实话，在接手这个项目之前，我就是一个典型的翡翠盲，对珠宝行业的营销手法也只是略微有所了解，但就是因为这样，我的出招才显得无章法无规矩。我管它什么行业传统和行业习惯性做法，我要的不是过去，也不是现在，我要的是未来的市场地位。

经过一段时间的了解，我也深知金小姐请外脑公司帮助的原因，也深知她脑袋里想得更远的是什么！

玉珺珠宝需要的是一种能轻松驾驭又能很快形成市场销售的新营销模式，这种模式是既能承载玉珺珠宝未来发展的战略梦想，同时又能确保利润来源的一种盈利模式。

头脑风暴会议中，我们的营销思维在飞扬：既然翡翠是少数有钱人的投资、品鉴对象，那我们能不能将翡翠这个特质发挥到极致？不少高端人士有收藏、品鉴、投资翡翠的爱好，我们可否提供一个供他们交流、沟通、分享文化趣味的平台？提供一个翡翠爱好者、文化活动爱好者的圈子？

我们可为一些高端文化人士，或想融入上层圈子的有钱人提供一个以“金融投资”“宝石鉴赏”“文化交流”“产品交易”为契机的高端文化圈，嫁接多种功能将其打造成一个“四不像”的综合平台，使这个平台集“交易性”“体验性”“商业性”“玩赏性”为一体，成为文化性、价值性至高至强的超级文化小熔炉！

其核心策略点在于“以文化带动商业”“以商业促进文化”，使其能有效激发消费者的互动性、参与性、体验性和休闲性，将该圈子打造成独具特色的新概念主题会所。通过这个文化交流活动的大平台来展示、凸显和营销翡翠，从而打造玉珺珠宝独一无二的翡翠品牌。

这就是双剑为玉珺珠宝打造的第一套营销策略——将单纯卖翡翠产品，打造成一个集新品发布、产品销售、鉴赏、投资理财论坛、时尚社交和知识传播于一身的高端文化社交圈。

品牌名称：双龙汇；

品牌定位：思想·财富·VIP；

广告语：与巨人共舞。

双龙汇不是一家普通的会所。它以销售翡翠为核心目的。双龙汇也不是一个普通的商业交际平台，更不是一个单纯以销售产品为主要功能的商业卖场。双龙汇的最终目的是卖翡翠，但是它却不“为卖而卖”。营销的最高境界是“润物细无声”“不销而销”。它是以喜好投资收藏（包括黄金、葡萄酒、古董、珠宝、书画等）的高端人士为纽带，形成一个磁场强大的人脉纽带，一个能量巨大的社交圈，以兴趣为基点，以投资消费为落脚点，将商业目的自然地融汇于高尚的文化活动及兴趣爱好之中。

双龙汇通过翡翠鉴赏等活动将翡翠的价值及魅力逐渐传递、渗透到这个精英群体的心智中。同时依靠这个纽带的文化影响力、社会影响力及经济影响力，辐射到更多的类群体人群中，带动玉珺珠宝的品牌知名度与美誉度，拉动我们产品的销售力，从而形成玉珺珠宝的持续发展力。

双龙汇将在每个城市建一个，开始主要以北上广深大城市为主，下一步再继续渗透到各省会城市。双龙汇既可以由玉珺珠宝直接投资运作，也可以招商加盟联合运作；可以自建会所，也可以运用成熟的会所。玉珺珠宝的双龙汇策划团队将被打造成一个专门运作时尚沙龙活动的专业运作团队，而双龙汇最终也将成为一个时尚运作的团队品牌。

这套方案的要点在于企业需要具备一个极强的操作团队，包括对各种人脉拓展、活动策划和时尚亮点的整合能力，这对玉珺珠宝来说是一个非常大的挑战。所以，我们将策略分成两部分来走，更大畅想的部分放在未来，前期可以与现有的高级会所合作，以卓越的活动策划和组织能力打出双龙汇品牌，可谓借船出海。

双龙汇确实能给玉珺珠宝带来一个新的发展方向，但这个策略能否真的带来预期的翡翠销量呢？同时，双龙汇是否是翡翠破局的唯一出路呢？翡翠是否只有收藏与投资的价值？难道消费翡翠注定仅仅是大腕儿的专利？有没有可能另外闯出一条新路？机会点往往存在于问题之中。翡翠行业的死结显然是原料制约问题，我们又如何破解这个“紧箍咒”呢？

（一）一个突出的供应问题

缅甸政府将逐步对翡翠原石出口进行管制，甚至将禁止原石的出口，转向成品翡翠出口。原石价格的上涨将严重影响到终端销售市场。缅甸作为唯一的精品翡翠原材料产地，按目前的开采速度，业内普遍认为用不了30年矿源将面临枯竭。由于翡翠的不可再生性，加上近几年的过度炒作，价格一路上涨。随着翡翠高档原石日益紧缺，市场供不应求，使得翡翠价格飙升。翡翠的产品供应将急剧减少，价格将迅速上升。在当前奇货可居的形势下，翡翠企业的商业运作及品牌创建将受到极大制约。

（二）问题的反面是机会

IPA国际认证珠宝高级鉴定评估师杨诗妍介绍，2013年精品翡翠的价格相比2012年至少翻了一番，普通品种的价格也在以10%的速度上涨，而价格急剧下滑的多集中在C货、D货。同样，翡翠原石加工费用也在上涨，与2012年相比工费普涨15%～20%，而名家加工的成品则上涨更多。

C货与D货虽然是低端，但也是翡翠。这类货品来源较广，价格也相对低。抓住了低端翡翠货品，就打开了广阔的市场空间，具备了做成大众普及的消费品的可能性。至少从原料保障上，此路可通。

（三）还原翡翠的市场角色

翡翠能否还原原始价值？翡翠历来是一种高贵的饰品，古代皇帝贵胄，无不将其作为名贵饰物。但近年来，因其价值的迅速上升，翡翠已经更多地作为高端收藏品与投资品。在饰品琳琅满目的今天，翡翠已经沦为一种非主流的饰品，更不要说跟上时尚的步伐。大多数人认为，翡翠是老土的人、老年人、传统的人佩戴的。翡翠成为一种小众消费品已是不争的事实。是否有办法令其成为社会消费主流？在什么情况下，翡翠能变成主流的大众消费品？

在这个构思中，翡翠的主要角色不再是收藏品、投资品。其装饰价值、审美价值成了主要诉求，但是同时也具备一定的收藏及投资价值。这就将翡翠由投资收藏品变为了中档“时尚消费品”。因此，我们做的不仅是翡翠行业，更是时尚消费品行业、礼品行业。我们不是卖收藏品，而是卖时尚艺术品。其功能一是佩戴，二是送礼。

（四）发现一个广大的消费群体

25～35岁的女性高级白领、商务人士、小企业主，这个群体有较高的消费能力，对于时尚和美丽的消费欲望最为强烈。她们普遍受过高等教育；性格独立，懂得享受生活，热爱时尚，讲求生活品位；消费观念上，不仅注重产品的经济价值，更注重产品的文化内涵和精神价值。

中高端饰品市场是一个广大的市场。高级白领是一个现成的消费群体。如能采取适当的营销策略，完全可以将翡翠打造成青年女性青睐的时尚饰品中的一个主流品类。

低端翡翠原石，对于投资收藏而言价值低下，但在饰品当中，却属于中高档商品。抓住低端原石，便掌控了翡翠饰品的基础。

（五）为翡翠植入连锁的基因

我们可否将连锁经营模式引入翡翠行业？我们是否可以做翡翠行业的如家、七天？中国许多行业因为连锁模式而变革。一旦这个定位确立，那么我们的主要竞争对手将不再是金银饰品等其他珠宝品种，而是围绕专业化产品线建立的连锁饰品品牌。

四、第二套策略

策略思考：谭木匠凭什么靠一把小小的梳子卖出品牌、卖出文化、卖遍全中国？

一把梳子如果在超市购买仅仅几元钱，为何人们会愿意出几十倍的价钱购买谭木匠的梳子？第一，梳子具有文化寓意。我国古时候，送梳子有私订终身、欲与你白头偕老的意思。第二，梳子具有浓厚的中国味道，某种程度上象征着中国文化。第三，梳子有保健作用，梳头能疏通经络，活血化瘀，改善头皮及颅内营养，具有养生的功效。第四，梳子有吉祥祝福的象征意义。梳子梳顺头发，也叫顺发，有祝愿顺利、顺心、发财、发达之意。第五，梳子多为木头所制，木头是一个非常能表现文化艺术的媒介。木刻艺术品本身就具备很高的收藏价值及文化价值。

小小的梳子承载着如此多的丰富内涵，这些成为谭木匠品牌发展的坚实基础。在进行一系列品牌包装后，谭木匠得以靠连锁专卖模式走上快速扩张之路。

翡翠在文化内涵和价值上比梳子更高，并且同样具备雕琢加工的空间及保健功能。最大的区别之一是：梳子的价格是后天包装出来的，翡翠却天生具有“贵族身份”，而且具备收藏增值的价值。另外，翡翠还有梳子所不具备的装饰价值。梳子可以送礼，但是收到梳子礼品的人只能在家使用。翡翠却可以对外展现，因而，其雕刻价值将更高。由此可见，翡翠无论从文化价值、审美价值、礼品价值，还是从收藏价值上，都远远高于梳子。只要找到合适的商业模式，完全有理由超过谭木匠。

由此，我们诞生了第二套营销策略：

（1）品牌名称：爱·如意。

以一个“爱”字后缀一个点，连接如意，整合起来就是“爱·如意”，爱情是人类最伟大的精神追求，爱情如意了，那就代表人生一切都如意，反之，其他都如意，但爱情不如意，其实等于人生是不如意的。用这样一个带有感情色彩的词语做品牌名称比较恰当。同时，翡翠和玉石通常被雕琢成玩赏的“如意”，即一种象征吉祥的玉器。

（2）品牌定位：时尚翡翠艺术。

一是紧扣时尚主题：该名称设计以爱为主题，紧扣男女恋爱情结，贴合当下时尚噱头，具备强大的传播延伸性。爱情为永恒的主题，更是当下都市男女最时尚的文化。无论是影视还是流行音乐，方方面面都无法脱离爱情主题。男女之间的情感永远是现代社会里最热、最具吸引力的话题。

二是传播点：该名称融入爱的元素，使我们在传播、推广上，较容易找到炒作点和噱头，为后续的传播提供了极佳的基础。

三是内涵凸显品牌："爱·如意"表达的内涵与翡翠所传播出的文化价值高度吻合。人们追求爱情，对爱情的向往就是如意。翡翠代表的是心意，也是一种如意的祝福，其品性温和、柔美，与名称浑然一体。

（3）广告语：如意人生爱相随。

以爱情主题呼应时尚产品完全吻合目标人群的内心需求和社会表现，容易引发共鸣，同时也暗示了此物理产品的目标人群和精神产品的情感内涵。

（4）品牌形象：时尚靓丽女性。

"爱·如意"的品牌形象要与品名及广告语所传递出来的观点、感觉、基调相吻合。该名称、广告语都体现出一种温婉、柔和及美满。我们建议邀请有"台湾第一美女"之称的林志玲做品牌代言人。

林志玲的形象、气质都像水一样灵动、温和，细腻又不失大家闺秀之气，夺目而不耀眼。她心灵清澈而不轻浮、平和而不平庸；纯朴中体现着高贵与华美，内敛中蕴藏着热情和奔放；古典中透露着时尚与现代，是东方女性的典范。都说美人如玉，她本身就像一块上等的翡翠。因而，林志玲的气质与翡翠具有天然的共性。"如意人生爱相随"这句口号以林志玲的娃娃音说出，必能将我们品牌的基调传达得淋漓尽致！

从竞争策略上说，林志玲曾代言过周大生珠宝，在大众心目中，已经将她与周大生形成关联。如果我们找林志玲代言，大众也必然会认为我们的品牌与周大生同样知名。借力打力，一瞬间跳到知名品牌的阵营。

（5）产品策略。

以翡翠中低原石料为主，打破翡翠饰品以佛像、戒指、手镯、坠挂等形式为主的传统，设计一些造型时尚外观靓丽的小饰件通货；同时可以专门根据客户所需提供定制服务。

(6) **价格策略。**

高档货 10 万元以内，中档货 5 万元以内，低档货以 5000 ~ 20000 元为主。

(7) **渠道拓展：连锁加盟。**

“爱·如意”的渠道拓展完全采取连锁加盟运作模式，由玉珺珠宝先期在北京运作 1 ~3 家自营门店，以探索单店盈利模式，然后才进行大规模的全国扩张。

(8) **品牌传播：时尚活动为主。**

第一，晒晒你有型的饰品——“爱·如意”微博有奖活动。

活动形式：在“爱·如意”新浪企业微博发起活动，邀网友佩戴自己认为最精美的饰品照片，拍照上传至微博，然后@爱·如意，我们通过新浪博友投票，得票数最高的 20 款最有型饰品的主人，将获赠爱·如意精美的时尚翡翠礼品盒。

第二，我的魅力我做主——“爱·如意”新品发布会暨饰品大赛颁奖活动。

活动形式：召开“爱·如意”新品发布会，以模特走秀的形式展示产品，尽显产品独特气质，邀请在“晒晒你有型的饰品”活动中获奖的选手佩戴自己最有型的饰品进行展示，并赠送“爱·如意”礼品装。

第三，软文助推。

我们的推广系统以这些主流网站为阵地，同时利用一切资源将战火蔓延至猫扑、天涯等 100 多家人气较旺的综合社区网站和 SNS 网站，将每一阶段的新闻热点发挥到极致。为了保证网络传播的有效性，团队也将利用一切可以利用的机会，通过正面文章、案例文章和记者访谈等形式推波助澜。

第四，寻找如意恋人——“爱·如意”品牌代言人征集评选活动。

活动形式：在微博上发起投票，让消费者选择心目中的“爱·如意”形象代言人，代言人必须是情侣或夫妇。他们必须有美满的恋情或婚姻。最后得票最高的情侣或夫妻便成为“爱·如意”的形象代言人。

当然，这些基于线上开展的活动必须要在全国连锁加盟店开到一定数量的时候才开始推。

当第二套方案出台的时候，我们有兴奋点，第一套双龙汇策略与爱·如意策略正好一高一低，一雅一俗，可以同步开展，也可以先后进行。

五、第三套策略

前面两套策略方案正式提交后，都得到客户认可，只是这样运作几乎是把公司的战略进行了一个大调整，所以，双方一致建议先将双龙汇的某些做法进行尝试，爱·如意的时尚转型放在下一步。后来在跟玉珺珠宝的孔总和金总的深入交流中发现，玉珺珠宝还有 1 个多亿的传统翡翠产品库存，她们希望双剑能为这些库存想出一个两全其美的销售促进方案。我慨然应允。

随后我们兵分两路，一路留一组项目成员在北京，配合金小姐将双龙汇的部分思路针对性地进行尝试，以销售库存的传统饰品为主；一路由我带队返回深圳，我们急需进行头脑风暴。我觉得我们的思维应该可以继续延伸，还可以凭借我们的横向思维创新风暴，给玉珺珠宝更多的策略选择，所以，我决定继续深入，再创造一套针对翡翠库存的营销策略。

库存的翡翠饰品引发了我的思考：是因为企业资金链出现问题，急需卖掉翡翠吗？是因为产品快要变质了，急需卖掉产品吗？是因为急于回笼资金，另起炉灶吗？都不是，那么是什么原因让我们一定要销掉库存？

在头脑风暴会开始以前，我给出了这样两条思维主线：

（1）在什么情况下，所有的高端女性顾客都会喜欢我们的翡翠产品？

（2）如何最快速度地促使公司盈利？但我们的面前还有一座大山，那就是 1 个多亿的库存。

我的思考继续深入：我们做那么多销售活动，就是为了赚取利润，实现企业资金的流动。有没有一种方法，既能让企业长期持有珠宝并实现超高利润回报，同时让顾客花少量的资金就能戴上漂亮、价值不菲的珠宝玉石？

通过三个多小时的努力，终于，一条清晰的创新线索浮出水面：珠宝租赁。

目前，中国和全球的租赁市场都如火如荼。房地产租赁：中国城市80% 以上的人都是租房子住，租房中介、租房网迅猛发展；汽车租赁：我国国内目前有2000多家汽车租赁企业，市场供租赁车超过18万辆，营业额180亿元；家电租赁：国内各个城镇遍布家电租赁门店，家电租赁网站、二手家电市场开展得红红火火；名牌包租赁：2004年开始，美国名牌包租赁公司风起云涌，会员可租用COACH、GUCCI、LV等品牌包包，名牌包租赁门店、网站在欧美各国掀起热潮；顶级跑车、高级珠宝租赁：在西方国家奢侈品租赁市场火爆的形势下，许多公司纷纷推出高端跑车、高级珠宝租赁业务，赚得盆满钵满。

通过高级翡翠饰品的租赁，就可以达到我们在创意前提出的要求：1. 可以让更多的目标客户知道和喜欢我们的产品，这样她们就不需要付出昂贵的价格、做极大的理性决策来购买产品，而只需要花一定的租金，就可以享受高级翡翠饰品带来的荣耀；2. 企业想清理库存的目的是为了资金周转，好筹措足够的资金来运作“爱·如意”，但现在这个新策略已经将玉珺珠宝的高端翡翠库存来了个变卖为租大转变。这样的转变带来如下好处：首先，不需要销售出货也能使资金流动并赚取利润；其次，遇到顾客有喜欢的饰品想出钱买断依然可以；再次，租赁之后，库存的翡翠产品会产生更多与目标顾客直接接触亮相的机会，也为产品的最终销售和品牌知名度的提升带来明显的好处。这真是一举多得的好事啊！我们随即围绕着这个思路展开策略设计。

首先要为这个策略创意一个具有时尚范儿的品牌名称。什么样的品牌名称，能达到以下目的呢？

（1）使客户一眼就清楚我们是专营珠宝租赁的；

（2）体现高端、时尚、国际化的品牌形象；

（3）品牌名称简洁、好记、朗朗上口。

我们策划出的策略如下：

（1）品牌名称：purcool 宝酷。

宝酷（直接注册英文标志，音译为“宝酷”）与“宝库”谐音，即宝库、宝贝的意思，暗指经营不限于翡翠，还有钻石、黄金、宝石等珠宝。为了突出品牌的高端国际化，我们给宝酷起了英文名 purcool。Pur 是“purple”（紫色）的前缀，紫色代表尊贵、浪漫、神秘，是女性非常喜欢的色彩。Cool 是炫酷的直译，即时尚、潮流的意思。

（2）品牌定位：全球顶级珠宝租赁。

通过高端定位，暗示 purcool 在时尚珠宝界的独特地位，为后期发展奠定基础。

（3）目标人群：高端时尚人群。

如演艺明星、主持人、名人名媛、商界大腕等，这部分人虽然不缺乏金钱，但也不是看见什么好的首饰就都要买回来，如果花很少的钱就能让昂贵的首饰陪伴自己出席某种重大的社交活动，能为自己带来荣耀的话，相信租赁会成为更多名媛淑女的最佳选择。在国外，顶级珠宝租赁已经成为一种时尚，好莱坞电影《风月俏佳人》中，就有富豪因为要带女友出席一个盛大活动，从珠宝名店租赁价值连城的珠宝首饰给女友临时佩戴的情节。

（4）广告口号：奢华近在咫尺。

这个广告语暗示目标人群，奢华离自己很近，唾手可得，呼吁目标人群，不再需要购买时做出那么理性的决策，想戴就戴，随心所欲。

（5）产品策略。

结合玉珺珠宝现有的产品，可供拓展的产品线有钻石饰品、黄金饰品等。玉珺珠宝已有翡翠、黄金产品，可以联合钻石、宝石商做大珠宝市场。后期玉珺珠宝也可购进钻石、宝石等珠宝，丰富租赁项目。

异业联盟，为客户提供一条龙高端租赁服务。宝酷联合其他高端租赁行业，为客户提供游艇、别墅、豪车、顶级名牌服装、顶级会所（如俏江南）等一条龙高端租赁服务，将客户一网打尽。

（6）渠道策略。

每个城市只开一家门店，主要供顾客直接接触品牌和产品用，其次是作为办理租赁和归还手续的地点，再则是起到品牌传播作用。

（7）品牌传播。

以网络广告为主，高端时尚杂志广告为辅。

（8）品牌价值。

立刻跻身顶级时尚圈，跳出珠宝范畴，成为顶级时尚宠儿。

这套方案在还没有完成 PPT 的制作前，我就通过 QQ 透露给了金小姐。金小姐立刻高度赞赏，觉得这个思路特棒，要求我们快速将方案的具体操作思路做出来，尽快发给她，她立刻安排部门解决品牌商标注册等事宜。

六、第四套策略

这第四套方案则完全聚焦于线下的产品销售，因为前面几套方案虽好，但不能立刻实施，需要一段时间的转型，所以，眼下我们还需要为玉珺珠宝创造一套立马就能采用并实施的简易型策略。

这套思路主要聚焦于这样几个问题：

（1）为什么高端翡翠产品在门店中的自然销售很少？为什么玉珺珠宝的孔总，凭她的身份就能在她的人脉圈产生几千万元的销售额？这说明一个很大的问题：消费者总体而言对翡翠产品的真伪、质量和价值不懂，导致做购买决策时必然要找信得过的人。

（2）为什么保险公司的销售员，能凭借自己的沟通能力，取得客户的信任而投保呢？

（3）为什么那么多的中国大妈们，都跑到香港去大肆抢购黄金呢？

（4）为什么顾客会信任保险公司的业务员，与之签署保险协议，购买保险产品呢？

这说明，首先，中国的中老年人手中确实有很多的现金，他们希望以某种投资来化解当前飞涨的物价；其次，信任度和质量、价值透明是翡翠销售最大的障碍，如何化解呢？

能否把我们的翡翠产品延伸到中高档小区内销售呢？当然，我们可以淡化销售，免费向住宅区的目标人群进行翡翠鉴赏、投资收藏和价值判定等翡翠知识传授。但这只是第一步，通过这样的产品展示和知识传播，想要达到的一个效果是，为我们的翡翠销售工程师铺设认识客户、取得客户信任的桥梁，销售工程师将在产品展示会和翡翠知识传播会上向目标人群递送专属名片，以建立彼此之间的联系，如同保险销售员与目标客户达成友情关系。

通过这样的联系，销售工程师有义务通过友情的沟通不断向目标人群传递翡翠投资、收藏和佩戴的必要性和常识性知识，一旦彼此之间的信任产生，如果目标客户有购买需求，就会求助于我们的销售工程师。

另外，玉珺珠宝可以通过专业的培训和管理机制，来建立这样一支专业能力超强的翡翠销售工程师队伍，通过一定的激励机制，促使这支队伍成为玉珺珠宝的实际经销商而不仅仅是员工，销售工程师的销售收入完全与销售业绩进行挂钩，从另一方面也实现了员工为自己打工、成为一个创业者的个人梦想。

翡翠产品的销售障碍，会随着销售工程师与目标人群的紧密联系或关系的加深而逐步被化解，因为一旦建立起彼此之间的信任度，那么即使顾客不懂翡翠产品的真实质量和价值，他们也能通过自己信任的销售工程师来解决。玉珺珠宝的孔董事长，为什么能在自己的人脉圈里实现翡翠销售呢？正是因为这种信任财富。

需要解决的问题有五个：

（1）建立一整套集前期沟通、场地租借、产品展示、知识传播、现场销售、后期跟踪等于一体的运作体系；

（2）培养一支集翡翠专业知识和销售技能为一体的翡翠销售工程师队伍，并建立与之对应的薪酬激励体系和人才培养平台；

（3）信任的基础是销售工程师的长期性，所以公司要建立长期的人才培养和合作机制，员工不能频繁流动，给目标顾客造成不稳定的感觉；

（4）玉珺珠宝的品牌传播要加强，促使目标客户对品牌形成信任，所以品牌的战略规划是当务之急；

（5）配备好与目标客户相对应的产品组合，要充分考虑到他们的价格承受能力、购买用途等，切忌销售功利主义等。

这套方案有很多可操作性，关键在于人才队伍及运作体系，我想对具有深厚管理功底的金小姐来说，这个方案的执行难度不算太大。倒是目标客户能否被我们打动，能否产生信任并最终实现成交及成交额的大小是我们当前最担忧的。

任何一个带有创造性的营销方案，在没有实施以前，谁也无法断定它是否能100%成功，关键还是要看操作这个方案的风险度。如果操作成本不高，风险性较低，那么完全有必要进行尝试，这也是营销创新成功的一个大前提。

【后记】

因为有执行力非常强的金总配合，双剑与玉珺珠宝的合作，总体而言比较顺畅，只是由于几套方案都具有实际的操作性，而且在行业中都属于比较有前瞻性的，加上1个多亿的库存销售，也是比较大的压力，尤其是孔总希望能在年内就销售清空，而这几个策略都不是可以产生立竿见影效果的，导致玉珺珠宝一时不知道先从哪里下手。幸亏我们双方的沟通比较到位，配合度也比较高。目前项目组配合玉珺珠宝首先在“宝酷租赁”策略上做文章，正在一步一步地向前推动；“爱·如意”也在金小姐与技术人员的积极配合下，基本解决了翡翠产品的批量化生产困局。

因为自己涉足的行业实在比较多且广了，所以我特别喜欢做一些自己从未涉足过或者涉足过但没有全案策划过的项目，正如与玉珺珠宝的合作，我们的创意性思维特别丰富，策略思路也不限于一个，这说明正是因为我们没有过这个行业的策划经验，头脑里现成的资源一点也没有，一切都要靠我们自己来创造，所以，我们的策划才具有了很大的挑战性，然而，也正是这样的挑战，给了我们无穷的乐趣，这就是创造者的成就感。

【项目执行感悟】

这个项目与双剑其他项目一样，项目组兵分多路进行市场调查之后，有一个市场信息分享会议，项目参与人员有陈海超、叶建松、邱玲燕和王福生等，然后由我率领，封闭在酒店房间，开始头脑风暴会。

双剑的头脑风暴会通常由六七人参与，由我主持。设备有：笔记本电脑、投影仪和记录簿。头脑风暴会的程序大致如下：由项目小组负责人花10分钟，简报一下珠宝项目的大致情况，包括市场调研情况和企业内部诊断情况，然后由我来确定企业的营销策划所需及创意风暴从哪里开始。

这个项目的创意方向是这样确定的：翡翠在普通消费者心目中是一个古典却又昂贵的首饰产品，人们普遍不懂翡翠的真假、质量及价格常识，导致消费者一般很少直接去门店购买。大部分购买者都是由内行陪同，在熟悉的店铺中购买，这就决定了翡翠产品的专卖店虽然豪华，但客流量和成交量很有限——这就是双剑要破的第一个局。

其次翡翠行业的企业很多，但营销方式几乎雷同：门店、拍卖会、鉴赏会、展销会等，价格低廉一点的已经开始了网络销售，但很有限。如何打破这个常规，创一条新的翡翠营销之路，是双剑要破的第二个局。

一旦确定创意方向，我们就很快诞生了上述策略，而且可供执行的方案不止一套。

总体而言，这个项目，双剑做得比较累，但也是成就感比较大的一个。原因有多重：一是我们第一次涉足珠宝行业，而且是非常冷门的翡翠行业；二是合作者是我的粉丝，咨询价格方面无法开高。在有限的服务费里，能策划出如此卓越的方案来实属不易。

最后，因为这个方案有太多的前瞻性，所以，企业不可能同时投入实施，目前玉珺珠宝正在实施的是“宝酷租赁”策略，“爱·如意”项目尚处于筹备之中，计划玉珺珠宝处理完了传统翡翠产品的库存之后，于2014年下半年或2015年正式投入实施。

【客户反馈】

我们都是“外”行人——与双剑的合作

一转眼10个月过去了，已经没有了刚进入行业的慌张与无知，形容那时的自己像一只无头的苍蝇一点不为过。通过一本书、一个电话、一张飞机票结识了创意高手沈坤老师，同是外行但都颇有倔强脾气的两个人，有一个共识：打破行业的旧局，往往外行人最在行。

玉珺珠宝成立5年以来，从原石开采、设计雕刻、成品销售、私人会所一步一步经营过来，董事长作为创始人，对其中的辛苦，如每一个企业老总一样都会有所感受。出于一份对梦想与事业的执着，我果断赞成打破现有的董事长一个人为超级销售的局面，要借助外脑服务机构，为玉珺珠宝支撑起薄弱的市场运作环节。

双剑的沈坤老师擅长不按常理出牌，其丰富的市场经验让我果断做了合作的选择。5个月的合作，双剑对玉珺珠宝做了深入的了解，为公司战略做了长远的规划，并派驻工作人员到企业中做具体工作对接。万事开头难，外行人的破局，不仅是思路上的创新挑战，更是自有市场团队建立、磨合的过程。在实际工作开展中，好的创意想法，如何更准确地变成具体的执行方案、达到预期的效果，是玉珺珠宝与双剑在合作中最关键的工作。沈老师高度的战略思考方向、敏锐的行业新切入点带给玉珺珠宝很多新思想、新创意，更有了对珠宝行业未来发展的信心，这些我们都是非常感谢双剑的。

沈坤老师非常擅长从新角度看旧行业，在好的创意想法下，强有力的执行非常重要，目前玉珺珠宝在实战工作中搭建、磨炼执行团队，希望能扎实地走向未来。在此，我们也与双剑达成深度合作的意向。我们“外”行人，需要补足的是行业经验，充沛的是创新激情。

想鼓励所有自认为外行人或不相信外行人的伙伴们，跳出旧局，大胆使用双剑！

北京玉珺珠宝有限公司总经理　金熙颜

2013年10月16日

案例三

水产活鱼

——创品牌，做样板

合作客户：成都通威集团有限公司

客户对接：通威集团副总裁黄其刚

【项目背景】

作为中国水产行业的排头兵，成都通威集团有限公司（以下简称通威集团）自2001年开始探索从单纯的饲料生产、苗种培育扩张到水产品养殖、加工和销售领域，打造完整大农业产业链条。上游立足于良种繁育和前沿技术研发，以中国乃至亚洲最大的通威水产科技园为载体，依靠鱼类基因工程研究巩固企业综合实力；中游以水产饲料生产、销售为主业，进一步强化并巩固在行业内的领先地位；下游推出绿色通威鱼、金卡猪、太丰鸭及相关的深加工产品，实现产业自身的良性循环。

通威鱼严格按照国家农业部制定的无公害养殖相关技术操作规程进行生产，养殖环境、鱼种、水源、原料全部通过有关部门检测，完全符合国家标准GB18406.4－2001《农产品安全质量 无公害水产品安全要求》和农业部无公害食品的有关标准规定的卫生质量指标，并许可使用专用标志。通威鱼养殖全程使用通威饲料，并按照规范的养殖技术流程对养殖、储运、销售等所有环节和鱼种、水环境、饲料、用药等各个细节进行科学操作和严格监控，同时严格按照国家有关标准进行防病治病，无有毒有害物质残留，是通威集团全力打造的真正健康、安全、值得放心享用的水产品。在水产品领域，通威食品已在全国建立了10万余亩通威鱼绿色无公害养殖基地。作为中国第一条品牌鱼，通威鱼已全面覆盖北京、上海、广州、成都等全国各大中城市，并在海南、广东、四川等地创建了国际领先的水产食品加工出口基地，迅速占领了当地主要水产品市场，成为国内名副其实的健康安全水产品领导品牌。

通威集团董事局主席刘汉元先生一直想打造一个强势的鱼类食品品牌，如同肉类食品行业的双汇和雨润，以丰富的系列产品，进入中国的千家万户。无论从哪个方面讲，猪、牛、羊等红肉类的食品对人类健康的营养价值远远低于鱼肉食品，鱼肉味道鲜美，不论是食肉还是做汤，都清鲜可口，引人食欲大增，是人们日常饮食中比较喜爱的食物。但为什么猪肉食品行业能诞生那么多年产值上百亿的大品牌，而鱼肉食品行业却鲜有全国性的大品牌呢？提起鱼肉食品品牌，消费者说不出个一二来。

娃哈哈为什么能从一个儿童保健品发展成价值数千亿的综合食品品牌？王老吉为什么能从一个地域性凉茶品牌，做到年产值100多亿的全国性品牌？通威集团能在水产饲料行业做到亚洲第一，为什么就不能够在全国创造出一个年产值上百亿的鱼肉食品品牌呢？

看似合情合理的企业目标，但真正做起来就不那么简单了。产品究竟该如何定位？产品的开发能否迎合消费者的潜在需求？消费者对“通威鱼”这个鱼肉品牌概念究竟买不买账？鲜活鱼与常温产品及现代微波食品等不同的渠道运作模式，影响了品牌的有效整合，而这也就是摆在通威食品面前的问题。通威集团引进多家专业营销策划机构的意图，显然是想通过不同核心特点的策划机构，来制定不同的产品策划方案，这是通威集团的英明之处。

一、凭能力，双剑赢得通威信任

2012年5月18日，我正率领双剑团队成员在重庆主持长虹手机项目的策划工作，接到了来自成都通威集团品牌管理中心罗先生的电话。罗先生在电话中说，通威集团食品板块准备聘请外脑公司进行战略合作，双剑破局是通威集团重点邀请对象，所以希望我能安排时间前往成都进行深入交流。当时因为我人在重庆，到成都去比较方便，通威集团又是国内比较著名的水产品牌，所以我也特别重视。我在三天后应邀抵达成都，在通威集团品牌管理中心会见了集团副总裁兼品牌管理中心总经理黄其刚先生和通威食品公司总经理刘志全先生及其他管理骨干。我介绍了我的营销观念，并与他们交流了有关通威水产食品方面的一些情况。

由此，我才全面了解到，通威集团是一家涉足水产饲料、水产养殖、太阳能、宠物食品等多个领域的大型集团公司，年收益高达400多亿元，我感觉能为这样成功的大品牌提供营销智慧是一种荣耀。

大约一周以后，在集团董事局会议室，我应邀会见了全国政协常委、通威集团董事局主席刘汉元先生，并与刘先生进行了一个小时左右的深入交流。刘先生向我阐述了他对中国水产品品牌的看法及公司想要努力去做的一些事情，尤其谈到了鱼肉市场与猪肉市场的对比，他觉得鱼肉本身的营养价值要远高于猪肉，但猪肉行业诞生了双汇、雨润等知名品牌，而鱼类行业却至今没有诞生强势的全国性品牌。刘先生认为通威集团是一家有强大社会责任感的水产公司，鱼饲料产品已经是亚洲第一了，所以想在未来几年重点突击鱼肉市场，希望打造全国性的专业鱼肉品牌。

我也向刘先生介绍了双剑的核心能力和策划特点，同时也简略阐述了我对水产行业的一些营销观察和分析，并表示很有信心帮助通威集团打造全国性的水产品牌。

2013年6月，深圳双剑破局营销策划有限公司终于在六家咨询公司的策略竞争中脱颖而出，被选中成为成都通威集团食品板块的营销策划合作机构，全权负责“通威鱼”的全案营销策划推广。

二、洞察力，识破市场营销迷雾

签约后，我立刻组建双剑通威项目组，并兵分三路进行深入的水产品市场调查。我带着助理重点走访了北方市场和上海市场，并重点对大型KA卖场和农贸市场的淡水鱼产品终端进行了蹲点观察和即时拦截访谈及消费者座谈会等，最后又专程飞到海南，参观了通威集团设在海口的罗非鱼食品加工工厂。

我们整整进行了近一个月的全国性市场调查。通过深入的调查，我们发现：全国各地的鲜活鱼市场，处于四无状态，即产品之间无区隔、无专业品牌、无特色服务、无行业标准；鱼糜制品属于格局未定状态，行业处于从群雄逐鹿向定鼎天下过渡的阶段，已经具有品牌效应的有海霸王等；

鲜冻鱼品烧烤场处于市场发展的初期，属于新兴的细分产业阶段；行业的渠道分布各有千秋，大型超市和农贸市场平分秋色。

但有一点可以肯定，淡水鱼行业还没有诞生一个真正叫得响并能让顾客熟记的专业品牌，市场只有自然的鱼种分类，还没有诞生鱼品质量标准的分类；购买鲜活鱼和整条鱼品，成为当前大众食鱼的主流形式；大众普遍认为，野生鱼和有机鱼值得信任，而其他鱼品略差，鱼肉的营养价值和鲜味价值认同较高，持此观点者中女性远多于男性；而购买鲜活鱼的消费者基本没有品牌概念，通常顾客凭自己对鱼种的喜好和价格而采取购买行为。对照通威鱼在成都市的一些尴尬境遇，有几个环节引起了我的高度重视，同时也令我疑惑。

（1）沟通环节：通威鱼这么贵，凭什么？与其他鱼有何差别？

通威鱼在成都的大型 KA 卖场开卖很久，由于价格比其他鱼普遍高出 30% 以上，销售业绩一直没有大的突破，导致通威集团一直没有把鲜活鱼市场作为重点。而通威集团本身，也没有就“通威鱼贵在什么地方”向消费者阐述清楚，也就是说通威集团始终没有给消费者一个高价的理由，导致消费者对通威鱼的品牌认知度很高，但实际购买率却高不起来。

（2）产品环节：产品战略模糊，通威鱼的核心产品是什么？是鲜活鱼？还是鱼糜制品？抑或是常温食品和冻品？

通威拥有鱼糜、鱼砖、鲜活鱼和鱼片四种产品形态。那么，通威集团到底主打什么？这几种产品如何排兵布阵？前后左右、轻重缓急的次序是什么？前期的传播是四种产品同时开花，还是一个阶段主推一种？如果一下全部铺开，是全部产品一拥而上、群起而攻之，还是先单点突破，再多点围攻，最后达到细分覆盖？或是“全面开花”与“单点突破”根据不同地域分别采用？军队前进总是呈纵队，而不是横向一字排开，为何？因为纵队队形，即使遭到攻击，前面趴下了后面的可以补上，要是一字排开，遭到攻击则容易全军覆没。

另外，通威集团的产品品项不如海霸王、安井等丰富，表面看是一个缺失，但在这一阶段却是优势。因为“少即是多”，过于丰富的产品品项无论从成本收益比、消费者心智还是产品品项管理等方面看，都是不利的。尤其在通威集团的现阶段，更应该宜精不宜多，猛虎生一只就足够，羊群生一窝也无用。

（3）营销环节：我总是感觉通威集团是一壶好酒倒不出。

通威集团具备较强大的产业链优势，毫无疑问，它的产品比市场上大多数企业的鱼品质量要高，安全度、可靠度更强，具备了打造中国高端淡水鱼品牌的基础，但不知道为什么，当前在市场上销售的通威鲜活鱼和“鱼本家”鱼糜制品等都未能将企业的隐性优势明显地传播出来。

只有找到一个好的、能够聚焦并打动消费者的说法，才能找到品牌的传播主心骨，促进品牌的快速发展。

三、高定位，战略统率市场行为

第一问：通威 = 鱼？

通威集团旗下包含饲料、鱼、猪、鸡鸭、新能源等各类缺乏关联性的产业类别，一个品牌跨度越大，则品牌印记越弱，品牌认知就越分散。一个品牌最好是成为一种单一产品的代名词。比如，百度 = 搜索，英特尔 = 芯片，蒙牛 = 牛奶。通威集团涉足多种几乎毫无关联的产业，那么，通威到底等于什么？恐怕没有消费者搞得清。

对于鱼品而言，“通威”二字并不能体现产品的任何优势，没有传递对品牌有利的信息，但是通威鱼品牌在成都地区消费者中的认知度极高，难道要抛弃这一多年来积累的品牌资产吗？

通威鱼糜产品采名“鱼本家”做为品牌名称，该名称也未能良好地体现出与竞争对手产品的差异性。

我的答案是：通威鱼必须要有一个专业性很强的优质鱼品印记。

第二问：通威鱼品是坚持走双品牌策略还是使用统一品牌？

通威的鲜活鱼与鱼糜产品是使用一个共同的品牌，还是分别使用两种品牌？

如使用两种品牌，如何避免品牌价值的分散，如何兼顾两种品牌的传播？而如果共用一个品牌，那什么样的品牌名称能包含几种不同产品的共同属性呢？

我的建议是启用副品牌策略：通威成为舞台，抛弃双品牌、多品牌思路，打造专业的鱼品品牌符号。因为通威这个集团品牌的影响力是巨大的，不利用很可惜。

第三问：通威鱼品的独特客户价值是什么？

通威鱼品具备什么独特优势？与其他品牌的同类产品相比，通威能给消费者带来哪些差异化的利益点呢？通威的独一无二之处是什么？

鱼糜行业有300多个厂家，十多个小有实力的品牌，消费者凭什么要选择通威的"鱼本家"？

"鱼本家"这个名称及诉求不能很好地传达出带给消费者的独特利益，那么，什么样的表述才能最大限度地吸引消费者购买？

我们的答案是：聚焦于通威集团以鱼饲料为核心的"产业链"这张王牌，将其核心价值挖掘放大到极致！

第四问：通威的核心优势如何演绎？

因为通威鱼的优点太多，导致影响了卖点的挖掘，而企业总是想把太多的好处一起说出来。

我的答案是：通威的核心优势要聚焦为一个崭新的品类，而且既能贯穿鲜活鱼与鱼糜制品两种产品品项，又能从根本上与其他品牌的鲜活鱼、鱼糜产品鲜明地区隔开来！

第五问：通威鱼品皆属人工养殖，而消费者普遍认为野生鱼才是好的，怎么办？

如何将通威的强大优势说出来让大家知道？说什么？怎么说？说给谁听？如何能说得让别人认同？通威集团自身的长处就是全产业链优势，也就是人工饲养优势，但是，我发现一个令人沮丧的重大问题——通威鱼是人工饲养的，核心优势也来源于专业鱼饲料和养殖技术及整体产业链，但是很大一部分消费者却认为"人工养殖的鱼" = "劣质鱼"。假设通威强调人工养殖的话，岂不是等于告诉消费者通威的鱼是劣质的？

不能说是人工养殖鱼，难道说是天然野生鱼？——这不但是欺骗消费者，也抛弃了自身优势，等于玩火自焚！

第六问：鱼肉是肉类食品中品质最优秀的，为何缺乏大品牌？

鱼类种类繁多，大体上分为海水鱼和淡水鱼两大类。但不论是海水鱼还是淡水鱼，其所含的营养成分大致是相同的，所不同的只不过是各种营养成分的多少而已。鱼肉营养价值极高，经研究发现，儿童经常食用鱼类，其生长发育比较快，智力的发展也比较好；而且经常食用鱼类，人的身体比较健壮，寿命也比较长。其奥妙在于鱼类具有以下营养特点：

（1）含有丰富的完全蛋白质。鱼肉含有大量的蛋白质，如黄鱼含17.6%、带鱼含18.1%、鲐鱼含21.4%、鲢鱼含18.6%、鲤鱼含17.3%、鲫鱼含13%。鱼肉所含的蛋白质都是完全蛋白质，而且蛋白质所含必需氨基酸的量和比值最适合人体需要，容易被人体消化吸收。

（2）脂肪含量较低，且多为不饱和脂肪酸。鱼肉的脂肪含量一般只有1%～4%，如黄鱼含0.8%、带鱼含3.8%、鲐鱼含4%、鲢鱼含4.3%、鲤鱼含5%、鲫鱼含1.1%、鳙鱼（胖头鱼）只含0.9%、墨斗鱼只含0.7%。鱼肉的脂肪多由不饱和脂肪酸组成，不饱和脂肪酸的碳链较长，具有降低胆固醇的作用。

（3）无机盐、维生素含量较高。海水鱼和淡水鱼都含有丰富的磺，还含有磷、钙、铁等无机盐。鱼肉还含有大量的维生素A、维生素D、维生素B1及尼克酸。这些都是人体需要的营养素。

另外，鱼肉的肌纤维比较短，蛋白质组织结构松散，水分含量比较多，因此，肉质比较鲜嫩，和禽畜肉相比，吃起来更觉软嫩，也更容易消化吸收。所以，可以看出，鱼类具有高蛋白、低脂肪和维生素、矿物质含量丰富及口味好、易于消化吸收的优点。

另外，鱼的生长对环境的要求很高，水质稍微有点污染就会引发鱼类的死亡，甚至水温的过度差异也会导致鱼有生命危险。由此我们得出结论，相比于牛肉、羊肉、猪肉，鱼肉的热量更低、更不易传播给人病菌，历史上从来没有听说过因为吃鱼而引发传染病的事件。

四、破局策，聚焦核心辐射全面

针对通威集团在鱼饲料的生产、鱼苗的培育、鱼塘的水质、养鱼过程的监控及鱼肉健康监测等全程工艺上的深度研究，可以说，通威集团对出品的每一条鱼，进行了全方位多环节的全面检测，有点像一个母亲抚养自己的孩子一样呵护到位。这是一种什么样的关系？又是什么样的鱼品品质？

我觉得必须要为这样一种养孩子一样“养”出来的优质鱼品单独创造一个既能提示鱼品质量，又能涵盖通威集团的技术和独特工艺的带有概念性质的子品牌名称，然后以这个概念名称来统领通威集团的鲜活鱼、鱼糜制品和常温鱼品。

该叫它什么呢？当时公司的全体人员都被我强制性地封闭在酒店房间里，而且必须进行思维扩散，刺激大家毫无节制地发言，尽情阐述内心的真实想法，哪怕是天马行空！

我觉得，只要我们找到这么一个带有巨大能量的概念名称，接下来的一切工作就可以围绕着它而展开。

最后，我终于从大家的创意词汇中，找到了分散在各个词组中的字眼，并把它们有机地组合在了一起，最终形成了令人眼前一亮的鲜活名称，那就是——“全鲜链”！

当时，大家也感觉到这个名字比较靠谱，几乎接近并融合了通威鱼的整个精养过程，同时，“全鲜链”三个字还可以延伸出最能体现通威优势的技术亮点，还可以将此技术设计为具有核心概念的通威健康鱼品的区隔性符号。

“全鲜链”如果作为一个带有区隔概念的副品牌使用，那么全鲜链的技术性卖点是什么呢？我回想起参观通威鱼水产研究中心正在研究并实践的太阳能微藻养鱼法时的感想，我觉得通威鱼的这种养鱼方法，完全是一种模拟大自然生物链的做法：专业优质的鱼饲料、科学的鱼苗培育、高要求的适鱼水质、养鱼过程的活鱼健康检测（不得使用医药）、鱼品出品时的蛋白含量和其他元素值的检测等，包括活鱼的运输过程，也是有专门的氧气供应水箱车专门送货到终端。

由此，我们又提炼出来两句带有概括性的技术卖点，也是简略解释什么是“全鲜链”的独特语言：“独创生物链精养技术，360°严控每一个环节”。

“全鲜链”产品的独特卖点，主要突出消费者吃鱼最关注的“不新鲜，不放心”问题，让顾客在选择购买鱼产品时有一个有效的依据，这也是“全鲜链”区隔于竞争对手的一个独特印记。我们卖点的原则是将“全鲜链”背后的专业机理阐述清晰，使人一听便感觉与众不同，这个机理就是“全鲜链”品类概念的支撑与诠释。为便于卖点运用，我们将其设计到一个权威性技术标志中，方便顾客辨认！

什么是“全鲜链”？整条产业链经过 360°的严格控制，最优的水质、最优的鱼种、最健康的高营养饲料、最健全的防病措施、最严苛的检测技术、最专业的养鱼团队、最精细的管理模式，从最初对水环境的控制到最后配送上市，全方位严格控制，使鱼品的整条产业链从育种到饲料再到检测的每一个环节都以高标准进行控制，促使鱼品达到全鲜与安全，最终构成全球独一无二的“全鲜链”模式。

“全鲜链”从品名上凸显整合概念，强调产业链的一体化，暗藏了一种独特的技术标签及消费利益。“全鲜链”是通威集团独创的一种比野外自然生长的鱼品更为优质、比普通人工饲养更为卓越的一种先进养殖技术，体现了系统化、整合化、严密化、科技化、品质化、一体化。

“全鲜链”又是一个独特的品类概念，可以起到区隔竞争对手的作用；同时还是一个可以注册的副品牌，可成为通威集团的品牌资产。

“全鲜链”还是一个品类名称，主要作用是区隔竞争对手，从品类名称上把通威鱼的差异性及区隔点体现出来，直接以“全鲜链”技术来树立优质鱼的标准，突出通威集团的全产业链核心优势。

“全鲜链”的策略点在于我们创造了一种独特的新型鱼类养殖方式的概念。因为不能告诉消费者我们是野生鱼，但是普通的人工鱼又不讨消费者喜欢。我们不能用普通的方式去教育消费者改变认知，认知一旦形成，是很难改变的，尤其是这种带有“共识性”的集体认知，不能靠硬性说教，必须提供一套听起来很牛、看起来很独特的技术概念，消费者方能建立新的认知。因而，我们创造出这种独特的新型养殖方式概念，以这种方式养殖的鱼超越常规的人工鱼及野生鱼的品质。既非常规的人工养殖，也非野生，而是独立并高于这两个类别的独创的全新技术养殖模式。我们的立场是强调全鲜链技术能培育出最优质的鱼品。

“全鲜链”产品对应的是“非全鲜链”的产品。我们将给消费者植入一个认知：只有全鲜链技术培育下的鱼品，才是真正安全的、放心的，而其他无此技术的鱼，都是没有保障的。全鲜链鱼产品是严控精养的，而其他的鱼产品是容易出现各种问题的，是难以控制、难以检测的无保障产品。

“全鲜链”的核心机理是：通威全鲜链优质鱼品，100%采用鱼粉、豆粕、菜籽粕、面粉等生态配方专用饲料，不添加任何激素，不使用抗生素和违禁药品，经由通威水产技术中心独创的生物循环技术精养而成，从鱼苗培育、饲养到加工和配送市场360°全程监测，经过18道苛刻检测，造就鱼肉鲜美、食用安全的优质健康鱼品。

有了“全鲜链”，我们就减少了很多不必要的麻烦。首先就是广告，原来的通威鱼即使投入再多的费用打广告，最多只能赚回一点知名度，对产品的促销影响不会太大。而拥有了“全鲜链”之后，品牌的传播有了一个战略聚焦点，有了一个明显的诉求点，广告受众也因为有这个新颖的“全鲜链”概念而产生了兴趣，毕竟这是一个新创的概念词汇，所有人都是第一次听说，新鲜感促使人提高关注度，更何况这是一个带有明显优质暗示的概念名称。

所以，我准备做一个低成本的推广策略给通威集团看看，以彰显双剑破局的威力。

通威食品旗下拥有鲜活鱼、鱼糜制品、冷冻鱼片等传统鱼品，拥有“全鲜链”优质鱼品生产工艺之后，可以不断地延伸出新的产品，如微波鱼片、火锅鱼皮、油炸鱼排、鱼子酱等系列产品，因为只有全鲜链工艺才能确保通威鱼独特的营养健康特质。

双剑决定先在鲜活鱼上打上“通威全鲜链”烙印，使得消费者在头脑里生成一个崭新的优质鱼品概念，然后，以全鲜链为核心，打造整个通威鱼的产品链，为通威成就全球专业鱼业品牌打下扎实基础。

五、通威鱼与全鲜链之间的关系

在双剑介入以前，通威集团的鲜活鱼产品都直接称作通威鱼，在对外传播时也是这么做的，企业内部似乎有意识地想把“通威鱼”打造成品牌鱼，而成都地区的消费者也是这么直接称呼通威鱼的。从企业角度来说，这种做法未必有什么不妥，因而，企业也为“通威鱼”设计了一个鱼形的LOGO，来区别其他的鲜活鱼产品。

双剑介入之后，从企业战略的角度考虑，我觉得通威是集团公司的企业品牌名称，而集团品牌还用在饲料产品和太阳能产业上，所以，我想帮助通威集团解决这个问题——通威依然作为集团品牌名称使用，也可以用作鲜活鱼的产品品牌名称，但必须为鲜活鱼创造一个能有力区隔其他竞争同行的鲜活鱼产品类别概念，以配合通威鲜活鱼的全国市场推广。

这其中有以下几个原因：

（1）通威只是一个品牌名称，本身没有多么有影响力的意思，它最多只是具有集团公司的声誉所带来的品牌联想价值，通威这两个字也没有任何高质量的指引。所以，利用集团公司品牌名称来命名鲜活鱼产品，无非想达到一个目的：让消费者知道这个品牌的鲜活鱼质量很高。但要达到这个目的，其实有更好更直接的方法，没有必要绕这么一个大圈子，何况对企业来说，这个名称没有任何特点，怎么能说明你的鲜活鱼究竟为什么好？

（2）通威集团是一个跟鱼产品有非常密切关联的企业，在全国鱼业市场上创建一个响当当的鱼食品品牌，是有一定的成功基础的，但不应该只是用集团品牌名称来推广，因为通威虽然在整个四川有一定的知名度，但到了国内其他城市，依然只是一个新品牌。所以，与其借集团品牌声誉去做全国市场，不如创建一个带有明显质量概念类别，专用于鲜活鱼推广的副品牌，这样才是最明智的。

（3）鲜活鱼可以继续沿用通威集团品牌作为主品牌，但“全鲜链”是更容易被消费者接受的一个带有鲜明鱼产品质量烙印的副品牌，如果我们运用“通威—全鲜链—鲜活鱼”，形成三波段式的品牌称谓方式，将更容易使消费者明确三者之间的关系：通威是集团品牌同时也是鲜活鱼品牌，但是，这个品牌后缀了一个完全能显示企业核心能力和核心优势的工艺技术性概念，通过一段时间的传播，消费者就会形成唯一的认知——“通威是大企业，所以能生产出优质的全鲜链鲜活鱼产品”，换句话说，只有通过“全鲜链”工艺技术生产出来的鲜活鱼，才是真正的高品质鲜活鱼。

（4）“全鲜链”到了这里，有了足够企业延伸的优势概念。例如，通威集团已经在对外传播自己的产业链优势，那么，什么是产业链？就是集团以自己的核心技术、管理能力和品牌资产，通过收购、控股和品牌输出等手段，来使企业对以鱼为核心的整个产业环节有绝对的控制能力，而通威集团是鱼饲料的老大，又在养鱼专业上有核心的技术，驾驭和控制整个产业链已经成为事实。但因为“产业链”三个字只是通用词，无法直接告诉消费者这个名词跟鱼产品之间的质量关系，所以，这个任务就由“全鲜链”三个字来承担。

所以说，“全鲜链”必须用，而且必须代替“通威鱼”来传播，因为“通威鱼”三个字不能直接说出质量概念，而“全鲜链”可以，所以从战略角度，双剑不仅仅是为通威集团创造了一个副品牌名称这么简单，而是为中国的水产行业创造了一个全新的优质鱼产品生产工艺和生产技术及最优质的鲜活鱼区隔概念。通威集团完全可以将全鲜链代替产业链进行传播，并且不断放大全鲜链的核心概念，将鱼饲料科研、生产、鱼苗培育、水质监测、养鱼技术、过程监测、鲜活鱼运输、宰杀流程等全过程涵盖到全鲜链当中，将全鲜链真正作为通威集团的核心优势和核心能力加以传播，为品牌增值和建立竞争防火墙。

通威集团可以利用这个核心能力为其他产品提供核心技术支持，如通威全鲜链鱼丸、通威全鲜链微波鱼品、通威全鲜链鱼饺等，总之，“通威”是一个集团品牌名称，可以贯通使用，但“全鲜链”却是一个在鱼品行业创建的独特的鱼产品质量类别标志。通威集团通过品牌持续的传播，可以达到一种效果：日后消费者在购买鱼肉产品时，会寻找带有“全鲜链”标志的产品，因为，“全鲜链”是一种优质健康鱼品的权威认证标志，可以为通威集团带来源源不断的品牌价值。

六、破渠道，样板市场显神威

2012 年 7 月，双剑通威营销特攻队全体成员进驻成都通威集团总部，将成都作为样板市场操作、短时间内建立全城销售网络的建议获得集团管理层通过。

随后，经通威集团同意，双剑出手营销招数，针对全体销售人员业务素质参差不齐，尤其是在招商洽谈方面存在业务能力薄弱，举行了一次大规模全封闭的“魔鬼营销特训营”，为期一周。

“魔鬼营销特训营”重点解决营销人员在招商中必须具备的诸如客户寻找技能、洽谈技能和终端销售中的产品介绍话术等，进行强化训练，促使他们快速提升徒手营销的基本功。“魔鬼营销特训营”同步进行了严整的军事训练，最后还进行了严酷的考试，最终胜出的销售人员，才被编入即将投入战斗的销售团队。一周之后，脱胎换骨的通威食品营销团队雄赳赳气昂昂地奔赴各自的一线战场。

随后我们兵分三路：一路将“全鲜链”优质健康鱼的整个饲养过程进行技术化规范，使其成为通威集团的一大核心优势，并让一个健康鱼生产和销售的专业品牌“全鲜链”快速成形；第二路直接负责成都地区农贸市场的终端建设；第三路直接策划全鲜链优质鱼品进入农贸市场的促销推广创意。

通威鲜活鱼是通威集团经营时间最长、核心优势最突出的品项，在成都地区的消费者心中已经拥有了强大的认知基础，一直无法畅销的原因是缺乏支持高价格的理由，由此导致认知度很高购买率却很低。“全鲜链”这个高品质鱼品标准，等于为消费者创造了一个强大的购买理由。所以，在“以全鲜链鲜活鱼为核心，辐射整个产品链渠道”的原则之下，我们对通威鲜活鱼品销售团队的具体要求是：

（1）通威全鲜链鲜活鱼必须在成都市场占有绝对最高的地位；

（2）迫使成都百姓对通威全鲜链鲜活鱼的认知达到100%；

（3）将全市所有农贸市场全部占领，开设“通威全鲜链鱼档”；

（4）将全市53家大型KA卖场中的空白点全部占领；

（5）将全市600余家中型商超（具有水产品销售的）全部占领；

（6）将全市900余家大型酒店渠道全部占领；

（7）将全市3000余家餐饮渠道全部占领；

（8）将全市200余家大型工厂食堂全部占领；

（9）将全市300余家机关单位食堂全部占领；

（10）将全市2000余家大专院校、中小学、幼儿园食堂全部占领。

之后，通威全鲜链鱼品销售团队，根据产品渠道的不同，分为两个销售团队。一组以城市KA卖场渠道为主，主攻全鲜链常温鱼品、休闲鱼品和鱼糜制品；一组以城市和郊区的农贸市场为主，主攻全鲜链鲜活鱼的渠道拓展和终端促销。

双剑的营销特攻队全部以销售人员的身份编入鲜活鱼销售团队，每个人将负责5个农贸市场的终端开拓、装修、开店策划和开店促销活动。由于农贸市场的特性，团队成员每天早上5点起床，然后奔赴农贸市场，配合“通威全鲜链鱼档”的老板向广大消费者进行促销宣传。他们中不少人甚至系上围裙，手提喇叭，一边在炉子上当场为广大消费者熬鱼汤，一边大声传播“通威全鲜链”优质鱼品的独特之处，并让大家排队免费品尝“不添加任何味鲜作料的优质鱼汤”。一时，整个成都的农贸市场都沸腾了起来，一场轰轰烈烈的“全城恋鱼”活动由此全面拉开序幕！

通过整整60天的努力，在双剑营销特攻队和通威集团销售团队的紧密配合下，“通威全鲜链”优质鱼品的全部产品，都在成都的各类终端展示出来。通威集团品牌管理中心也与广告公司配合，在成都各大新闻媒体上打出了“通威鱼，世界都在吃！”的广告。以成都地区为样板市场的“通威全鲜链优质鱼品”市场推广圆满完成：在成都建立了完整的鱼品销售终端，尤其是“通威全鲜链鲜活鱼”在没有投入大量广告费的前提下，就在大型 KA 卖场和农贸市场销售畅通，成为成都市场餐桌首选。通威“全鲜链”优质鱼品的威名也响彻成都的大街小巷，成就了中国高端优质健康鱼品牌。

七、悟全局，策划永远有遗憾

也许是沟通有问题，或者是通威集团管理层没有完全理解“全鲜链”的战略价值，通威集团的常温鱼品和休闲鱼品未能采用“全鲜链”概念。这两个鱼品的策划当时由另外一家策划公司负责，而同行根据他们自己的策划思路，提出以“海南纯生鲫鱼”为噱头进行推广。而“海南纯生鲫鱼”这个由三个概念形成的诉求点从字面上无法给予消费者一个明确的核心：海南生产的鱼？纯生又是什么意思？大家联想到的可能是啤酒；再说鲫鱼，这是一种随处可见的普通鱼种，而且对鲫鱼的传统认知是“刺多，味腥”，尤其是用鲫鱼制成的鱼丸，其口感根本无法与海鱼糜制成的鱼丸相媲美。同时，通威集团还没有在全国建立“全鲜链鲜活鱼”认知，就匆忙推出大系列的半加工产品，造成“鱼”品牌基础不扎实，不能为新品提供专业鱼品牌背书支持，也就是说，如果全国的消费者都知道，通威是一个专业生产全鲜链优质鱼品的品牌，那么通威后续推出的各种深加工鱼肉产品就能顺势被消费者所接受。通威鱼常温产品最终在市场上的反应是：产品铺货能见度很高，但产品销售很缓慢。

当然，还有其他很多原因，例如，中国的消费者习惯于吃新鲜的活鱼，虽然制作过程比较烦琐，而从冰柜里购买冷冻的鱼片或者塑料包装袋里的休闲鱼品，拿回去在微波炉上加工而食这种习惯，目前尚没有养成，需要品牌做较大的教育推广。

而双剑策划的“全鲜链”不是一个名称这么简单，如同海尔热水器的防电墙技术和华淳葡萄酒的纯园酿工艺，均是一种具有战略性的品牌整合，是以产品为核心，涉及技术、工艺、生产、品质和标准等一系列消费者认知的大聚焦，也是彻底区隔于竞争同行产品的核心差异点，更是消费者选择购买产品的一个强大理由。企业完全可以凭借这三个字形成的带有明显技术性“概念”品牌的影响，来整合企业的一切资源，从而使自己的产品一出生就拥有了优质产品的“胎记”。

营销策划真的有点像拍电影，无论事先策划得多么完美，进入执行的时候总是会留下这样那样的遗憾，虽然我们也做过努力，但最终还是留下了很多的遗憾。

期待“通威全鲜链”优质鱼品品牌快速在全国市场炸响！

【策划感悟】

这个项目的独特之处在于，我们一开始合作的时候在协议上注明的服务内容，到正式合作以后几乎全变了。而且，通威集团同时与两家策划公司达成了合作，另一家就是浙江的张默闻营销策划公司。最终两家策划公司的服务重点有所区别：张默闻营销策划公司负责新产品上市策划，核心产品在于罗非鱼的加工产品；双剑最终负责的是鲜活鱼的营销策划任务。而前期我们在做市场调查的时候，通威集团负责与策划公司接洽的罗先生希望我们把策划的重点放在罗非鱼的加工产品开发上，导致我们调查的重点都聚焦在常温产品上，对全国各地鲜活鱼的了解倒不是太多。即使这样，双剑还是通过对通威集团产业链的了解，创造了“全鲜链”这个技术概念，但很遗憾，企业不知道这个概念对企业的战略作用，导致最后也没有完全重视。

在策划过程中，我由于个人性格比较独立孤傲，没有像张默闻那样与董事局刘汉元主席有更多的接触，我也不会表现，只会扎实地工作，也可能正是由于我在这方面的沟通局限，导致我与刘汉元主席的交流较少，无法把自己的策划思想全盘地告诉刘先生，这是我在策划此项目之后得出的一个结论。

从另一方面来说，通威集团在执行方案过程中的配合值得我赞扬，其中客户的付款非常及时，基本上都按照合同约定的时间和标的准时支付。而双剑其他的客户基本上都做不到，要不是我们的财务人员认真地催讨，大部分企业会一拖再拖，直到拖到不好意思了才支付。这一点，双剑的通威项目组人员都感触很深，在此，我向通威集团表示由衷的感谢。

整个策划合作的时间正好是半年，彼此之间的合作非常愉快，对彼此的工作也相当认可。尤其是与我接触沟通较多的通威集团销售总监薛锋，他和他的团队一直对双剑的策划服务非常配合和支持，甚至有时候会站在我的角度替我考虑，这也让我非常感动。

但我还是感到深深的歉意，我总感觉没有真正帮助到通威集团，甚至希望能与通威集团再次合作，哪怕服务费用再低一点……

参与本项目的策划人员是：万宏坤、陈海超、朱婕、KK、赖盟厚和孙军。

案例四
包装奶茶
——地方品牌也可以逐鹿中原

合作客户：青海圣湖乳业有限责任公司

客户对接：圣湖乳业市场总监杨冠军

【项目背景】

其实，青海圣湖乳业有限责任公司（以下简称圣湖乳业）的藏咖奶茶项目，最先是由北京志起未来营销策划公司在策划，而且该公司与圣湖乳业合作已有一年，这是双剑在与圣湖乳业达成合作以后，企业内部人员告诉我们的。尽管双剑的策略得到了企业的赞赏，但很遗憾，由于藏咖奶茶的产品流水线和产品包装已经完成，如果推倒重来企业会面临很大的经济损失和时间损失，唯一的做法就是让双剑委曲求全，把策略移到后续再执行，先将眼前的难题解决。事后，双剑虽然提供了两套营销破局策略，但都未能撼动企业管理层的决心。双剑只能将错就错，配合圣湖乳业进行藏咖奶茶的渠道招商执行，甚至后来双剑又引入了中国专业的招商外包机构通路快建公司，但最终还是没能为藏咖奶茶带来生机。

本案例所展示的就是当初双剑提供给圣湖乳业的两套根本性解决品牌扩张问题的营销破局策略，尽管企业接受了，但时至今日，方案仍然未被完全执行，这是非常遗憾的事。

一、藏咖奶茶项目背景

2011 年 6 月，我的微博上来了一个新粉丝，他就是圣湖乳业董事长马红富先生，当时我没太在意，所以也没及时关注他。后来他通过网络搜索，整理了我的一系列关于营销策划创新的文章资料，然后发给公司管理层阅读。他要大家感觉一下，要不要请这个人配合一下公司的产品策划。

后来大家一致决定邀请我到青海西宁面谈一次。在去西宁之前，我特地了解了一下圣湖乳业的大致情况及乳业的当前特征，内心还揣测着此行究竟是合作哪方面的产品，因为在这之前，我还没有全方位涉足过乳制品的市场营销策划，希望自己先多掌握一些行业信息，在交流时就会有更多的想法。

因此，我在出行之前先走访了深圳市场，对一些著名乳制品公司的各项产品及其在市场中的各种表现做了一些考察。到了西宁的圣湖乳业公司之后，我又要求参观该公司的奶牛产业基地和考察圣湖乳业系列产品在西宁市场的具体表现，然后才与董事长及他的管理层正式会面。

会面是在圣湖乳业大会议室，轮到我发言的时候，我先用 PPT 介绍了双剑的核心能力及策划案例，然后重点讲解了双剑的尖刀产品策略及其对应的策划案例。在讲解的同时，融入了我个人对当前传统营销思维的批判和横向思维创新的重要性阐述，赢得了大家的认可。

第二天晚上，也就是 2011 年 8 月 27 日晚上，在董事长办公室，我、董事长和陈总经理三人进行了深入的合作交流。为了表示合作诚意，我最终也做出让步，以 160 万元的年度合作价格，确定了双剑与圣湖乳业的合作。2011 年 8 月 28 日，双剑正式与青海圣湖乳业达成合作，合作的目标是针对该公司一款品牌名叫“藏咖”的杯装奶茶产品进行市场破局策划，核心内容是产品推广策略和渠道招商策略。

二、奶茶市场观察

接手这个项目以后我才知道，“藏咖”这个品牌和相应的产品设计，是由北京一家营销策划机构创意完成的，前期的品牌策略部分也是由该公司负责。由此我才明白，我接手的是一个夹生的项目，是已经被“策划过”的企业客户。凭我的经验断定，这样的项目合作起来会比较艰难，执行中也会遇到更多问题。由于企业未完全告知与上一家策划公司结束合作的原因，加上我对策划同行的尊敬，我就不再深究原来的推广策略，我的努力方向应该是赶快拿出一套让企业眼前一亮、市场胜算把握高的创新营销方案来。

随即，我就对冲调奶茶市场进行了观察与分析，发现这个市场非常感性。首先，这个市场的消费者构成，90%以上是15~35岁的年轻一族；其次，这个市场的竞争格局已然形成，即杯装奶茶开创者香飘飘、以情感诉求切入的竞争者优乐美和跨国茶品牌立顿三足鼎立。

市场越是感性，就越容易找到市场破局的策略。我立刻展开对藏咖产品的分析和市场的研究，发现针对年轻人群，“藏咖”这个品牌名称不是太好，尽管这个产品本身的质量很高：采用高原牦牛奶粉和高原青稞粉，由专业乳制品企业精心生产而成。纵观当前市场上所有的杯装奶茶产品，其生产厂家都不是专业乳制品企业，而是普通的食品生产企业。再进一步针对产品原料构成进行分析，更令人眼前一亮，除了藏咖，其他奶茶产品的奶味，都是由工业奶精调制出来的。那么什么是奶精？奶精就是加在咖啡、茶等饮料中，使其呈淡色糜乳状，更爽滑、更浓稠的东西，它可以是含乳的，也可以是不含乳的，有所谓的动物性与植物性之分。它是一种为了使饮料更好喝的添加剂，而不是营养剂。奶精的主要成分之一就是植物油，更具体地说是氢化植物油，含“反式脂肪酸”。反式脂肪酸是不健康的成分，对人类心脏的损害程度远远高于任何一种动物油。

我们也从圣湖乳业内部人员口中得知“藏咖”这个名称的意思。“藏”字很好理解，就是来自于青藏高原的奶源和藏族人民的奶茶文化，因为藏族人喝奶茶的历史很悠久，这在文史资料中确实可以查到。而“咖”字，却有点问题。首先，这个字本身只会让人联想到咖啡，“藏咖”组在一起，很明显，消费者只会联想到藏族的咖啡。但这个“咖”字还有一种解释，就是玩家的意思，是在微博和BBS论坛流行的网络词语，例如“大咖”，就是说这个人在某个行业中很内行很厉害的意思。由此一来，这个“藏咖”的意思应该很明了，那就是“西藏的玩家”之意了。我真服了这家策划公司，一个企业的产品品牌名称，怎么可以从流行词语中寻找呢？怎么可以如此草率从事呢？流行词语只能用于推广中的创意概念，绝对不可以进入品牌命名层面，因为企业的产品品牌是要永久生存发展下去的，而时尚的流行语很可能很快便消失了。而且，这个“藏咖”无论从哪方面讲，对奶茶产品的营销推广一点好处也没有！

从包装形态来说，整个奶茶行业大致有以下几种：（1）统一、娃哈哈们的 PE 瓶装奶茶；（2）香飘飘、优乐美们的杯装奶茶；（3）康师傅推广的利乐包奶茶。而藏咖奶茶却同时推出杯装奶茶和利乐包奶茶，这两种奶茶在终端货架上的陈列不在同一个区域，杯装奶茶属于冲泡类产品，利乐包奶茶则摆放于饮料区域。

三、藏咖奶茶的独特利益

藏咖奶茶，本意是想以藏族文化为切入点，与现有的奶茶进行差异化竞争，但对于藏族文化，我有不同的看法。其一，现在的青年人对西藏的认知不深；其二，大陆的奶茶来源于港台地区，与藏族文化没有太多关系；其三，消费者大都是年轻人，追求时尚，而“时尚”这一符号，藏族文化中能体现出来的不太多。

由此，我建议客户改名，重新设计新的产品包装。但客户没有接受，因为他们认为这是唯一可以与现有奶茶品牌相区隔的竞争优势。我不明白，如果你的差异优势不是最终消费者所重视的，这个差异又有何意义呢？但既然客户不认可，我就不再坚持，转而针对消费者的心智进行探索。我相信，只要品牌名称不是唯一的品牌诉求，我就有办法找到更精准的诉求点。

在策划中，我也反思了当前很多企业在产品策略上的错误做法。例如，茶叶营销中的茶文化概念。按照我的理解，无论文化多么有价值，多么有吸引力，可以挖掘出多么丰富的内涵，但这些都不是最核心的，或者说不是最重要的，因为消费者不会被你的文化吸引从而喜欢上你的产品。

在面对产品实体和文化虚体相结合的策划上，企业应该了解消费者购买的第一性和第二性。第一性无论如何都是：产品的本质是不是很好？顾客是不是非常需要？牢记这一点就能明确我们的营销应该往哪里使力。

在藏咖奶茶这个产品策略中，奶茶产品是不是比同类产品更优质，这一点绝对是第一性，具备了第一性的优质实体产品之后，我们才能提供更有附加值的第二性，即藏族的奶茶文化。也就是说第一性是产品本身，文化是第二性的，如果把这个顺序颠倒了，那么这个产品再怎么投入也将是白费劲儿。

我们通过市场调研发现，一般人对藏族奶茶文化没有印象，无法将藏族文化与奶茶产品形成关联。显然，要想获得市场成功，依靠藏族奶茶文化来征服年轻消费人群绝对是痴人说梦。

难道藏族文化是藏咖奶茶唯一区别于现有奶茶品牌的优势吗？我不这样认为，我相信仔细挖掘寻找，应该还可以找到更有力的差异点。这个差异点就在奶茶产品的核心配料里。如前所述，当前市场上销售的奶茶产品几乎全部是由奶精调制而成的，而圣湖乳业的藏咖奶茶却是用牦牛奶粉加高原青稞粉调制而成，前者与后者相比立刻相形见绌。

为什么藏咖奶茶不拿自己真正的优势去攻击对手的薄弱之处呢？我的脑海里蹦出了这么一个疑问。我相信，只要我为藏咖奶茶找到一个可以暗示奶茶质量好坏的区隔概念，就能让它在市场上获得成功！

四、尖刀产品策略的诞生

有了这个想法，我就带领项目团队，开始围绕着占领消费者心智的设计而努力，旨在开创杯装奶茶行业第一个具有质量暗示的区隔性品类概念。后来经过全体项目人员的头脑风暴，我们在藏咖奶茶自身的产品配料优势上找到了突破口。我们干脆直接采用“纯真乳”作为区隔概念，由此，原来的“藏咖奶茶”正式改变为“藏咖纯真乳奶茶”，这样一来，既没有破坏“藏咖”两个字的原有含义，又直接将产品进行了质量暗示，同时“纯真乳”又成为藏咖的子品牌和行业奶茶新品类，在后期传播时可以信手拈来，成为藏咖奶茶的品牌诉求点。

藏咖奶茶的定位——纯真乳奶茶开创者；

藏咖奶茶的卖点——阳光真牛奶，营养青稞粉；

藏咖奶茶技术卖点——海拔3000米阳光奶源，100%高原纯度青稞粉；

藏咖奶茶的口号——纯真乳，更健康。

正如我在很多文章中所说的，只要营销的破局点找到了，后续的策略会自然而生，这个项目也是这样。当“纯真乳”概念一诞生，相应的策略就自然而来。由此，藏咖奶茶的产品基础策略方案就算形成了。传播的主攻方向也很明确：以“纯真乳奶茶”攻击“奶精奶茶”，借以建立奶茶行业的两大阵营，即用真奶配制的奶茶VS用奶精调制的奶茶。而在用真奶配制的奶茶产品阵营里，藏咖是第一个进入的，也是第一个喊出“真乳”口号的，按照先入为主的规律，藏咖就由此以不同于传统奶茶的真乳身份，与现有奶茶强势品牌香飘飘归为同一个等级：香飘飘是杯装奶茶的开创者，藏咖奶茶是纯真乳奶茶的开创者。由此，藏咖的品牌定位也自然形成，一切应该是水到渠成。

而对消费者来说，冲调类杯装奶茶市场虽然有香飘飘、优乐美和立顿三足鼎立，但三者之间谁也不知道究竟哪个品牌的奶茶质量更好，消费者只能遵循个人对品牌的喜好购买。“纯真乳”奶茶一出，原有格局便会被打破。消费者立刻知道真相，原来奶茶还分“真乳”成分和“奶精”成分，质量好坏也立见分晓。真牛奶制成的奶茶和工业奶精调和而成的奶茶，你觉得哪个质量更好？

有人也许会跟我较劲儿，香飘飘、优乐美的品牌基础已经很扎实，通过品牌传播导入的“杯装奶茶开创者”诉求和“你是我的优乐美”的情感诉求已经深入消费者心智，不是你一个“纯真乳”就能撼动的。这点我承认，藏咖“纯真乳”奶茶作为区隔概念也没有那么大能耐，何况藏咖品牌给目标人群的第一印象不是时尚，也不是情感，而是离他们非常遥远的藏文化，但如果消费者真的想喝一种更优质健康的奶茶，那么他们就有了可以重新选择的目标，喝真牛奶调配的奶茶应该是一种更明智的选择。

五、纯真乳奶茶传播策略

“纯真乳”作为尖刀产品策略，已经具备了强大的杀伤力，至少，当消费者在奶茶货架上看到它时，必然会快速引发头脑中的逻辑思维：这难道是真的牛奶做成的奶茶？那么其他奶茶的核心原料是什么呢？为了促使消费者打破香飘飘和优乐美们的感性诉求，对奶茶产品的购买更趋于理性，我们必须要在产品包装上打上独特的表示差异和区隔的印记。所以我让设计师配合文案，设计出了一个带有权威性质的纯真乳技术工艺标志，在这个标志里，蕴含了两句带有警示提醒味道的卖点文案——“海拔3000米阳光奶源，100%高原纯度青稞粉”。

解决了产品区隔，接下来要解决的问题是如何快速将这一产品在市场上打响。

在设计推广策略的时候，我觉得可以借鉴当年五谷道场方便面以“非油炸”攻击行业油炸方便面有害健康的策略思路。我觉得奶茶行业尚未重视起产品的健康问题，而圣湖乳业的藏咖奶茶率先使用了牦牛奶粉和高原青稞粉，将产品的质量提升了一个台阶，所以，我们完全有理由、也有必要对当前的奶茶行业进行一次挑战式的破局。

理由如下：一是当前生产奶茶的几个企业都是普通的食品生产企业，不具备乳制品企业的生产优势；二是当前市场上流行的奶茶产品确实是由工业奶精调和而成，而工业奶精确实对人体有影响，相比于纯牛奶，其质量差异非常明显；三是这个行业一直是感性诉求，导致消费者购买时根本没有考虑到健康因素，但事实上不少消费者已经对常喝奶茶有了一些健康担忧，所以，进攻获胜有了一定的群众基础；四是圣湖乳业偏居一隅，在西北有名气，但在全国市场尚属于一个不知名的品牌，加上“藏咖”这么一个带有明显地域色彩的品牌名称，如果不大张旗鼓地来一场大决战，很难引起市场的重视，尤其是经销商们的重视。

根据上述理由，我们针对“如何快速推广成功?”这一问题展开了策略设计，决定以“纯真乳”的健康营养奶茶，攻击奶精调和而成的不健康奶茶，以新闻公关策略切入，利用媒体的力量，将这一震撼性消息公布出去。因此，我们策划了一场由圣湖乳业主办的“纯真乳奶茶上市新闻发布会”，同时也将这一发布会当做圣湖乳业的全国招商大会，这样既打响了“奶茶健康攻击战”，又吸引了广大的奶茶经销商，同时快速提升了藏咖奶茶的品牌知名度，真可谓是一举三得。

在运作这个传播策略的时候，我充分调动了双剑所掌握的资源，并委托一家专业的公关传播公司来配合，绝对可以以较低的投入——计划不超过50万元的传播费用，将“纯真乳 PK 奶精茶”的行业破局战役完全打响。此举会形成行业巨大的影响力，将为纯真乳奶茶的渠道招商带来巨大的推进作用。因为经销商不是傻子，他们看得出来，奶茶的未来会在谁的手里。

六、纯真乳奶茶的渠道策略

纯真乳奶茶的渠道策略设计，以一线城市为主阵地率先占领，然后挟余威辐射省市级市场。因为奶茶产品的生力军是城市市场，而在城市市场中，北上广等大型城市的市场为最大消费力量。作为具有强大产品力的纯真乳奶茶，如果不以一线城市为主阵地，而是以小城市去包围大城市，显然会丧失成功先机，因为城市文明或者城市消费文化的影响力走势是由发达城市向二三级城市递减。

纯真乳奶茶本身具有强有力的产品区隔力，而且，传播上选择大规模的事件营销，针对的又是传统奶茶，以健康奶茶 PK 不健康的奶茶，显然其刀刃足够锋利，只要此事件策划得当，很有可能会大规模减少传统品牌奶茶的销售而在短时间内扩大纯真乳奶茶的销量。

既然以大城市为主，那么大型 KA 卖场将成为本次大战中最关键的拼搏阵地，所以，渠道招商的核心思路也因此诞生：集中资源，吸引北上广有实力的食品经销商，将经销商的力量与事件的传播影响进行有机结合，在所有香飘飘、优乐美、立顿和统一等奶茶产品的阵地上，出现纯真乳奶茶的堆头和批量货架。

在吸引大型 KA 卖场的基础上，在流通渠道以较高的产品利润空间来驱使经销商大规模进货，抢占各传统渠道的终端，促使纯真乳奶茶新产品在上市后 1 ~3 个月内在北上广深等城市主要的奶茶销售终端能见度达到 80% ~90% 。

如何吸引目标经销商加盟圣湖乳业呢？我结合双剑的招商资源，准备兵分多路进行全方位的招商。

（1）广告招商——通过在专业和行业主流媒体上发布强势招商广告，以强大的招商势能，引发潜在的大食品经销商的关注，同时在网络媒体也配合发布招商广告；

（2）定向招商——与专业招商公司合作，通过专业渠道招商公司的资源和拓展能力，定向选择北上广或其他重点区域的重要经销商，将他们集中起来进行专题式招商；

（3）地面突击——培训专业的渠道拓展人员，通过市场走访和资料查询找到目标经销商，并进行合作洽谈，每个渠道拓展小分队都有各自的区域和各自的拓展任务；

（4）DM 直复招商——通过双剑经销商资料库和专业公司提供的食品经销商资料，培训专业的电话拓展人员和 E - mail 联络人员进行定向联系并发送招商资料；

（5）在各种媒体上进行软文呼应——配合各类招商策略进行全方位的软文铺垫和造势。

策略预见：当传统奶茶因为不健康因素而遭遇市场淘汰之时，首先受到影响的就是产品经销商，如果事件营销力量强大，势必会造成渠道动摇，这个时候，应运而生的“纯真乳”健康营养奶茶就会成为广大经销商们的崭新商机，这是一个新旧交替的战略性策略。

由于保密需要，这里不公开双剑准备为圣湖乳业提供的尖端招商策略，但很明显，我的目的就是想运用 3 个月 90 天的时间，快速将全国的藏咖奶茶销售渠道建立起来，以一种大规模的终端产品能见度来呼应一触即发的“纯真乳健康奶茶大战”。

七、纯真乳奶茶破局方案流产

根据市场现状和消费者潜在的健康需求，以采用牦牛奶粉和高原青稞粉配制的“纯真乳”奶茶，对阵由工业奶精调合而成的奶茶——这种带有明显行业破局特征的策划方案，成功率极高，同时广告传播的费用又大大减少。也许，一个行业论坛或新品发布会上的新闻就能撼动现有奶茶竞争格局。虽然不可能取而代之，但至少，藏咖奶茶可以凭自身的差异化——纯真乳奶茶的开创者，与杯装奶茶的开创者香飘飘站在一起。

这样带有明显攻击特性的产品策略，首先就会吸引渠道经销商，因为经销商不喜欢选择与当前市场所售产品相同的产品，他们更钟情于具有明显差异又能牢牢吸引消费者关注的新产品。在渠道招商问题上，“纯真乳”概念也能提供策略力量。

可惜，由于使用新概念推广藏咖奶茶，势必需要重新设计包装并重新印刷包装材料，而圣湖乳业因为藏咖奶茶的项目已经投入巨资，如此一改，就会给企业带来巨大浪费，而我又无法保证，采用“纯真乳”概念推广藏咖奶茶就一定能获得成功，如果不成功怎么办？

另外企业还担惊受怕，如此锋芒毕露的市场推广会不会引起行业对藏咖奶茶进行集体讨伐？到时候企业自身究竟有多大能力抵御来自同行的反攻？

太多的担忧，导致企业对我的策划方案虽然认可，但还是不敢贸然投入。最终经企业研究决定，依然保持原有“藏咖奶茶”的藏文化核心诉求，进入市场参与竞争。

而渠道招商策略，在我的引荐下，圣湖乳业接触了上海的通路快建公司。通路快建是一家专业招商外包公司，他们立刻派出专家团队奔赴青海，在双方反复的交流下，最终确认了招商外包合作。由此，原本由双剑负责的渠道招商策划，也由通路快建的专业招商团队接手，我安排项目成员配合通路快建招商团队，提供产品的相关策划资料和策略，以支持藏咖奶茶的招商获得成功。

八、创造功能奶茶

双剑的策划团队，除了在西宁配合圣湖乳业的产品设计和文案撰写工作外，我又组织深圳总部的项目成员，对奶茶市场再次进行创新，通过横向思维头脑风暴，我们又为圣湖乳业策划出了一个崭新的奶茶行业新品类——功能奶茶。

功能饮料在饮料行业已经不新鲜，如红牛维生素饮料和脉动等，这些品牌都在饮料市场里分得了一杯羹，获得了成功，导致有更多的功能饮料品牌进入市场，而奶茶市场却还没有诞生功能奶茶这一概念。如果圣湖乳业以纯真牦牛奶粉和高原青稞粉及沛力肽等为原料，完全可以生产出符合功能性奶茶标准的新奶茶。因为，根据对原料的营养分析，藏咖奶茶本身就具有以下优点：

高纯度青稞的富氧力——藏咖奶茶优选上等青稞精制而成。青稞在青藏高原具有3500年悠久的栽培历史，又称稞大麦、元麦、米大麦；青稞富含β－葡聚糖、膳食纤维、支链淀粉等稀有微量元素与营养成分，具有清肠排毒、调节血糖、降低胆固醇、提高免疫力等作用。

生态牦牛奶的耐久力——藏咖奶茶的牦牛奶来自于青藏高原海拔3000米以上的地区。牦牛奶比普通牛奶更容易吸收和消化，营养丰富，口感香浓，含有丰富的CLA（共轭亚油酸），能降低人体血液中的胆固醇、甘油三酯和低密度脂蛋白水平，具有抗动脉粥样硬化、调节血糖、提高骨密度等多种重要生理功能，并能有效增强免疫力。

优质藏红茶的抗压力——藏咖奶茶中的藏红茶是采用藏式古法经过发酵而成。藏红茶地处世界屋脊高寒缺氧、强辐射地带，是高原居民分解油腻、强身健体、补充维生素、抗压提神的养生必需品。

活性沛力肽的运动力——藏咖奶茶蕴含沛力肽，即先进的多肽配方，可以完全快速溶解于冷水中，不含乳糖和脂肪，无须消化即可被身体迅速吸收。在运动中补充沛力肽能帮助人体获得更好的体能和更强的耐力，在运动后补充可确保肌肉恢复。此外，沛力肽能主动帮助人体迅速吸收各种营养物质，保护人体健康。

高含量蛋白的营养力——藏咖奶茶里富含品质优良的蛋白质，即完全蛋白质，能有效帮助人体补充营养，增强免疫力。藏咖奶茶每100毫升蛋白质含量高达4克，不但远高于一般奶茶每100毫升的蛋白质含量，而且超过大多数纯牛奶每100毫升的蛋白质含量。

基于圣湖乳业藏咖奶茶所独有的诸多营养优势，我们很快形成了第二套市场推广策略：

(1) 品牌名称："U能"——意思很直接，就是你能！"能"，是可能、能行、有能力之意；

(2) 品牌定位：运动奶茶——在奶茶行业里最先奠定奶茶品类特征的产品；

(3) 广告口号：相信自己，你能！

(4) 包装策略：灌装奶茶；

(5) 品牌形象：邀请奥运冠军运动员为形象代言；

(6) 产品卖点：沛力肽，生命源。

在奶茶市场，这是首次提出"运动奶茶"概念，并以"U能"（你能）的时尚品牌命名入市，形成快速占位优势，这应该是一个比较适合圣湖乳业进行战略占位的新品牌推广策略。很巧的是，"U能"品牌通过工商注册检索立刻获得商标注册许可。

可以说，这套品类开创性策略虽然完全不同于"纯真乳"的攻击性策略，但同样可以为圣湖乳业快速占据奶茶市场立下汗马功劳。此案同样很快获得企业高度认可，但企业的计划是在藏咖奶茶获得成功以后，至少也应该是在一两年后才投入市场，而眼下依然希望我们把藏咖奶茶推向市场……

这种明知策略有错误，依然硬着头皮做市场的策划行为不符合双剑的创新破局策划原则，在合作期满时，双方终止了合作，我们也结束了对藏咖奶茶的策划项目。但我在心里还是祈祷藏咖奶茶能快速获得市场认可。

【策划感悟】

这个项目策划得有点窝火，这个窝火是指，我们接手的是一个“被强奸”过的项目，也就是说，这个项目已经被同行策划公司先期进行过策划而且失败了。之后企业再找我们来合作，但是，企业自身又一时放不下“被强奸”过的阴影，导致我们接手的时候，始终磕磕碰碰，绕不过过去的坎儿。

我们明明提供了一种震撼性的破局策略，能一下子让企业跳出西部狭小的地域，出现在全国主流市场上，与著名快消品牌在同一片蓝天下竞争，而且胜算的可能性很大，但企业依然因为“被强奸”过而信心不足，最终只能让我们委曲求全，来了一个四不像。

窝火归窝火，但项目还得认真做，因为是我的微博粉丝圣湖乳业董事长马红富先生主动找的我，应该说一开始他是对我的策划理念有所崇拜才找的我，也许他的本意是想让我帮前面那家策划公司收拾乱摊子，谁知我却给他来了一个另起炉灶，使得马总进退两难……

最终的结果，大家也看到了，我们的合作是结束了，但因为我们的方案没有被实施，企业整体的销售目标成为泡影，我们的业绩提成也随之没了影儿。

案例五 智能防暴锁策划项目（上）

——1年从亏2000万元，到赚7000多万元

合作客户：湖南泓达科技有限公司（香港亚瑟王实业有限公司）

客户对接：泓达科技公司管理层

一、令人惊叹的闪电式合作

2009 年 4 月 11 日，我应长沙市经济委员会副主任周双恺的邀请，从深圳飞往长沙，在他的引荐下，我在康年君逸酒店与湖南泓达科技有限公司（为香港亚瑟王实业有限公司在大陆的子公司，拥有锁业著名品牌亚瑟王，以下简称亚瑟王锁业）的李董事长及其管理团队肖总、姜总、韩总一行四人进行正式会晤，洽谈如何进行双方合作的问题。

据李董介绍，亚瑟王锁业成立于 2006 年，经过三年时间的技术钻研，先后投入 2000 余万元开发出了一款具有国际先进水平的防盗电子锁，但市场运作了一年半，企业颗粒无收。为此他们经朋友推荐，引进过职业经理人甚至整个管理团队，但依然不见成效。企业只有投入没有产出，核心管理层非常着急，遂把情况告诉了长沙市经济委员会（以下简称长沙市经委），并希望能借助政府的力量来解救处于产品销售迷惘中的亚瑟王锁业。

长沙市经委周主任是一位非常务实的政府领导干部，最近几年他一直在全国各地物色能为长沙本市的企业带来真正市场业绩的各类策划公司，经过近半年的考察，他认为我们双剑能担当此重任。

谈判只进行了不到一个小时，双方就拍板签署了合同，这是我策划史上最快速的一个合同。事后我问过李董为什么当初这么快就拍板了，他说："我接触过不少策划公司，但从来没有见过你这么嚣张的，竟然敢拍胸脯保证 100% 能解决我的问题，而且 3 个月内扭转局面，这才使我果断地做出了合作的决策。"

根据合同要求，双剑项目组在一年的时间内，必须为亚瑟王锁业创造 1 亿元的销售额，且 3000 万元以下没有提成，达到 1 亿元才能获得 600 万元的业绩奖励。

不知道是因为我独特的思维能力使我壮大了胆子，还是因为企业的信任给了我勇气，在项目启动会议上，我竟然当着亚瑟王锁业全体员工的面，喊出了这样的豪言壮语：“必须为亚瑟王锁业在中国锁业开创一个新品类和新品牌，必须在40天内完成市场调研和破局方案，必须在3个月内完成招商任务，并顺利启动全国市场……”我的发言赢来一阵热烈的掌声！这毕竟是一个亏损2000多万元的弱小企业呀！

二、市场调查中产生的思考

掌声过后是实际的行动。我组建了由七人组成的项目团队，由我亲自带队，用了12天时间完成全国十多个城市的锁业市场调研。我自己一个人走访了成都和重庆两个城市，我相信我的直觉，只要我深入市场就一定能找到破除市场迷局的策略。

我花了七天，走访了成都和重庆60%以上的五金锁具店。成都和重庆的朋友专门借了车配了专职司机给我，为我的调研提供了极大的方便，这使我很快获取了第一手信息：现有的五金锁具店，90%以上是传统机械锁的天下，电子锁仅占10%都不到，3000元以上的电子锁产品更是占不到1%的份额。这使我对电子锁市场的现状非常失望，同时也对电子锁产品的未来发展有了更多的担忧。这个现状至少给了我两点启示：一是这个市场还没有完全打开，同时产品的种类非常单调；二是所有的厂家都没有对这个市场给予足够的重视，它们几乎都把销售的重点集中在酒店和工程等大客户方面。

我约见了三家毫宅和别墅装饰公司，结果也很不理想：包工包料的项目，装饰公司不会去购买1000元以上的锁具，因为会增加装饰工程的预算；而户主自己购买材料时，也没有购买贵于1000元的电子锁产品的意识。

七天的调研结果非常不乐观，也使我对亚瑟王电子锁的策划难度重新进行了评估。非常坦率地说，我甚至一度产生了悲观情绪。一天晚上我跟李董通了个电话，把市场情况简单交流了一下，并提出了自己对这个项目的担忧，但最后我还是信心十足地告诉他："别担心，我一定会找到破局的方法的！"

之后我改变了原来计划的调研思路，决定从用户角度入手，先后召开了两个消费者座谈会。座谈会的结果也令我非常失望：几乎 100% 的消费者都不关注自己家的门锁，无法准确说出自己家里安装的门锁是哪个品牌的，当问起愿不愿意花 8000 元购买一把电子锁时，没有一个人愿意。

我在街上走时总会发现一些出租车上和配钥匙摊位上的开锁广告，这使我突发奇想，这些有技术的开锁单位和个人，应该对锁的安全性非常了解。随后我走访了四个开锁摊位和一家锁城的开锁机构，他们的回答令我喜出望外："所有的锁，我们都能打开！"换一句话说就是，所有的锁都是不安全的！接着我又问，"你们凭什么这么说？"他们的回答更绝："因为锁都有钥匙孔，只要有钥匙孔，我们就能打开！"如果表面没有孔呢？开锁匠回答我说："是锁都会有孔，即使是电子锁，也有个隐藏的锁孔，只是一般人看不到而已！"

开锁师傅的回答令我满意，接下来我又通过朋友关系，直接约见了成都某公安分局刑侦大队的张警官。张警官在得知我的用意后，非常直率地告诉我当前犯罪分子入室盗窃的一些作案手法和作案特征，其中技术性撬锁入室盗窃的占全部盗窃案件的 73%……

调研花去了我整整 12 天时间，而后 5 天给我的信息非常珍贵，也使我对亚瑟王电子锁在中国锁业市场的破局有了一个大致的策略方向。

三、奇怪的策略制造方法

之后，我带领由双剑策划师和亚瑟王锁业管理层组成的创意团队，开始运用双剑独特的问题解决工具、创意诞生方法和概念交叉与思维逆反等策略制造工具，为湖南亚瑟王锁业的亚瑟王电子锁进行策略上的突围。

策划必然要先关注产品，那么亚瑟王电子锁究竟是一种什么样的锁？技术本身具有什么过人之处？通过技术人员的介绍，我们感觉这是一个在技术上远远超越当前国内同行的产品。亚瑟王电子锁是创新型电子锁，拥有 12 项技术专利，尤其是具有双电子系统双驱动的特点，等于一把锁体拥有两套锁芯，因为是双芯双电子，所以该产品的表面不再留有供备用钥匙开启的锁孔……

拥有明显的技术突破、产品性能又远远超越同行，可为什么依然无法被市场接受呢？

在创意会上，我让大家把各个城市的调研信息进行汇总，然后我运用水平思维法，把这些信息进行重新组合排列，并进行深入细致的分析。最后我开始一个问题又一个问题地逼问全体参与调研的项目人员：

（1）全国电子锁企业有多少家？回答：3600 家！

（2）3600 家电子锁企业一年的销售总额是多少？回答：6 亿元！

（3）全国居家锁的总盘子有多少？回答：680 亿元！

（4）做得最好的企业是哪家？回答：深圳爱迪尔，年销售额大约 1 亿元！

（5）电子锁厂家的主要营销模式是什么类型？回答：95% 以上以酒店工程为主！

（6）为什么大家都集中在酒店工程上？回答：因为产品单价太高，个人消费难以接受。

（7）奔驰、宝马车多少钱一辆？回答：100 ~ 300 万元。

（8）最贵的电子锁多少钱一把？回答：8600 元。

OK！我想不用我多解释，当我把这些信息和问题进行排列组合之后，真正的问题便浮出了水面：不是产品价格太贵，也不是消费者没钱，而是我们的锁产品根本没有给消费者足够的购买理由！

我告诉大家，解决问题的第一关就是要确认问题核心，问题确认错误，那么解题的结果也会相差十万八千里。确认了问题，我就开始重新归纳锁具行业信息和市场信息：电子锁盘子太小且大部分集中在酒店和工程上！显然这个行业太狭小，或者说这个行业里的 3600 家企业集体不作为！

亚瑟王电子锁如果继续往6亿元的小盘子里挤，其结果可想而知，即使你有天大的本事，能打败行业中的全体企业，把3600家企业全部赶出去，你也只拥有6亿元的总量，这不是一家有野心企业的所为，也不是我的兴趣所在！

传统锁具的平均价格大约是100～300元左右，生产企业总计约16000多家，这16000多家企业构成了680亿元的总盘子。与电子锁企业一样，传统锁具企业都是一些不堪一击的小企业，市场份额非常分散。

由此我决定，让亚瑟王锁业的利剑挥向更大的盘子——大锁业市场而非狭小的电子锁市场，同时必须要为中国锁业开创一个新品类，而这个品类是由亚瑟王锁业一家独占先机的。

创意就这么展开，我们充分运用了双剑的独门武器——首先我们确认要解决的核心问题：从如何让消费者喜欢我们的锁产品到如何让消费者抢着来购买亚瑟王的锁产品。

问题一旦确认，我们就开始了水平思维创意法，我们充分运用随机词汇来进行思维交叉产生新概念，先后三次由三位员工以投掷骰子的方式来决定所选择的随机词汇，于是相继诞生了如下一些创意想法：

（1）社会有不安定因素，例如盗窃猖獗；

（2）现有的锁都无法解决这个问题，而亚瑟王电子锁能解决这个问题；

（3）必须以安全作为主诉求来贯彻始终；

（4）产品名称必须带有明显的功能性，最好有明显的品类特征；

（5）以一个有号召力的人和机构来传播这些信息；

……

这些充满野性的思维，使我们越来越接近于我们想要的策略了。

四、尖锐的策略是这样诞生的

但是，公司管理层内有人开始产生疑惑了，总是问我，公司战略还没确定，就匆忙做策划方案是否正确？策划团队内也有人提出意见，是否应该为客户先制定企业发展的战略规划，然后在规划之下开始创意达到战略目标的策略？

我完全否定了上述想法。我告诉大家，像亚瑟王锁业这样的民营企业，需要的不是一个有理有据循规蹈矩的战略规划，而是要快速找到一个能产生利润的突围战术，并以这个战术的成功来重新规划公司的下一步战略。如果这个战术具有持久成效，那么战术有可能演绎成公司的核心战略，这就是我的破局营销理论中的又一颠覆性观点：先战术后战略（当然不同的公司有不同的操作）。在我的坚持下，项目依然朝着我既定的方向前进。

2009 年 5 月 18 日，项目组通过词汇组合及思维突破，正式创意诞生了“亚瑟王智能防暴锁”这一带有明显功能属性的产品品类名称，由此，在中国的锁业，自机械锁和电子锁之后，开始诞生了智能防暴锁这一新品类。

有了产品名称和品类名称，我开始为这个新产品寻找传播形象的整合点。很多企业在这一点上比较懒，大部分有实力的企业会寻找一个明星来代言而一举解决传播形象整合点难题，而那些没有用明星代言的企业，在传播形象的整合点上就难以找到感觉，导致产品始终无法被消费者接受而自己却找不到原因。

我必须要为亚瑟王智能防暴锁寻找一个独特的形象整合点。亚瑟王原来的传播元素全部是中世纪骑士、刀剑、盾牌、钢盔等，非常陈旧落后，而且在中国真正了解亚瑟王故事的人并不多，再者，中世纪骑士文化根本无法涵盖智能防暴锁的功能属性所产生的外延思想，显然亚瑟王只能作为一个品牌名称存在，绝对不能再去宣传亚瑟王骑士。锁在中国是一个关注度非常低的产品，如果营销策略不能像利剑一样尖锐，而是去诉求一些模糊的外国文化，显然会走入歧途，这也是亚瑟王电子锁以前一直无法成功的原因。

但我的另类思维再次遭到了部分管理层的反对，他们觉得前期的 VI（即企业整体视觉形象设计）已经投入不少，而且非常吻合亚瑟王的品牌理念，同时经过一年多的市场推广已经积累了一些基础，这个时候完全抛弃现有的一切，重新设计品牌 VI 有这个必要吗？

这样的情况也是我预先估计到的，我只能以一个挖洞的例子来做比喻：亚瑟王锁业已经挖了个一半的洞，我完全可以帮助他们把这个洞挖得更大更深甚至更快，这同样能解决问题，但是现在我要做的是否定这个洞，重新挖一个洞。

在还不知道应该去哪儿另起炉灶之前，就抛弃一个挖得已成规模的洞，这听起来是不合理的，而且对人类追求实用的本性也提出了很大的挑战，即使已经选好了开凿新洞的地址，要放弃旧洞也是非常不容易的。

我的破局营销理论，就是要彻底破除企业原有的全部想法，甚至破除整个行业的惯常做法，以一个全新的事物重新展示在大家面前，无论它的基本属性有没有变，甚至同行业会不会以“不具有技术含量”而笑话我们，但我很清楚，我们的目标不是同行业，而是消费市场，当消费者头脑里认为“它”是新的而非旧的时，我们破局就成功了！

五、揭开锁具行业的迷局

我思考过，锁在国内是一个奇怪的产品，一方面每家每户都必须安装锁具，但另一方面，消费者又从不考虑锁的安全性能，所以，锁同时又是一个关注度非常低的产品；还有一个奇怪的地方是，锁的属性虽然是安全性，但没有人会因为锁被窃贼撬开遭受损失而去要求赔偿的，家中遭贼也只能怪自己运气不好或者痛恨窃贼。

我逆转从上往下的逻辑思维，采取由下往上的倒推假设：什么情况下，每家每户都会购买和安装我们的锁产品？最后我们得出了这么一个结果：除非把现有的锁具全部逼迫到“不安全”的位置（双剑破局的“破”），树立一种足以抵抗任何窃贼攻击的“安全”锁（破了之后必须“立”）。由此，我们开始联想，创造了自机械锁与电子锁之后的第三个锁具品类“智能防暴锁”，这个功能性十足的品类名称完全吻合了我们的破局基础，使我们的策划走上了一条宽阔的蓝海之路。

我由“亚瑟王智能防暴锁”这个功能属性的名称联想到防暴警察，遂萌生了大胆的想法——起用为社会扫除不安全因素的“防暴警察”形象来整合亚瑟王智能防暴锁的一切传播。有了防暴警察形象，广告语的聚焦点也有了——警察肯定不能做商业广告，但可以为公益性广告代言，于是“拒绝窃贼入侵，捍卫居家安全”这一与防暴警察（人防）和亚瑟王智能防暴锁（物防）完全合一的公益性广告传播语由此诞生，产品的基础包装策略就这么水到渠成了！

而亚瑟王原来的图像LOGO，也因为无法跟上现在的快节奏而被我们改换成更具有现代气息的英文LOGO。我们还提炼了一句品牌定位语：智能防暴锁专家。专家式定位虽然比较泛滥但确实有效，尤其是当你第一个在行业中提出时，更具有一定的专业暗示作用。

2009年7月1日，我在湖南亚瑟王锁业召开全体管理层会议，宣布亚瑟王智能防暴锁正式进入全国市场招商期，计划用3个月时间完成全国市场的网点布局，同年10月正式启动全国市场的终端动销战役。因为考虑到企业前期的投入太多，我尽量降低企业的风险度，把招商广告的投入从原来的200万元预算压缩到100万元，又从100万元压缩到50万元，甚至还想进一步压缩，仿佛这是我个人在承担这个项目的投入风险。

没有一家策划公司会主动要求客户把传播费用降到最低的，这等于是自己在与自己过不去。但我深知，亚瑟王锁业已经在前期投入了太多的费用，如果继续加大投入肯定会给企业带来一定的风险，同时企业管理层也会有所顾虑。商业上的成功之路肯定不止一条，世上没有做不到的事，只有我们想不到的事！我只能整合各种资源，准备打一场真正的四两拨千斤的招商战役，以实际行动来验证双剑破局的杀手威力，为中国现代营销史创造一个真正的经典！

六、百万美元开锁大赛开锣

前面已经说过了，锁具是个低关注度产品，在中国一直是扮演“锁君子不锁小人”的尴尬角色，这样的产品如果正面强攻——在主流媒体如电视、报纸大打广告，肯定会得不偿失，而亚瑟王锁业能拨给我支配的推广费也不允许我这么做，因此我只能继续运用我所擅长的事件营销来扩大亚瑟王这个锁具的品牌影响力。那么什么样的事件能吸引大众的眼球呢？在网上搜索到很多锁具企业曾经玩过有奖开锁活动，但仔细分析这些锁具企业的活动之后发现，这类活动都缺乏亮点，仅仅是想证明锁的防盗性能而已，悬赏金也只有10万元、20万元，缺乏诱惑力，既不热闹，也没有对实际的产品销售带来实质性的促进作用。而且，几乎所有的活动中锁最终都被高手破解打开，而主办方却不愿意承认，只怪开锁人使用的工具不符合要求……

如果亚瑟王智能防暴锁真的是一把坚不可摧的安全锁具，那么能打开它的高手，肯定不止10万、20万元的价值。我们决定也举办一个开锁活动，但不是悬赏开锁，而是搞一个全球开锁高手聚集在一起相互切磋技艺的“武林大会”，同时把第一名破解高手的奖金提高到100万美元，以吸引更多高手参加比赛。

为了吸引全社会的眼球，全球最坚不可摧的锁具——亚瑟王智能防暴锁百万美元寻求高手破解暨全球首届开锁大赛完全采取娱乐方式进行，大赛将分“报名期”“绝活展示期”“初赛期”“复赛期”“晋级赛”“决赛期”“总决赛”七个周期；初赛将针对市场常见的最低端的普通机械锁具进行开启竞技，以手法的精妙和时间的长短论胜负；复赛则把锁具产品的开启难度提高到价格在300～500元的具有三保险功能的机械锁具；而晋级赛期则把开锁难度上升到具有防盗性能的摩托车锁和汽车锁；决赛期继续升级，把破解难度提高到具有电子系统控制的电子锁产品，如果有选手能在大赛规定的时间内破开电子锁产品，那么将有机会进入大赛的总决赛——亚瑟王智能防暴锁攻克！整个大赛从活动预热到最终决赛将持续半年之久，以充分配合亚瑟王智能防暴锁的招商和终端推广，将活动影响最大化。

为制造大赛的轰动效应，我们还专门针对最后一场的总决赛进行周密设计。我们计划用玻璃制造一个四层透明金库，每一层分别安装不同级别的锁具。前三层金库分别装入 5 万元人民币、10 万元人民币和 15 万元人民币，最后一层玻璃金库内放入 100 万美元，其门锁则安装的是亚瑟王智能防暴锁。选手可以凭自己的技术开启前三层锁具，直接拿走金库内的现金；如果选手能打开最后一层金库的锁，那么现场公证人将证明选手获胜，百万美元扣除合法税金后全部归选手个人所有。观众们将通过电视直播观看到各路选手的绝活。

我相信，这样具有超级金额诱惑力的开锁大赛一定会比“超女选秀”更吸引观众的眼球，因为“盗宝”的神秘感满足了社会大众的新奇心理，而现场百万美元的视觉冲击力及成功赢得现金的财富刺激则满足了大众对拥有财富的梦想，哪怕获得财富的是选手而非观众。

开锁大赛的消息一经传播，立刻吸引了全国各地的开锁高手，他们纷纷登陆大赛的官方网站注册报名，报名者有专业开锁公司的人，也有开锁学校的学生，还有合法的开锁营业者，报名人数达 2600 余人。

七、网络推广与纸媒推广配套

如何将“锁王争霸”的消息快速地传播出去，同时传播亚瑟王智能防暴锁的招商信息以吸引全国各地的经销商加盟，成了我在 2009 年 7 月最伤脑筋的事。按照常规路线，我至少要投以下的媒介广告：《中国经营报》《销售与市场》《参考消息》《中国建材》等一些相关的行业媒体，每个刊物至少发布两次，这个预算已经接近甚至超越了 100 万元上限，如果版面上更好一点的话，费用投入甚至更多。显然这样的预算即使我报上去也不会获得批准。我只能用我低成本的公关策略，决定以网络推广为主，将传统纸媒用在最恰当的地方。

网络推广分为三个层面：第一层为发布“锁王争霸大赛”信息；第二层通过各种家居建材网站和 BBS、博客等发布招商软文和正面招商信息，并链接亚瑟王智能防暴锁主网站；第三层选择有一定浏览量且目标人群（经销商）比较精准的网站发布硬广告，因此我毫不犹豫地选择了中国营销第一门户网站——中国营销传播网。

通过了解才发现，该网站从没有在首页发布过正式的产品招商广告，而这正是我想要的结果，因为没有过才有可能收获意想不到的效果。我立刻安排设计人员按照网站给我的版面规格设计了含有产品介绍、企业介绍、项目介绍、锁王争霸大赛和民生安全论坛等信息的招商动态广告，点击广告直接进入企业网站。为了给浏览企业网站的目标人群留下一个良好的印象，我把企业网站设计得像一个行业门户网站，并动静结合，在网站的首页设计了一个大屏幕广告，两个防暴警察的 STOP 动作配合亚瑟王智能防暴锁产品的安全性能特征，整个画面非常具有视觉冲击力。网站的内容翔实生动，应有尽有，页面的设计风格完全能体现出一家具有外资背景的国际化公司的气质。同时配备了五个网络推广人员，随时更新网站内容，保持每日有新信息。事实证明，大部分经销商都是通过中国营销传播网上的广告链接才找到亚瑟王锁业网站的。

而负责锁王争霸大赛推广的公关小组，也通过全国数百家网络媒体，广发有关大赛信息，而每个信息的落脚都有大赛官方网站信息，而官方网站首页就有亚瑟王智能防暴锁的品牌形象广告，同时直接链接了亚瑟王智能防暴锁网站，一时形成多重互联的效果。

网络推广尽管完美，信息量的测试结果也很满意，但毕竟少了一点实力体现，为此，我立刻与《销售与市场》取得联系，将亚瑟王智能防暴锁的整体推广思路及未来发展方向做了介绍。《销售与市场》非常重视，觉得这是一个非常有创新意义的策划推广案例，愿意紧密配合。于是，我们立刻设计了在《销售与市场》的渠道版发布一期招商广告，同时配发记者采访的特稿。《销售与市场》渠道版的聚焦与网络推广的全面起到了点面结合的聚焦效果，一时，招商电话和网络留言信息量激增，达到了我们预期的效果。而这一过程的推广费用之低令人称奇，客户也很满意，创造了一个低成本传播的奇迹。

八、临门一脚完成渠道布局

网站推广和《销售与市场》的招商广告信息一发布，我们几乎在一个月之内就收到了全国20多个省区的经销商的加盟申请，有些省区甚至收到多家代理商的加盟要求。由于亚瑟王智能防暴锁在利润设置上预留了一定的空间，适合省级总代理模式来操作，所以我想由具有一定经济实力和区域渠道资源的经销商来负责本省区域的产品代理，总部将给予省代在高空传播、技术服务、终端推广、专业培训、推广方案和分销配合上的援助。

在9月1日以前，全国15个省市的经销商与亚瑟王锁业签署了合作协议，另外有很多省区的经销商还在犹豫之中。为了尽快完成全国渠道网络的布局，同时快速启动区域分销和经销商们的终端动销策略，我必须在10月1日之前完成全国市场的省级招商任务。

为了让广大经销商对亚瑟王智能防暴锁产品有更大的市场信心，同时全面了解亚瑟王智能防暴锁产品的全国推广思路和执行细节，我必须要把这些有项目合作兴趣和已经签署合作协议的经销商召集到一起，让他们全面领略亚瑟王锁业的市场野心及企业整合资源的能力。于是，我决定举办一次现场活动，即“中国首届民生安全论坛暨亚瑟王智能防暴锁新品发布会”。

亚瑟王智能防暴锁的核心诉求是安全，而且品牌形象采用了人民警察，推广语完全公益化，那么有必要把我们这个守护居家安全的产品，上升到国家核心战略“关注民生、和谐社会”的高度上来。而采取政府、企业和媒体三方联手来搭建一个平台共议“民生居家安全”问题在国内尚属首次，当时又正值中华人民共和国成立60周年大庆之际，如果通过新闻媒体的力量，把这一信息传播出去，那么我们无疑又为政府和老百姓做了一件功德无量的好事，对提升亚瑟王锁业在当地的社会地位和亚瑟王品牌的社会形象有着非凡的意义。

既然是民生安全论坛，那么一切有关民生居家安全的政府机构和行业企业及社会团体都是论坛参与的合适对象。于是，2009 年 9 月 6 日，中华人民共和国公安部、中国保安服务总公司、武警消防总队、中国人民解放军总后勤部、中国消费者协会、中国五金制品行业协会、中国安防产品协会、中国门业协会、湖南省人民政府、湖南省公安厅、地产公司、物业管理公司、社区居民委员会和社区居民代表、全国安防、门业、锁具产品经销商代表及全国 50 多家新闻和专业媒体的记者等 300 余人，会聚在湖南省会长沙，一起商议民生安全大话题。

这个专门为我的招商会起造势作用的论坛规格之高，远远超出了我们的初衷，并且收到了非凡的效果。在论坛现场，我特意安排了一个新产品展示区，并设有专职的推荐和演示人员，不光与会的政府领导和全体代表对亚瑟王智能防暴锁的精湛技术和安全效果赞不绝口，五花八门的新技术产品及豪华的外观设计更是震撼了来自全国的各级经销商。

公安部安全与警用电子产品质量检测中心副主任任常青在发言时对亚瑟王智能防暴锁进行了高度的评价，使全体经销商聆听到了这个产品的市场价值和广阔前景；等到第二天的招商会全面推广策略和系统支持亮相时，经销商们似乎不再有更多的疑虑，90% 以上的经销商与亚瑟王锁业签署了合作协议。在此后的一周内，亚瑟王锁业总计招商回款达到 3200 多万元。

由此，亚瑟王智能防暴锁的渠道网点布局任务全部完成，接下来要做的就是如何配合省级经销商快速分销和终端动销了，而针对终端消费者的推广，我的营销九连环策略将起到特殊的作用。

九、新闻公关点燃锁具营销热点

我在多篇文章里提到，营销推广的策略越是精准，其效果就越好，但精准的营销策略需要新奇的推广手法。我前面也提到，如果用传统的广告策略来推广市场售价一把高达 8600 元的亚瑟王智能防暴锁，肯定会血本无归，我也承担不了策划失败带来的后果。既要少花钱，又想效果最大化，这是所有企业老板的想法，事实上这也是我多年来一直努力想达到的策划境界。同时，锁具，这么一个社会低关注度的产品，怎么做才能引起目标人群的强烈关注乃至全社会的关注，成了我破局的核心焦点。

对于广告的作用，消费者自然会给你残酷地打掉50%的折扣，再加上扣除传播的到达率，效果可能成了25%，如果兴趣点提不起来，还会再给你打折，算你运气好，那么你的广告效果还可能有10%，如果你的广告策略不精准，那么有5%你可能就庆幸了，如果是锁具广告，那么可怜了，你最多只能有2%的效果！这笔账，我想大家也很明白了，这就是锁具企业没人打广告的原因，也是很多企业陪了夫人又折兵的真正原因。

新闻的作用却大不一样了，消费者非常相信新闻，如果这个新闻有热点，他们不光自己兴奋，还会奔走相告，其传播到达率可想而知。但关键是，你的传播信息真的能成为全社会所关注的热点吗？这就需要我们进行精心的策划了。

亚瑟王锁业新闻公关的目的是要唤醒人们对居家安全的回归。但如何做呢？我们找到了两个爆炸点。一个是由开锁大赛制造出来的话题，那就是由开锁选手选择的传统锁具产品，一般选手会在3分钟内将其打开，有的选手甚至只需数秒，那么这样一把锁具是不是安全的？更不要说真正的窃贼其开锁的工具和手法可能还要更高超。一把代表安全的锁具如此不安全，算不算合法的产品？制造企业是继续生产此类不合格的锁具，还是快速改进产品的防盗性能？行业监督管理机构是把锁具的安全标准往上提升还是继续对民生的居家安全置若罔闻？这里的任何一个疑问，涉及单位都难以正面回答，而消费者却因此警醒了！

这就引出了我们的第二个爆炸点，那就是产品的本质属性与消费者的麻木。我们来看看其他产品，比如冰箱：冰箱的属性是制冷，一台不能制冷而起到有效保鲜作用的冰箱，无疑不会被消费者接受，冰箱会被维修、退换乃至遭到投诉，消费者都非常明确地要维护自己的合法权益。再来看看锁具。锁具的本质属性是安全，锁上了门，表示你已经对自己的居家进行了安全防护，可如果窃贼几秒钟就打开了你的门锁，轻易盗窃了你的财产，你只能期望公安机关快速破案，以挽回自己的经济损失。所有被窃家庭的受害者们从来不会想到要去找锁的生产厂家索赔，或者状告生产厂家以维护自己的合法权益，这究竟是怎么回事呢？

人类对自己的生命不重视吗？否！每个人都怕死，所以都非常重视！但为什么我们的城市中依然会有人在危险的十字路口乱闯红灯和违章开快车？个人的财产不重要吗？当然不是！那为什么我们愿意花数万元甚至几十万元买一个抽水马桶或者一套真皮沙发，却舍不得为自己的家安装一把真正安全的高级防暴锁具，而仅仅装一把100多元的普通锁具呢？这就是隐藏在我们人类内心深处的“安全麻痹症”。新闻公关的任务就是要打破人们的麻痹思想和侥幸心理，让全社会来关注居家安全的重要性，这是我的营销九连环策略中的重要一环。

十、警民联动，地面推广

由于社会治安形势的转变，目前公安局、派出所的警力主要消耗在大案要案和日常户籍管理上，社区防范和治安宣传工作基本上由社区保安在承担，部分地区居委会自发组织的联防队也起到了一定的作用。但这只是停留在被动型的“人防”上，俗话说百密总有一疏，“人防”的作用不可低估，但如果能让社区居民的安全意识提到一定的高度，大家自觉起来维护地区治安稳定，从自家做起，必然能形成铜墙铁壁的气势，那么即使有窃贼贸然作案也未必能得逞。

亚瑟王智能防暴锁将配合地方派出所主动承担起社区治安防范的宣传任务，所有的人力、物力和财力均由亚瑟王锁业和区域经销商承担。推广小组以地区派出所的名义进行治安防范宣传，所宣传的内容主要是公安机关提供的“盗窃案例”和“窃贼作案常用手法”及当前防盗门、锁具的缺陷，以大量的真实案例来提醒社区居民提高警惕，自觉做好居家的安全防范措施，即安装达到国家标准的防盗门和高智能安全锁具。

社区推广的形式可以多样，但亚瑟王智能防暴锁只是以赞助商的形式进入，隐去明显的企业产品推广的功利性，以真正的社会责任感来推动社区安全的防范工作，从而赢得公安机关和社区物业管理机构及社区居民的信任。必要时我们会与公安机关一起，针对当地治安形势特征，重点进行“安全月”活动推广，真正成为与公安机关高度统一的一支能有效改善社区治安形势的治安防范宣传力量，从而提升亚瑟王品牌良好的社会效应。

警民联动、地面公益推广在整个营销九连环策略推广计划中是一个长期持续的可行的终端推广活动，操作简便，费用低廉，重要的是可提升企业品牌的社会口碑。当居民需求被明显地唤醒，终端的销售自然会响应。

警民联动、地面公益推广的操作手册完成后，亚瑟王锁业正式启动全国经销商技术人员和营销推广人员的魔鬼式培训，为全国各地的经销商培养一支能有效执行亚瑟王智能防暴锁营销推广策略且分销管理、终端导购、技术服务、人员培训等综合能力都非常强悍的核心骨干队伍，以配合经销商在当地市场的产品经营。

十一、挑战社会规范，良心战役启动

一把电子锁卖8600元，无论你怎么问顾客，他们都会回答你，傻瓜才会买！是的，这个时候，我们的顾客是理性的，而且这个理性是积极且正常的，处于这类理性状态的顾客，会对价格非常敏感。这个时候，如果你一味地去打广告，任你如何凶猛，最终你的产品在市场上的表现都不会太好，甚至会死得很惨。

人的行为会因情绪的影响而发生理性和感性两种态度，而感性和理性又分为常规性和非常规性，或者说积极的和消极的。例如夫妻吵架时，彼此的情绪已经上升到一定的高度，所以他们的一切思维都是感性的，但这个感性是非常规的或者说是消极的。消极感性的男女心存着对对方太多的不满，严重者会破口大骂甚至大打出手。很多人事后很后悔自己当时的鲁莽和失控，如果这个时候能有一股积极的外来力量介入，便能令当事者的思维处于积极的理性状态。例如想想当初两人恋爱时的恩爱，必然会有很多令人难忘的感动之处，吵架也就没有什么必要了。可惜，世界上什么都可以扭转，唯独一个人的情绪无法自行扭转，因为消极感性的时候我们的某些情绪是失控的，失控的情绪本身已经完全不可能冷静下来了，唯一可以令其冷静下来的只有经过精心策划好的独特场景和震撼性语言。

于是，电影中经常会出现这样的场景：两个人争吵或者一群人彼此争论不休的时候，突然一声巨响，全场立刻一片死寂，甚至会出现面面相觑的尴尬神色，这就是外来力量所产生的震撼作用，争吵的双方已经无法靠自己的能力进行自我化解。

了解了顾客的潜意识思维并了解到其某些行为会受情绪的影响而发生变化，那么我们在推广新产品时，就有了相应的策略。例如8600元一把的电子锁，如何才能让顾客进入积极理性或者积极感性之中呢？也许，只有让消费者对居家感觉非常不安全，而这个不安全会危及利益相关者如最亲爱的人，用一种方法让顾客的心理天平失去平衡，才能打动他们。

例如，猛打正面广告就不如强调社会规范的良心说辞来得更有效。最能起到潜移默化推动作用的，往往是强调社会规范的说辞和触动良心的语言。在推广亚瑟王智能防暴锁时，我们就向目标顾客打出这样的广告："你可以省下这笔钱，但你能置家人的生命安全于不顾吗？""花8600元，是为家人买了一生的安全保险""你是一个有责任感的男人吗？""你为什么不愿意花这笔钱，而使你最亲的人处于危险之中？"一波又一波的良心炸弹伴随着公安机关披露的血腥案情直接传递到每家每户之中，像一颗颗重磅炸弹，轰炸到目标顾客的内心深处。原本消极理性的居民用户不得不变得积极感性起来："相比之下，家人的生命和财产安全还是最重要的""不就是8600元嘛，干吗要提心吊胆地过日子？"

一个普通的产品，一旦上升到社会规范的良心层面，那么不会再有人视而不见，大部分人会采取行动，只要企业不是心术不正故意诱人上当，而且产品质量和功能基本能与其诉求点相吻合。如大众汽车当时就是以人人应该关注"环保"的社会规范为概念推广甲壳虫车，因为车的体积小，它就少占很多地球空间，你就等于为环保出了一份力。这样的诉求一经传播，顾客就动心了，只不过是买一辆车，不但价格便宜，而且还是一个积极的环保行动，何乐而不为呢？

我们为亚瑟王智能防暴锁的地面推广设计了这么一种令竞争对手想都想不到的良心战术，除了当下的装修用户市场外，又为亚瑟王产品顺利开辟了一个潜在市场，即已经安装普通防盗门锁的“换锁”市场，而这个市场要比当下的装修用户市场大得多。

十二、尾声：亚瑟王策划案中的多个第一

亚瑟王智能防暴锁的营销策划案通过多种渠道已经公布天下，到目前为止，还不能算是成功的策划，但至少，企业客户高度认可了我们的服务，全国经销商的踊跃加盟证明了我们的策略是正确的。策划还在进行中，而且下一步的策略更需要聚焦和延续，这个时候庆功还为时过早。我告诉我们的团队，这只是整个破局战役中的一个小胜仗，后面更大的战役在等待着我们。为了犒劳我的策划团队，我安排部分成员休假一周，我也回了趟深圳，在寓所内彻底大睡了几天，轻松地享受着一个自由的假期并度过了一个完美的生日。

仔细回顾这一策划案，我还是发现有几个可圈可点的地方，那就是在中国营销史上开创了数个第一。

（1）开创了一个真正响当当的锁具新品类——智能防暴锁，这个带有非常明显的功能性特征和高科技特征的锁具新品类，从名称上吻合了消费者对居家安全的需求，这也是策划成功的基础。

（2）第一次使用警察形象作为产品的推广形象，并成为亚瑟王智能防暴锁整合营销的整合点，非常精准也非常醒目，防暴警察的英武形象与亚瑟王智能防暴锁的神奇防暴功能完美合一。很多经销商非常喜欢由一男一女两个防暴警察组成的终端 POP 立牌。以后只要看到防暴警察就会联想到亚瑟王智能防暴锁，提到亚瑟王智能防暴锁就会联想起防暴警察。

（3）企业招商会提高到国家行为高度。中国民生居家安全论坛将公安部、解放军总后、保安总公司、省人民政府、安防协会、地产公司、门

业、锁业、居民代表及全国新闻媒体等聚集在一起，共同对民生安全话题展开讨论，在中国营销史上也是破天荒的，由此企业的形象和产品品牌的知名度也达到了一定的高度。

（4）第一个把电子锁产品的销售目标瞄准家用个人市场。电子锁行业总共有3600家企业，几乎全都挤在酒店和工程市场，忽略了更大的个人家用市场。用金指玛原营销总监宋先生的话说，这么多企业拥挤在一个狭小的市场里肯定会是死路一条，大家其实都想进入家用市场，只是都没找到合适的策略，又怕做先驱者，所以才没有进入。宋先生的话说出了电子锁企业一直窝在心里的真实而又无奈的矛盾心情。

（5）第一个把开锁大赛进行娱乐化并把活动影响力持续一年之久。在我之前，虽然有太多锁具生产企业做过类似的挑战事件，但他们仅仅把这个活动本身当做一个事件来做，而不是以一个核心策略来带动它，使之成为整个推广链中的一环。我们的大赛娱乐点在于可以扩大事件本身，也可以延续事件的影响力和操控力。活动本身不是我们的目的，活动反映出来的实质才是我们关注的焦点，一环套一环，环环相扣。

（6）第一个将一个居家安全产品与公安机关的日常防范相结合，推出联合社区推广创意手法，一则扩大了品牌的社会影响，使产品借助公安机关的威信，容易赢得顾客的信任感；二则达到了产品推广的目的，因为当居民意识到家庭安全重要的时候，他们自然会想到亚瑟王智能防暴锁。

（7）第一次使用社会规范来促使顾客行动，并以良心战术直接触动顾客的内心深处……

其实还有很多第一，例如第一个由政府机构担保的策划合作项目，第一个短时间内就拍板合作的项目，等等，但这都没太大意义，关键是我们的创新意识和创意手法确实为企业带来了一些实质性的改变，同时也为这个行业带来了新的希望。

正如我常说的，世上没有做不到只有想不到，当人类的思维局限被打破，很多惊人的科技就会诞生，所以我们需要的不是更多的知识，也不是工作的经验，甚至不是营销的技能，而是掌握思维的技能。如果双剑不具备这种独特的思维方法，我们可能无法做到以如此低的成本获得最大化的传播效益，当然也不可能诞生这篇文章。

遗憾的是，我们没能在约定的合作时间内完成 1 亿元的销售目标，到合同期结束的时候，亚瑟王锁业的财务报表显示，总收入为 7302 万元，因此，我没有拿到约定的奖励……

参与本项目的策划人员有：沈坤、孙自伟、李凤、周艳、李轩、张伟。

案例六 智能防暴锁策划项目（下）
——突破动销障碍

合作客户：湖南泓达科技有限公司（香港亚瑟王实业有限公司）

客户对接：泓达科技公司管理层

【案例背景】

2009年9月6日，我在长沙策划了一个隆重的招商大会，以“首届民生安全论坛”为题，当时邀请了公安部副部长、消费者协会会长、保安总公司负责人、中央电视台党委书记等重要领导参加，而湖南省当地的政协主席和公安厅主要领导都出席了这次活动。论坛在上午举行半天，下午就是亚瑟王智能防暴锁的招商会。由于在招商会之前，我们已经在各类媒体上做了大量的铺垫，在《销售与市场》打了一期招商广告，然后在第一营销网、中国营销传播网、《现代锁业》杂志和各大建材网站发布了招商广告和软性文章，所以，招商会现场来了400多名来自全国各地的经销商客户，大部分客户都在两天内与亚瑟王锁业签署了经销合作合同，当场未签合作协议的客户，也都在深入考察市场之后的半个月内达成了合作，由此，亚瑟王智能防暴锁的招商工作基本完成。

但由于这些合作的经销商大部分是传统的锁业经销商，他们拥有自己的分销网络，他们的下线都是一些锁具专业店和五金建材门店，他们在分销完成之后，发现终端门店的产品动销几乎为零，大部分产品放在终端根本无人问津。原来，由于广大个人用户都缺乏对电子锁的认知，所以在购买锁具时根本没有要安装电子锁的概念，导致进入终端的产品成为摆设。

大约三个月后，有不少经销商向亚瑟王锁业提出退货的要求，使得一度令人欣慰的招商成绩受到严重的挑战。

本案例就是在这个背景之下，双剑快速给出的解决经销商销售电子锁存在问题的一种方法。

一、告急：产品动销受阻

2010 年 3 月，我接到亚瑟王锁业的电话，说有一部分经销商问产品卖不掉怎么办，还说有不少经销商萌生退意，希望我能快速去一趟长沙，一起商量对策。

当时，我正在上海为一家企业的项目布置工作，安排完一切后，立刻坐上由上海开往长沙的高速动车。当天晚上我就抵达了长沙，与李总及他的管理层一起吃了个饭。当时还有来自湖北的一个经销商和湖南省的总经销商周总在座，于是在吃饭的过程当中，我们就商量起如何帮助经销商解决终端产品动销的问题。我简单地向两位经销商讲解了一些我自己的策划思路，并答应带领团队来解决这个问题。

其实，在亚瑟王锁业招商策划工作告一段落之后，也有几个已经与亚瑟王锁业达成合作的经销商给我打过电话，探讨在销售电子锁过程中发生的一些困难，综合下来就是以下几点：

（1）顾客认为价格太高，8600 元一把智能防暴锁，几乎要占到普通装修户装修预算的四分之一，所以一般顾客根本不会接受；

（2）一些稍微高端一点的客户也没有购买电子锁的意识，因为他们总认为自己的住宅保安措施很完善，加上家中也不习惯放现金，所以觉得买那么贵的锁没有太大意义；

（3）大部分居民住宅的大门都安装了防盗门，而防盗门上的锁具据说都有防盗的功能，一般人根本开不了，所以感觉上很安全，再花 8600 元购买指纹锁没有太大必要；

（4）还有一些人根本没有这个安全意识，一听说一把锁要卖 8600 元，觉得神经病才会买这么贵的锁，经销商或者终端导购员在向其推荐时往往遭到强烈的拒绝。

总之，经销商们反映的就是一句话：这么贵的电子锁不好卖！

这个时候，因为双剑与亚瑟王锁业的第一阶段招商策划合作已经结束，本来作为新的业务应该另外签署合作协议，支付另外的服务费用我们才能正式立案，但考虑到这也是属于招商策划项目的后续工作，可以配合亚瑟王锁业一起解决，所以我们决定对亚瑟王锁业做一次延伸服务，也就是提供一次免费的服务。

返回深圳以后，我召集全体策划人员进行了头脑风暴会，最后经商议决定：给亚瑟王智能防暴锁做一个样板市场，目的只有一个：快速解决经销商的产品动销难题。

之后，我将方案的思路形成了一个 PPT，专程飞到长沙，给亚瑟王锁业的全体管理层和营销骨干讲解。最后经过大家的讨论，决定同意我的方案。我立刻打电话安排深圳总部抽调两名策划师于第二天抵达长沙，决定先将长沙和武汉作为两个样板市场来打造。为了确保本次产品动销策划案的成功，我带着两位策划师，对目标市场——一个大约有 3000 户居民的中高档住宅小区进行了市场调查。在当地经销商朋友的配合下，我们总共只花了三天时间，就把小区的状态摸得一清二楚。

这一下子我心里有了底，觉得经销商们有如此的反应和市场销售受阻是正常现象，因为广大经销商的头脑根本没有转变过来，还是在以销售传统锁具的方法销售具备尖端技术的智能防暴锁，这样的销售方法又怎么能把价格高达 8600 元的智能锁卖出去呢？

二、调查：发现动销受阻原因

我为什么要对住宅小区的居民进行调查呢？

首先，因为亚瑟王智能防暴锁的目标对象应该不完全是装修户。装修户的装修费用一般都是精打细算的结果，很少有人会额外增加一笔资金来购买豪华防盗门锁。而且装修设计师也不会做这么贵的产品推荐。这个调查结果与我在策划亚瑟王智能防暴锁前所做的市场调查结果是一致的。当时我还调查过装修公司和普通装修施工队，他们都觉得不太可能向客户推荐这么贵的产品，哪怕是别墅装修也不会。“因为客户会以为我们拿了厂家的好处。”一个施工队老板这么回答我。

其次，经销商们的意识尚处于传统的坐商阶段，他们不会直接向终端用户做销售，但是，他们又必须为他们的下线、终端商家提供销售电子锁的最佳方法，不然，下线要求向上线经销商退货也是常理。所以，要解决经销商的问题，我们必须解决终端商家的产品出货率，如果不能解决这个问题，那么经销商也会向亚瑟王锁业要求退货，这是一个谁也不想看到的坏结果。

从消费市场角度来说，一把电子锁卖8600元的高价，无论你怎么问顾客，他们都会回答你，傻瓜才会买！这时顾客是非常理性的，对企业的产品价格非常敏感。这个时候如果一个企业一味地去打广告，任你如何凶猛，最终企业的产品在市场上的表现一定不会太好，甚至会死得很惨。

要解决这个棘手的问题，我必须做到两点：一是让消费者不再保持对购买电子锁的理性思维，并且引导消费者的思维从理性向感性出发，导致他们在心里觉得非买不可！这是我要解决的第一个问题，也是最核心的问题，因为我相信，只要我有能力解决这个难题，那么接下来的问题就好解决了。

我对解决消费者的理性决策有了一些想法，接下来就要解决第二个问题，也就是如何让更多的消费者知道有这么一个好的产品，而且让他们踊跃地尝试购买。

在对某住宅小区的调查中我发现，高端住宅小区的物业管理和保安服务都很完善，导致住户们对防盗的需求明显下降。在如此状态下，亚瑟王智能防暴锁如果进行强制性促销将会适得其反。

有没有一种方法，能让我们更轻松地解决上述难题呢？

三、策略：六脉神剑连环战

利用人的潜意识思维路径来完成我们的产品销售，是双剑独家原创的一种能有效驾驭顾客潜意识思维为我所用，进行潜移默化的产品销售和品牌推广的横向思维创新武器，杀敌于无形——就是这种连环战术的威力所在。

连环战术分为六种，而且每一种战术都是前一种战术的延伸和补漏，同时也是后一种战术的铺垫，而战术与战术之间的相互作用力，使得这六种战术像一根链条一样发挥出巨大的销售作用。这六大战术分别是：

(1)“良心”战术。

良心，是指将原本不具备刚性需求的产品设计成能触及顾客道德和良心底线，促使顾客不得不购买的必需品，从而形成大规模销售的一种心理传播战术。这个战术的前提是必须驾驭顾客的潜意识思维模式。

每一个人都有不同的道德底线，但作为人类的统一道德底线却是良心，也就是说，这个世界本就没有缺乏任何良心的底线，只不过有些恶人的道德底线是针对人群不同而有所改变的。例如，一个人从来不会对陌生人手下留情，但却会对自己的亲人网开一面，所谓虎毒不食子，何况人乎？其实，这种对自己亲人有本能的保护，对他人却手段残忍的行为，就是这个人的道德底线使然，因为他的道德底线只是限定在自己的亲人身上。

如果我们的产品能对目标顾客的良心底线发起冲击，就会唤醒顾客的良心，并遵循良心的路径听从良心的召唤，最终就会通过购买这个产品而获得良心的安宁。

对冲击并唤醒目标人群的良心这一问题，我准备用一套 DM 单来解决。现在首先需要解决的是，DM 单上的文案该怎么写？主题又该如何确定？这也是一种策略。

我安排文案小李迅速通过互联网搜集和请公安局同志提供“犯罪分子入室盗窃遭遇室主反抗而发生的血案”案例，从中选择了三个真实案例作为样板。这三个案例分别是：

一是某某城市小区，两名 12 岁的男孩在家中做暑假作业，窃贼以为没人，就通过技术开锁轻松进入，结果与家中的孩子相遇，慌乱中，窃贼将其中一个男孩掐死后逃离现场……

二是某某城市高档小区，一名 28 岁的待产女性在家休息，窃贼以为室内没人，就开锁进入，翻箱倒柜之际惊醒了女主人，她大声惊呼抓贼，窃贼惊慌之中猛地推倒了女主人，随后跳窗而逃，女主人流产住院……

三是某某城市高端别墅区，两位老人在阳台上晒太阳，窃贼通过技术手段轻松开启防盗门并顺利进入主卧室行窃，没想到离开时，与在客厅喝水的老人撞了个满怀，为防老人呼救，窃贼把老人狠狠打昏后仓皇逃离，结果，老人中风不治……

儿童、妇女和老人在家中遭遇窃贼入侵而被伤害，受害人都是家庭主要责任人——中年男人需要保护的目标。同时我在案例中充分说明，犯罪分子是通过技术手段开锁入室，而被害家庭防盗门安装的门锁都是普通的用钥匙开启的门锁，安全性远远不如亚瑟王的无孔智能防暴锁；并重点提示读者，犯罪分子虽然起初只是盗窃，但因为被家中留守人员发现而由盗窃改为行凶伤人，借以告诫目标顾客，不要以为家中没有现金和其他值钱的东西就不怕窃贼入侵，他们除了要防备财物损失之外，还需要保护自己的家人。

所以，这就决定了我们的 DM 单的主题是让目标顾客有所警惕，以安装更安全的防盗门锁来保护自己亲人的生命安全，于是，以“您怎么舍得让自己的家人受到伤害?”为主题的宣传文案出笼了。

（2）“规范”战术。

规范，是指一个人在社会中生存，就会自觉不自觉地遵守某种约定俗成的社会规范，例如路遇不公之事，不挺身而出，反而避而远之，就会在内心感到不安。一旦形成社会规范，很多行为就会被一种无形的压力驱使。

在这次策划中，我觉得将“社会规范”战术，结合“良心战术”来打效果应该更好，那么，如何运用社会规范战术来使我们的目标人群完全按照我们设计的路子走呢?

如果说，将家中的财物安全转移到关心自己亲人的安危上是由人的良心在起作用，那么，将中年男人内心的社会规范行为带动起来，是我接下来要解决的第二个文案策略问题。

在前期的市场调查中我发现，这个住宅小区的男人大部分收入比较高，人员构成由以下几部分组成：一是企业老总和高级职业经理人，二是政府官员，三是做生意的老板和一些暴发户。我知道这些人其实都不缺钱，但他们不愿意花8600元购买亚瑟王智能防暴锁是因为我们没有让他们感觉到非常有必要购买。现在我通过良心触发而解决了这一问题，但是，这样的恐吓力量显然不够大，需要我再为此添一把火。

如果用一两句话就让这些不缺钱的主儿都能自觉履行某种社会规范的话，那么以良心激发的安全需求，将会被进而推出的社会规范力量所征服，我相信，要俘获这类男性的心，只有一个概念，那就是责任。

不愿意让自己的亲人受到伤害是因为自己的良心，那么省下一笔应酬或者其他可有可无的消费，用来增加家人的安全感，应该是每一个家庭男人的责任。当良心遭遇责任，双重的力量就诞生了，于是“行动起来，做一个有责任感的男人！”的强调性语言，通过犀利的字体，以警示性的风格，出现在DM单的下方，非常显眼。这种社会规范必须遵守的心理原理，极大地触发了目标人群的购买需求。

(3)“真相”战术。

真相，是每个人都非常想知道的事实，也是信息传播中不对称的一种解决方法；营销战中最突出的问题就是企业产品信息与消费者接收到的信息形成不对称状态，作为竞争对手，如果采用揭露对手产品真相的方式，其效果会比挖掘自己的产品卖点更好！

在防盗门锁这个问题上，消费者与产品的功能真相正好处于一种完全的信息不对称状态，普通消费者普遍都不知道究竟什么样的门锁是安全的。如何让消费者知道这个真相，将有助于我们推广亚瑟王智能防暴锁，同时在触发良心和遵守社会规范之后，出现一个更为强大又十分理性的购买理由。究竟怎么做呢?

我通过刑警队朋友的帮助，找到了几个有执照的开锁高手，让他们在我面前表演自己的绝活儿——开锁，他们要开的锁，就是我们一般家庭外门上安装的普通防盗锁。结果，这些高手分别以火柴梗、石灰颗粒、口香糖、牙签及铁丝等工具，以15秒、1.5分钟和3分钟等不同的时间，打开了目标门锁。天哪，原来我们普通人意识中感觉很安全的门锁，在这些特殊的技术人员手中竟然是几分钟即能打开的不安全锁具！

我们的目标人群跟我一样，头脑里的固有认知都以为我们已经把门锁拉上了，甚至用钥匙反转锁住了，以为别人进不了门。事实上，所有的门锁都能打开，正如公安部任长青主任告诉我的那样：其实锁和防盗如同矛和盾的原理，目前社会上大部分的门锁都能运用技术手段非法打开，不同之处在于，有的门锁结构复杂，打开的时间稍微长一点。而行业标准就是以打开此锁所需的时间长度来确定它的安全级别，也就是说，打开时间用得越久，此锁的安全等级就越高。

“你想，哪一个窃贼会在一家门前花几个小时研究如何开门？”任主任这么告诉我。

由此我也得出了结论，只要有钥匙孔的锁具，都有打开的可能，区别只是时间长短而已！而亚瑟王智能防暴锁是国内唯一在锁具表面没有钥匙孔的全封闭智能防暴锁，不需要备用钥匙孔是因为它已经预设了另一套电子系统，用于主系统电池耗完和系统故障时应急启动，这就使得亚瑟王智能防暴锁不需要再在锁具表面预留备用钥匙锁孔，这也切断了拥有高超开锁技术手段的窃贼的开锁门路。除非你使用国外最高级的密码破解器来破解电子系统，即使你拥有这样的超级高科技设备，要完全破解密码仍需要几个小时以上，对于中国的窃贼，这样的设备和这样的开锁时间，显然不是他们的选择。

我必须把安全门锁的真相告诉目标人群，让他们吃惊并明白，他们以为很安全的门锁，其实在窃贼眼里等于没有，而要真正地确保家人安全，必须要更换表面没有备用钥匙孔的亚瑟王智能防暴锁。这才是真正安全的锁，即使你把门锁砸烂了，你的家门照样无法打开。

(4)“证明”战术。

证明战术是指一个人要想让一件事情引起大家的重视，必须要借助于某种证据或证人，而提供证据和证言的人，其身份要与证据的确认有必然的关联性。例如说，每天喝多少水是健康的，谁说了算呢？很简单，当然是有高级医师资质的养生专家说出来更有说服力。

同样，一把锁究竟安全不安全，或者究竟什么样的锁才是真正安全的，由谁说了算？肯定不是锁具生产企业，也不是我们营销策划公司，有这个说服力的必然是公安部门。

于是，我们在 DM 单的背面，以“公安部门提醒市民”的名义，向目标人群道出防盗门锁的事实真相，并告诫市民，外出要关好门窗，门锁要安装无孔的智能防暴锁，见到嫌疑人员立即向保安报告或拨打 110 等。

由于亚瑟王智能防暴锁的品牌形象被我破天荒地采用防暴警察作代言，在整个 DM 宣传单的正反两面的主形象，都是穿戴防暴警察制服的人民警察；同时，亚瑟王智能防暴锁是唯一获得公安部认可的安全锁具；再加上地方公安部门的支持，显然，这个真相的说服力非常强，这既是事实，也不容消费者不信。

(5)“习惯”战术。

习惯，是指在产品销售中诱使顾客尝试体验，运用设定的使用期限，促使顾客在体验产品的过程中形成一种强大的依赖性。如习惯使用微软操作系统的人，让他转而使用苹果系统，就会对他产生一种巨大的转换压力。

有的产品顾客不购买，是因为他们觉得要改换使用新产品太复杂太麻烦！为什么触屏式智能手机面世很多年了，依然有不少人还继续使用按键手机？是他们不知道智能手机性能更好吗？还是他们舍不得钱？或者买不起智能手机？其实都不是，因为他们对改换使用新手机有一定的潜在恐惧——不想花力气改变原来的习惯。

在本次策划中，我充分考虑到顾客在改换使用新的智能防暴锁方面的障碍，虽然我已经通过前面的四种战术，打破了高价格障碍和非必需品等障碍，但现在必须使用一种更为隐蔽的“习惯”战术，来使我们的目标顾客在无形中被我的战术击中。为了让更多的目标顾客中招，我采取了一个诱惑策略。所谓诱惑策略就是基于耐用产品的使用习惯思维诱使消费者购买，即当一个人使用了一个产品达一周以上，就会形成使用习惯，使用 15 天后就会对此形成依赖，人一旦对某个事物的使用形成习惯性依赖，就很难改变，从思维定式上来说，他很容易将此产品当做属于自己的东西了。

我们向目标人群抛出的诱饵就是，这个小区的任何住户只要提供有效身份证件，就可以获得免费使用亚瑟王智能防暴锁一个月的优惠体验。住户只要拨打宣传单上的电话号码，专业人员会在半小时内免费上门安装。一个月以后，如果你依然觉得没必要安装，或者不愿意支付这笔费用，我们的专业人员就会拆除智能防暴锁，并将户主原来的旧锁安装复位，整个活动不需要居民支付任何费用。

这个极具诱惑力的免费活动，瞬间吸引了大批住户，他们纷纷打来电话，提出了希望体验智能防暴锁产品的申请。

(6)“追击”战术。

追击战术是指，第一或者第二战术在计划中获得了预期的成功，但目标区域内尚有不少人未被前面的战术所影响，所以就必须采取新的追击战术，逼迫存有侥幸心理的目标人群就范，如同战争中炮弹和子弹都会有一定的死角，这个时候战士就要跃出战壕展开追击，才能将敌人消灭。

本次策划项目中的追击战术，主要是前面 DM 实施的 10 天之后，进行新一轮的 DM 攻击。但这一次的 DM 文章，我们转换了恐吓的主体，不再用血淋淋的伤亡案例恐吓居民，而是用另一种恐吓手段直抵这些人的内心深处。

在 DM 中，我们警告那些尚未安装的住户，你的周围大部分已经安装了窃贼无法开启的智能防暴锁了，如果窃贼再入侵，就会像老太太买柿子一样——拣软的捏。我们这里一梯三户，假如其他两户都安装智能防暴锁了，那么剩下的你家就很容易成为窃贼的唯一目标，因为他们会选择没有安装防暴锁开锁更容易的住户行窃，如果你家还没有安装智能防暴锁，那你就要小心了……

如此一来，不少尚未安装的住户们开始紧张了，侥幸心理即刻瓦解，他们会觉得不就是 8600 元钱吗，我又不是没钱，干吗要提心吊胆呢?

这一招非常奏效，在 DM 单发出的第三天，竟然有四个居民打电话给我们的安装队，说我们太可怕了，他们都被我们的宣传单吓得晚上不敢睡觉，白天也不敢留人在家了……

这些传单便像一颗颗重磅炸弹，轰炸到了目标顾客内心深处的良心道德层面和社会规范层面，使原本心存侥幸和相对比较消极理性的住户不得不变得积极感性起来：“相比之下，家人的生命和财产安全还是最重要的”“不就是 8600 元钱吗，干吗要提心吊胆地过日子？”

四、战果：令人匪夷所思

通过紧密有序的 90 天作战，3000 多户居民的高档小区，85% 左右的住户都改换了门锁，安装了亚瑟王智能防暴锁；有 7% 左右的居民，因为家中只有老人，一时做不了主，说是要等小辈们回家以后商量了再定，他们自己也用不来这种新锁具；余下 8% 左右的居民确实是因为家中一直有多人，不需要换装，所以，我们还是派人拆除了免费安装的锁具，还原了他们自己的锁具。

由此，一把原本高达数千元的可有可无的耐用品，被我们策划成几乎家家户户需要安装的必需品，整个行动我们只让经销商花了三套 DM 单的印刷费，大约七八千元，然后是给社区保安的辛苦费（社区保安给予了非常大的配合，我们那些像狙击子弹一样的宣传单，就是由社区保安配合我们一张张塞进居民的门缝和他们各自的信报箱的），总投资没有超过 15000 元，其他就是我们七人作战小组的三个月工资开销了，但我们收获了多少呢？

2500 多把门锁，平均每把锁售价 5000 元（8600 元的锁是主推的产品，其中还有 3600 元的普通智能防暴锁产品），按每把锁的进货价 2500 元计算，三个月下来，我们就获得了高达 625 万多元的利润！在当今的产品行业，有哪一个产品的销售，能在三个月内带来如此丰厚的利润回报呢？而且，这还仅仅是一个城市中的一个小区的贡献，如果经销商有能力把战果扩大呢？把战火燃烧到整个城市乃至整个全国市场呢？那又是一个什么样的天文数字呢？我简直不敢想下去了。

这次非常成功的案例，极大地刺激了经销商们的销售热情。经销商们纷纷改变原有的销售思路，把原来只在销售终端等待装修户来购买的消极销售行为，改变为主动向小区进攻，化被动销售为主动的扫楼策略。而且，通过这次策划案例之后，大部分经销商不再愿意做剥皮式的分销策略了，也不喜欢花钱去开专卖店了，而是纷纷要求我给他们做专业的销售技能培训，并把我的那些宣传单底稿送给他们，他们就想完全按照我的策划思路去做。

这场耗时近三个月的样板市场动销战役，也为亚瑟王锁业注入了强大的兴奋剂，他们依葫芦画瓢，一个小区一个小区地打销售战，并把我的样板策划案例当做标版，进行全国范围的复制，于是，他们的市场一个又一个地打开了。

五、后记：没有攻不破的堡垒

这次的住宅小区动销策划，在营销推广的成本投入方面达到了历史最低水平，宣传花费与最终收益相比几乎可以忽略不计，这是一个值得我骄傲的地方。

但最让我感到满足的是，这次动销活动在经销商和企业的双重支持下，我有足够的耐心和时间进行周密的策划。而且，我在这个案例中充分运用了我的横向思维创新能力，连续使出当今中国营销界没有第二个人能创造出来的六套连环战术，而且这些战术，都没有在任何教科书中出现过，也没有其他哪个营销策划人懂得使用，几乎是我的原创。这不是仅仅懂得营销理论和策划专业技能就能驾驭的，如果你不懂得哲学、心理学、行为学、文学和横向思维创新学，根本不可能有能力去熟练驾驭目标人群的潜意识思维，并为自己的销售目标做出巨大的贡献。

低成本营销的方法有很多，但能成熟被人驾驭的不多，因为大部分策划公司都是凭经验在做策划，不像双剑，专门是以创新来进行破局策划的。我们不善于复制和模仿，我们只会创新和破局，因为我们有横向思维的创新方法和能力。在我的心目中，没有卖不出去的产品，只有不够精准有力的营销策略。

【策划感悟】

亚瑟王智能防暴锁的策划项目，在双剑的策划历史上是一个运用横向思维创新方法比较多也比较成功的项目。此项目在前期策划时就采用了创造很多第一的创新策略，如：第一个专注于个人家庭市场的电子锁产品、第一个采用警察做形象代言的品牌、第一个只花了20万元就完成全国渠道招商的低成本项目。除此之外，在本案例中所采取的以驾驭消费者潜意识为核心的智能连环战术等，双剑也演绎得非常充分。

双剑一直在努力探索一种全新的策划，就是假设企业没有任何广告费用投入，我们将如何策划全国市场的产品推广？这是有意将双剑的策划逼退到绝境之后的颠覆性突破，如果我们能够做到，那么一旦双剑接手大企业大品牌的策划案子，我们就更能得心应手大展拳脚了。

我相信，读者看到的这个案例，是不会在其他公司看到的，其他公司也不会运用这样的怪招来做策划，这是由一个公司的创新能力所决定的。双剑就是在竞争激烈的营销江湖中，用自己的真本事，创出一条完全属于我们自己的道路，这就是横向思维破局创新。

案例七

学习机

——整合传播的蓝海战略

合作企业：良师益友国际教育科技集团（香港）有限公司
客户对接：良师益友营销总监彭江根

【案例背景】

策划良师益友国际教育科技集团（香港）有限公司（以下简称良师益友）的智能学习机产品时，学习机（ELP）市场已经开始走入黄昏，整个行业也已经呈现衰弱之势，毫无疑问，这是由于智能手机和苹果 iPad 等掌中产品的兴起使然。在这种行业不景气的时候，良师益友却依然在向前挺进，他们充分运用自己的技术专业能力，硬是开发出了一款与中小学生课本同步的智能学习机产品。产品确实有亮点，但在营销上恐怕不会像攻克技术难关那样简单。

学习机类产品在营销推广上的障碍是非常明显的：一是购买者和使用者基本脱离，为不同的人，这就导致传播对象有两种选择；二是学习机产品经过好记星的过度营销运作，已经在行业内留下不良的印象，有些家长已经不相信广告上说的神奇效果；三是孩子们的兴趣已经不在这类学习机上，而是转到拥有更多智能技术且可上网的手机或游戏机上；四是孩子们已经在学校里上了一天的课了，放学后他们才不会继续用学习机去补习功课呢……

双剑就是在这样的行业背景下，被良师益友看中，达成了合作。由此，一场艰难的学习机行业破局战，再次打响了……

一、艰难的合作洽谈过程

学习机行业是一个目前正逐渐衰弱的夕阳行业。2006 年这个行业总盘子暴涨到 400 多亿元，生产企业达 500 多家，而今才几年时间，行业总量一下子大缩水，据可靠资料分析，2010 年整个行业的销售总额不到 40 亿元。其中，步步高、好记星完全依赖强势的广告轰炸以行业第一、第二的排名尚有近 10 亿元的销量，占据了这个行业的半壁江山；其他的二三线品牌如深圳学之友、五好学生等 20 多个企业依靠渠道商的力量勉强硬挺。这样明显处于不断萎缩中的市场，竟然还有企业贸然进入，来自香港的教育机构良师益友，凭借先进的教育电子软件开发设计能力和源自西方的独特教育方法，意欲在大陆 ELP 市场有一番作为。

最早接触良师益友是在 2010 年 4 月。那时我正在长沙策划湖南的几个项目，良师益友总裁麦艺先生和营销总监彭江根先生专程从广州到长沙与我会晤，针对良师益友的一款学习机产品进行了深入的交流。虽然产品确实有很多新颖之处，但我当时依然很不看好，因为这个市场整体在萎缩，这个时候新进入的企业不光在产品上要有明显的差异点，在营销上更要大胆创新，摸索出一种新的模式才有一丝胜算的可能。

也许是良师益友曾经在 2009 年 3 月到 2010 年 3 月间与广州一家策划公司合作过，没有找到精准的营销策略，所以对与策划公司的合作还是非常谨慎的；又或许客户未能完全认同我的一些营销理念，所以这次谈判没有达成合作。这也是很正常的事，凡是能合作的必然有彼此认同的焦点，而凡是未能达成合作的，客户必然对我的策划能力有所怀疑或者信任度不够。

谁知，到了 2011 年 3 月，良师益友营销总监彭先生再次约见了我，坦率地承认去年与广州某策划公司的合作失败是因为营销策略问题，希望借助于双剑的破局能力，且该公司对自己产品的未来依然信心十足。

彭总是一个有着多年营销经验的职业经理人，多年前就一直在阅读我的营销破局观点的文章，难能可贵的是，在管理层对营销策划公司失去信任之后，他依然力荐公司与我达成合作，并几次安排我与公司高层面谈合作事宜。说实话，这样的合作项目会给我带来很大的压力，压力来自两个方面：一是这个企业产品已经被策划过，而且失败了，如同一个被前男友伤害过的女人，要得到她的信任和爱，我需要付出更多的真诚和智慧才行；其次，彭总对我寄予了太高的期望，万一再次失败，我很难想象他个人在公司的地位还能不能继续稳定。好在我是个知难而进的人，越是别人做不好的我越想做，这样才更能显示我与众不同的策划能力！

经过彭总的努力，管理层终于抱着再次尝试的念头，决定与双剑合作。2011 年 4 月 8 日，双剑与良师益友在广州软件园会议室正式签署合作协议，由此拉开了我继 2006 年策划“全真教”之后的第二次 ELP 产品策划序幕。

二、第一套营销策略诞生

项目启动之后，我立刻安排项目组深入市场进行调查。为了确保本次项目的成功，我也凭着自己的敏锐触角，独自走访了三个城市的 ELP 市场，并通过亲戚朋友的帮忙了解了更多 ELP 消费者的购买心理。经过 20 多天时间的市场调查和分析之后我发现，良师益友的学习机在课程设置和学生学习方法上有了重大突破，从单纯填鸭式的“学习”转变为以兴趣式的“辅导”为重点，而且打破常规，机器不具备上网功能，只是纯粹的学习机器。

传统的营销策划和广告策划只会围绕着现有产品进行卖点挖掘、广告创意、渠道招商和媒介策略等，而我不是。我必须先要解决根本性的问题，那就是必须找到这个产品先天性的毛病同时予以根除，然后为它设计一个独立的品类概念，为企业的发展奠定基础，其次才是招商和整合传播方面的策略设计。

我对良师益友的思考由此展开：这样一款先进有效的学习机如果直接放入现有以广告为主要推广方式的学习机市场里，我们凭什么才能取胜？硬拼广告吗？人家步步高和好记星已经是成名多年的知名品牌了，良师益友算什么？我觉得企业犯的第一个错误已经找到：品牌名称没有独特的亮点，甚至还不如“步步高”和“好记星”，总之“良师益友”四个字实在太普通，承载不了这么一款功能先进的学习机产品的内涵，更承载不了与好记星和步步高的斗争。

这是策划中遭遇的第一个难题。我们很快找到了解决这个问题的策略，即创造一个新的品牌名称和新的学习机品类，以解决以下两个问题：一是从名称上引导消费者的思维，认定这个产品肯定比其他学习机更有效果并愿意尝试；二是鲜明地区别于现有的学习机产品，使消费者感觉到这是一种全新概念的产品。需要什么样的品牌名称才能做到？教育电子行业持续竞争了十多年，难道我就有这个能耐可以轻易创造出一个新品类来？

2011 年 4 月 26 日，双剑良师益友项目组第一次头脑风暴会议在公司附近的一家酒店召开。在我的主持下，一场别开生面甚至匪夷所思的思维放牧活动开始了，通过独特的横向思维创新法和破局策划工具，当天晚上我们就顺利地找到了良师益友学习机产品的系统策略！

我的思路在继续延伸：父母望子成龙天下共知，但是如何成龙？在哪里成龙？由谁来教可靠？于是，名师、名校、出国留学等概念一一浮现……我一路思索下去，最终定格在宫廷教育上，因为宫廷教育才是人类最顶尖的教育。但宫廷教育只是我们策划的一个策略方向，还不是策略本身，有了这个方向，我们的策略就容易了。于是，“皇家助教”四个字信手拈来。这个名字在投影的 PPT 上一出现，全体与会成员立刻感觉不错！“皇家”等于宫廷，而且香港以前有很多机构被冠上“皇家”字样；而助教，是个职称，“皇家助教”四个字合在一起挺像一个学富五车的人，形象感立刻生成。

我一直有一个观点，只要基本的策略精准，后面的策略就会自然生成，不需要太费劲创意，如果不是，则需要检查基本策略是不是正确了！

完成了“皇家助教”这个品牌命名策略，接下来我要破的局就是“创造一个新的 ELP 品类，以与现有的学习机产品彻底区别开来”。为企业的产品创造一个细分的新品类是我策划的一个特点，因为只有这样的策划才能帮助企业花更少的钱获得更大的市场效益，“深附吸”油烟机、“纯园酿”葡萄酒、“高精镀”水龙头等带有鲜明功能特性和差异指向的细分品类名称都是双剑出品。但“皇家助教”是一个高端的 ELP 品牌，只需要一个简单清晰的差异化产品属性名称就可以，只要找到这个带有产品属性特征的名称，它就是一个新的产品品类了！

我根据良师益友学习机以“辅导”为核心的特性，干脆直接将这款ELP产品的属性名称更改为“辅习机”，虽然仅仅是一字之差，但性质却完全变了，而且为日后攻击“学习机”产品埋下了伏笔。由此，“良师益友学习机”彻底来了一个华丽的转身，正式成为“皇家助教辅习机”，广告语也呼之欲出——“宫廷教育，更胜一筹”（后来应客户的要求，广告语改为“皇家助教，精英摇篮”）；随后我们又乘胜追击，挖掘了“皇家助教辅习机”的卖点“独有皇家KEC教育秘法”。

“皇家助教”的定位其实已经非常明显，同时也为自己的竞争对手做了清晰的定位，就是以“宫廷教育”PK对手的“平民教育”（香港皇家助教PK步步高、好记星等国内品牌），传播上似乎也很容易找到策略，那就是以来自西方的宫廷教育打击一味追求考分的中国式应试教育！

经过这么一个回合，我们算是完成了产品基础策略的包装，看上去是可以推向市场了。一周以后，我也真的把客户邀请到公司来，当着良师益友全体管理层和双剑项目组的面，激情洋溢地宣讲了这套策略。良师益友全体管理层一致认可，并认为这套策略完全吻合良师益友的产品特性和市场拓展要求，一时皆大欢喜。我当时也以为，只要把这套策略思路的执行细案做出来，项目就可以顺利进入执行层了。

三、策略落地：让渠道商睁大眼睛

在良师益友项目策划的一开始，我就针对渠道策略方面思考这样两个问题：一是学习机的渠道模式除了由各区域经销商进入书店、电器卖场和独立专卖店这些终端销售的传统渠道模式之外，还有没有更好的模式？二是如果没有更好的模式而沿用传统的模式，良师益友又凭什么能让传统ELP渠道的经销商喜欢其产品呢？

第一个问题我们尝试过突破，例如自建专卖渠道，建立皇家助教小型

ELP 专卖店。皇家助教这个品牌内涵及未来的发展走势完全可以驾驭全国性的连锁加盟体系，但这样的专卖渠道必须有一个硬性条件，那就是良师益友的产品体系要非常丰富，能够足以支撑专卖店的盈利要求，但这个硬性条件良师益友暂时不具备。

第二个问题相对比较实际了，既然我们只能走传统渠道，那么我们凭什么去吸引传统渠道的经销商，或者说凭什么能与好记星和步步高们相抗衡？按照冯·克劳塞维茨《战争论》中的必胜原理："攻击者起码要两倍或者三倍于敌军的人员数量"，良师益友如果要在传统渠道中有所作为，假设步步高、好记星每年投入 5000 万元广告费用来支持渠道销售，那么良师益友起码也要投入 1 亿元的广告传播费用，才能撼动有近 10 年根基的两大 ELP 强势品牌。

良师益友显然不会这么做，我也不会做如此傻瓜式的策划，但困难就摆在这里，就看我如何来解决了！

在什么情况下，良师益友不投巨额广告也能让品牌知名度和美誉度达到足够的高度并能对渠道经销商的产品销售产生实际的促进作用呢？围绕这个假设，我们再次开始横向思维，并很快找到了一个能平衡这两者之间关系的新策略！

如果皇家助教辅习机里的课程内容和辅导方式确实比国内其他学习机的内容和学习模式有创新之处，那么我们可不可以将辅习机里的内容拿出一部分来，又创新增加一部分进去，使其成为超越辅习机又能与辅习机相辅相成的独立面授课程？然后课程运作时通过媒体广告传达招生信息，例如我们可以每月开一课，如果这个构想可以实操，那么"皇家助教"这个品牌基本上可以每个月都在媒体报章与消费者见面了。

除此之外，这个构想如果成立，还可以帮助经销商又开发出一个崭新的"会议直销"渠道，就是说在课程开讲的现场，可以设置购机点，供聆听课程的家长和学生们选购，这样也许比在传统的销售终端更能令消费者产生购买冲动！

如果我们真的能够做到这一点，那么即使我们走传统的 ELP 渠道模式，这种新颖的推广模式也能吸引经销商尝试，毕竟较之于好记星和步步高，我们有了一点差异化，哪怕这个差异化没有那么大的作为。

我甚至已经开始了ELP经销商资料的收集，思考和准备如何与他们洽谈合作的一些语言策略，以及如何确保他们在渠道终端掀起又一波学习机销售浪潮等策略了。

但很快一个负面的想法影响了我，如果这样做，那么课程广告的大量投入如何回收？靠销售产品的利润能支撑吗？经销商愿意这么做吗？他们有能力驾驭依靠课程辅导来促销辅习机产品吗？凭我对现有ELP经销商们的市场运作能力判断，显然不能！

那么什么情况下是可以的呢？我的横向思维在不断地延伸，除非……除非这个面授课程是收费的！这最后的思路引发了我对原来策划思路的一个否定或者说在原有策略基础上有了一个更加完善的新策略！

四、第二套营销策略诞生

我有一个习惯，就是在大家认为比较满意的策略诞生之后，总是会寻找它的不足，或者干脆把眼下认为不错的这个策略暂时放置一边，然后进入更深层次的思考，以求找到比这个策略更好的思路。这是一种残酷的思维挑战，然而又确实是一种为客户负责的做法。

在项目组热火朝天地开始撰写执行细案的过程中，我的思考却一直没有停止过！我在想招商策略，想渠道模式的突破，想终端形式的突破，想如何才能让这个产品疯狂般地畅销起来……但眼下的这个策略我总觉得哪里不对劲。

我的第一个思考焦点直接来自于我对渠道策略的思考：虽然我们给了这个产品一个“皇家助教”的威名，又有了一个“宫廷教育”的高贵身份定位，但是，我发现最后我们还是把这么一个优秀的贵族产品，放入了一个“平民教育”机器的市场里，然后与这些低我们一等的平民教育企业进行竞争，如同一个帝王血统的王子跑到贫民窟与穷孩子们打架一样，显得不伦不类！

显然不可以！这时我开始运用我独创的“竞争位移”策略思路进行左右摆放，尽管我们改变了品牌名称和产品属性名称，但还没有解决根本问题，那就是“皇家助教辅习机”究竟在哪里（市场）与谁（竞争对象）竞争？这可不是一个定位就能解决的问题。

我的第二个思考焦点：学习机市场总量仅40亿元，步步高、好记星一直在靠广告占据行业第一、第二的位置，其他没钱打广告的企业依靠渠道力量每年也能有几千万元的市场业绩，显然这个市场的竞争强度太高，且市场吸引力不大。

除此之外，“皇家助教辅习机”还可以在其他市场里竞争吗？很快，一个念头出现在我的脑海里：我们为“皇家助教辅习机”创造的一个源自宫廷的教育理念“KEC”（Knowledge 知识、Elite 精英、Conduct 品行）。这个 KEC 既是皇家助教的独特卖点，又是与国内教育侧重于考试分数功利性的差异之处，显然是可以吸引学生家长的，我总觉得这个 KEC，是有文章可做的。

于是，一个更为大胆的想法令我自己都感到震惊——我们何不以“皇家助教”的“宫廷教育”和独特的“KEC 教育秘法”，开设收费的辅导课程？这样，“皇家助教”不但有“辅习机”的实体产品，又有“KEC 辅导课”的虚体产品；在营销策略上能达到这样的奇妙效果：以“皇家助教”的名义开设“KEC 辅导课”，可以为“皇家助教辅习机”的终端起到品牌传播和促进销售的作用；而辅习机产品的终端销售，又能顺带着协助“KEC 辅导课”推广或销售课程卡（如果课程可以以储值卡的形式销售），如此一来既解决了实体产品的品牌广告传播和销售促进的问题，同时又为良师益友找到了另一条产生利润的渠道，并且“一不留心”让良师益友进入了具有更大市场利润的培训辅导市场！

这个想法一成立，我就开始了逻辑对接：对，良师益友完全可以手握“皇家 KEC 教育秘法”，同时杀入“ELP”和“培训辅导”两个利润市场，根据行业调查，“培训辅导行业”有着超过3000亿元的市场容量，这对良师益友来说，几乎是站在了一家更大银行的门口！

由此，良师益友学习机的策划案进入了一个根本性的转折：凭“皇家助教辅习机”和“皇家KEC辅导课”进行双剑合璧式的市场运作，从而完成了良师益友企业的战略性转变。

竞争策略的思路来自于这样的假设：在培训辅导市场里，大部分是一些本土机构，缺乏独特的理念，完全是凭一点经验在运作，例如聚焦于“左右脑开发”的记忆性课程和注重学分的“课外辅导”课程；以及以“家庭教师”为主的散户型培训辅导机构和个人，如果作为竞争对手，他们只有空洞的说教，没有货真价实的高智能机器和来自西方的宫廷教育“KEC秘法”，与他们竞争显然我们略胜一筹。

转过身来看“学习机市场”，与步步高和好记星们相比，在机器上就有了独特的差异点：首先步步高和好记星们是填鸭式的学习，我们是情趣灵活的辅导；其次我们不光有高智能的辅习机器，而且相伴有地面的“KEC辅导课”，这种双剑合璧式的双轨制市场运作模式，绝对是好记星、步步高们所不具备的，于是我们又棋高一着。

从渠道角度来看，学习机类产品都集中在书店和电器渠道，“皇家助教”却可以在“传统渠道”和“培训辅导直销”上脚踏两条船，“KEC辅导课”既能卖产品又能有效地宣传“皇家助教”品牌，促进传统渠道的产品销售；而传统终端的产品销售又有力地推动了“KEC辅导课”的促销，真正双剑合璧两全其美。所以良师益友招商基本有两类客户，一是传统学习机经销商，二是培训辅导机构，而这两类经销商又可以互相作用，产生各自的利润。如果经销商有野心，还可以同时拿下产品经销权和辅导课拓展权。这样的渠道模式肯定会吸引一些手中有钱的潜在投资商，因为两者都拓展了原有的狭小销售渠道，利润空间已经不是原来的概念了！

对于目标消费者（学生和家长）来说，他们的内心是非常清楚的，单靠一个机器，肯定没有那么神奇，但如果有面授课程配合，科学性就增强了，如果课程效果令目标人群更加满意，那么机器的销售也不再是一个问题。

而对于良师益友来说，本来只是销售机器的单项盈利模式，现在又增加了“KEC辅导课”的收入（“KEC辅导课”面向学生家长，采取售卡开班的收费模式运行），从而完成了企业战略高度的盈利模式转型。一个单纯的产品策划，在双剑破局策划公司横向思维的作用下给彻底地破了局，成为企业战略性质的盈利模式创新策划。

五、艰难的策略执行

对于双剑来说，创造一个破局的策划方案已经不是太难的事，因为我们有破局营销方法和独特的思维工具，但是，对于现在我们所创造的这个“KEC 辅导课”的实际操作却产生了太多的难题。首先是关于课程的设置问题。这个课程该如何设置？多长时间？讲些什么内容？虽然我们设置了“家长课程”和“学生课程”，但这两种课程都必须与众不同。尤其是家长课程，必须要让家长们深深感觉到这个课程对他们有深远意义。

为此我通过在深圳从事学生课外辅导工作的朋友的支持，与十多个学生家长进行了交流。交流中发现，大部分孩子家长都对本国本省的优秀名师有所耳闻，通常家长之间也会交流，如果某些课外辅导机构有名师执教，他们都会愿意把孩子送过去接受课外辅导；还有，大部分家长总觉得无法凭自己的能力担当课外辅导孩子的责任，不是觉得自己的水平不够就是觉得方法不行。

由此我认为，家长们的潜意识当中对名师名校有着非常明显的信任感或者说期望值。那么“皇家助教”的宫廷教育定位和伊顿公学院的“KEC”理念正好与家长们的潜意识相吻合，同时家长自身也有迫切需要快速成为课外辅导老师的愿望，这样，我就对“学生课程”和“家长课程”有了清晰的认识。

首先，“皇家助教”已经在辅习机里设置了主课程，所以课外辅导不在这方面下力，而更多是在围绕着如何让学生更轻松地理解和运用主课程里的内容方面下功夫，也就是说，在“辅”字上大做文章。这样的话，开设思维课程和生活习性课程是完全可以的，能作为主课程哪怕是学校里应试教育课程和方法的讲解和补充。

设置好这个课程需要与国内国外最先进的教育专家进行横向战略联

系，必须要完全针对性地为中国的中小学生设计出非常具有实用意义的课程。好在良师益友很快从香港、英国和内地找到了相应的专家，目前这个课程设置问题基本已经解决。其结构是："皇家助教辅习机"与"KEC 精英课"是两个相辅相成的课程，缺一不可，谁也取代不了谁。买了"皇家助教辅习机"必须要参加校外"KEC 精英课"，参加"KEC 精英课"也必须要配备一台"皇家助教辅习机"才能发挥巨大的作用！如此一来，完全解决了"实体产品"与"虚体产品"之间各自的利益牵制，达到两个渠道共同发展、互惠互利、双剑合璧的效果！

而"家长课程"更是围绕着让学生家长更加全方位地理解学生所学的主课内容、掌控孩子的健康成长、引导孩子的智力发展等三个方面来进行启发教育，课程必须做到让学生家长听完课程以后自己也能成为一个名师。家长课程的授课模式不同于学生辅导，必须要设计一种独特的课程演绎方式：充满激情的、情景故事的、益智启发的、悬念入胜的，等等。通过双剑的策略建议，良师益友也很快与境内外的教育专家取得联系，完成了课程的设置，并大规模地筹备建立课程演绎者——"培训老师"队伍！

另外，授课场地怎么解决？是按照传统的 40 个学生一个课堂？还是更小一点的精英课堂？是租学校教室？还是自建？课堂的风格怎么设定？桌椅怎么摆设？这些需不需要与中国当下的传统教室区别开来？学生的教室，我建议应该要参考西方学校的一些教室形态，适当可以另类，因为我固执地认为：环境可以改变人。如果教室与学生平时上课的感觉差不多，他们会在心里感觉有"重复"和"加重"的印象，这对我们的课堂效果不利。

"家长课堂"已经确定，准备进行大型会场式的，以场面感来震撼家长，引起他们的重视并让他们产生兴趣和认同。

解决了课程问题，我的思考依然没有停止：我们可以通过传统渠道的招商来解决"皇家助教辅习机"产品如何送到消费者手中的问题，那么"KEC 精英课"由谁来推广运作呢？上面我已经提及：目标经销商是那些课外辅导机构和从事这类工作的散户，问题倒不是这个，而是如何与良师益友合作？良师益友又需要一个怎样的团队来驾驭这一模式呢？很快，建立一个“皇家KEC精英学院”的概念在我的脑海中诞生。对！由良师益友组建一个“皇家KEC精英学院”，全国每一个地级以上的城市设立“皇家KEC精英学院XX分院”，分院隶属皇家KEC精英学院。皇家KEC精英学院统一向全国分院提供：统一的品牌运作模式、宣传资料、课程内容、授课方式、授课老师输送或者培训，以及全国性的品牌推广支持。每一个分院的加盟商必须缴纳一定额度的品牌加盟费和保证金，皇家KEC精英学院将在每年的年终与分院进行利益分成，具体以科学的比例为准（涉及经销商政策，此处不详述）。

这个策略的执行过程比较艰难，原因在于这是我第一次接触教育领域，没有任何一点经验可以沿用，而且这个项目本身带有巨大的探索价值。我甚至在想，如果“皇家KEC精英学院”真的几年后在全国做得风生水起，其教育模式真的能对中国当前不健康的教育模式产生影响，国家教育部门又该如何看待“皇家KEC精英学院”的地位和未来呢？

六、传播九连环，环环扣核心

虽然很多人对营销策划的概念都耳熟能详，但真正理解营销策划的人我相信不多，因为市场发展到现在，营销策划已经不单单是一个创意策略那么简单了，它已经成为“由一个精准的策略，带动整个企业发展”的一整套系统策略行为。“皇家助教”的策划实实在在地涉及了策略执行的每一个环节。

我曾经在多种场合说过这样一句话：“验证你的基本营销策略是否正确，看策略的推广创意来得容易不容易，如果很容易就能找到的，那么基本策略正确，如果很难找到合适的推广策略就说明策略不准确。”“皇家助教”的品牌传播思路自这个品牌诞生的那一天起就已经呈现了，在完成了上述几个策略的执行后，我们很快围绕着快速提升品牌知名度、促进产品销售两个层面进行了系统的创意策略设计。

考虑到良师益友这个项目前期投入太多，在传播费用的投入上已经是非常小心了，我想他们也不希望我设计大手笔的传播策略，虽然那样的话将为项目的推广成功提供更强有力的保障。因此，我设计了以新闻公关和事件营销为核心的“皇家助教九连环战术”，以确保全国经销商在实体产品和虚体产品销售中有系统的策略方案保驾护航！

(1) 曝光负面新闻，为“皇家助教”和“KEC”开路。

在策划过程中，我们从新闻中发现，有很多学生因学习压力太大而导致轻生或者离家出走而踏上犯罪道路。我们稍微在百度上一搜索就获得了上百条类似的新闻，连在一起阅读简直耸人听闻。这时我们聘请的教育专家开始登场了，他们将利用博客、网站专栏、报纸专栏和教育类杂志等媒体，针对每一个负面事件进行诊断和点评；同时我们也邀请一些文教方面的记者对这类事件进行深度跟踪报道，从而引发全社会对中小学生应该采取什么样的健康教育进行深入的讨论，为下一步展开教育体制大辩论埋下伏笔。

(2) 举办教育论坛，引发中国教育体制大辩论。

中国教育体制存在问题这几乎全民皆知，但是，中国究竟该推行什么样的教育体制，究竟应该在哪些方面进行创新，要不要全盘照搬西方教育模式等，这些问题始终没有结论。教育关乎一个国家的命脉，不是随便哪一个专家哪一个机构想改就能改的，举办论坛的目的就是要让关心中国教育发展的社会各界有一个集体出声的机会，为教育部门提供有建设性的创新思路。

“皇家助教”将以赞助商的身份赞助这一论坛，并在论坛上正式推广自己的“KEC”教育理念和授课方法。“KEC”也将是本次论坛上的一个探讨热点，届时会有全国各地的记者采访这一教育盛事，而良师益友营销团队将会充分利用这个热点大肆传播“皇家助教”品牌。

(3)“皇家助教”寻找逃课生，“逃学威龙”不再受歧视。

社会上有很多学生因为个人原因、家庭原因和学校原因乃至某些社会原因而不愿继续上课或者故意逃课逃学。这些学生被家长、学校、同学乃至社会所歧视，他们的心灵和性格遭受了不健康的待遇。“皇家助教”寻找“逃学威龙”是为了帮助这些学生及其家长树立正确的教育观念，给他们做心理辅导，促使孩子身心健康发展，重新接受正常的教育。“皇家助教”将向每一位“逃学威龙”赠送“皇家助教辅习机”或赠送“皇家KEC 精英课”。

“寻找逃学威龙”不是一个短期的促销活动，而是一个具有战略意义的长期专题活动，我甚至建议良师益友专门建立一个“逃学威龙”网站，来帮助那些需要帮助的逃课生和他们的家长。目前这一计划已经纳入“皇家助教”的营销传播战略中。

（4）“KEC”课程观摩研讨，中西方教育理念大 PK。

“皇家助教”和“KEC 精英课”核心的理念来自英国伊顿公学院的“KEC”教育理念，中西方在思想观念上的差异早在历史上就已经呈现：西方讲究的是理解力和感悟力，中国讲究的是知识的积累；西方讲究才能的发挥，中国看重的是文凭和学分；西方注重性格的塑造，中国注重品德的培养……这些差异也直接导致了我们在科学、军事、政务、商业和社交等方面存在巨大的观念差异。

“KEC”教育理念在中国的传播，必然会引起社会各界的关注，所以，我们专门设计了一个“KEC 现场观摩研讨会”，邀请国内教育部门、政府官员、教育专家、知名教师、媒体记者、学生家长和部分学生现场聆听，并就 KEC 课程的战略意义进行探讨。“皇家 KEC 精英课”只有让教育权威接受才有可能让社会接受。

（5）寻找昔日高考状元，分高就更有前途吗？

每年高考都诞生所谓的“高考状元”，甚至有不少学校和地方教育部门会众星捧月一样追捧获得高分的高考状元。追踪这些昔日的高考状元多年之后各自的生存发展现状是很有意义的事，也是比较容易出现故事的活动。

“皇家助教”寻找高考状元的重要意义不在于表现这些高考状元的现状，而是通过追踪他们的现状来反映更为深刻的一个问题：分数高的高考状元，真的比分数低的学生更有能力或者更有前途吗？考试分数也许会决定一个人的命运，但“KEC”教育的重点不是应试表现，而是注重才能的发挥和知识的运用。高考状元的个人发展无疑最能体现出应试教育的真实结果，也更能衬托出“皇家助教辅习机”的“KEC”理念。

(6)“KEC”课程广告浮出水面，助力终端辅习机销售。

在经历了几个重大教育事件的传播之后，“皇家KEC教育学院”的“KEC精英课”正式开课，分布全国各大中城市的“KEC分院”将进行大张旗鼓的课程招生工作，每一个城市的主流报纸媒体和网站将打出“KEC精英课”的招生广告。而这个时候，“皇家助教辅习机”的经销商们也已经把产品送到了全国各个销售终端，“KEC精英课”的大规模招生广告，无疑会给终端的“皇家助教辅习机”产品带来巨大的促进销售作用；而“KEC精英课”广告上也将出现“皇家助教”品牌和“皇家助教辅习机”产品实样。同时，经销商在终端销售产品时也促销“KEC精英课”优惠卡，形成相辅相成的互动传播效应。

(7)皇家助教软硬兼施，主题广告全线出击。

相信通过上述事件的冲击，社会上对“皇家助教”和“KEC教育”的舆论有了一个预热期，这个时候正面推出“皇家助教”品牌形象广告是一个非常适当的时期。为了尽快让学生家长信任并加入皇家助教的KEC行列，皇家助教将通过“楼宇广告”“公交车广告”“DM直递广告”及网络广告等，进行全方位的品牌轰炸，促使“皇家助教”品牌正式走入社会，走进每一个学生和家长的心灵。

为了辅助“皇家助教”的品牌推广，精心设计的各类软性文章也将一一推出，如“良师益友总裁访谈”，“关于学生应该接受什么样的教育”等，并开通“皇家助教”博客。

(8)专家质疑KEC教育方法，皇家助教再起风波。

一波未平一波又起，我在设计企业的整合营销传播策略时，一直喜欢把握整个节奏，皇家助教也一样。我希望一旦一个品牌诞生，就要让它在社会中的影响力持续上升，而且这个上升的势头不可以太快也不能过慢，就像一个明星，遭冷落的时候就需要来一点绯闻。

我相信真理是通过争论而变得更清晰的，皇家助教不可能一路飘红一片叫好，所以干脆直接针对“KEC教育”来一次正面的交锋，由专家认真总结KEC教育方法在中国的可行性，从而对此提出部分质疑，促使社会再次正视 KEC 教育与中国传统教育。

如果你认为我这是故意制造事端，我也承认，但假戏也得真做，所以，皇家助教必须要经得起社会的质疑和历史的检验，毕竟，教育关系到一个国家的未来！

（9）皇家助教奖学金，帮助贫困地区学生。

为了提升皇家助教的品牌美誉度，良师益友专门设立了“皇家助教奖学金”，将从“皇家助教辅习机”和“KEC 精英课”的利润中拿出部分作为奖学金，奖励给一些优秀的学生和支援贫困地区的学生。适当的时候，皇家助教还将与贫困地区和灾区进行点对点的扶贫帮教工作，如赠送“皇家助教辅习机”，派出优秀教师免费提供“KEC 精英课”等，以实际行动帮助没有能力求学或者没有条件享受到 KEC 教育的贫困地区学生。

“皇家助教奖学金”也是一个战略性策略，每年会评选出一些有特殊才能但却在考试中落榜的学生，为他们提供力所能及的帮助。

除了上述九连环的推广策略外，各种临时性的促销活动和应时推广活动也会随机而变顺势推出，主要是确保经销商在各个区域的产品销售顺利进行。

“营销推广九连环”完全是以网络传播为核心的系统传播战术，通过这么一套系统的战术，我想达到两个目的：一是先声夺人，在 ELP 市场高调建立“皇家助教”品牌形象，同时抢占由步步高和好记星霸占的传统学习机市场，遏制对手的市场销售，为自己的市场竞争创造制胜的机会；二是快速把“KEC 精英学院”这个新产品的渠道网络建立起来，在确保自身盈利的前提下，为“皇家助教辅习机”在终端市场的销售助威呐喊！

策略方案的实施效果要看两个团队的磨合和执行效率，对于一个从没有驾驭过的项目，良师益友和双剑都感受到了巨大的挑战。

七、“皇家助教”策划感想

ELP 行业对于我来说并不陌生，但也不算深入，2006 年我与深圳学之友合作，针对学之友一款在当时来说比较优秀的学习机进行了新产品上市的策划。当时基于学之友这个品牌的老化及目标人群对学习机产品的信任度下降，加上调研时发现学生普遍对课外还要进行自我教育有厌烦情绪，我在策划时这样想：假设学生是讨厌学习的，那么我们的机器该如何让学生喜欢呢？后来我大胆改变产品名称，直接起名叫“全真教英语学习机”，并大胆地将武侠元素引入产品设计和营销推广，在华山开招商会时引起轰动。

时隔5年之后，再次操刀策划学习机产品，这一次的策划似乎更彻底，不光名称改头换面、内容有所创新，更在企业的盈利模式上进行了突破性创新，为良师益友创造了一个新的盈利产品，同时也设计了更符合其发展的蓝海战略。这再次证明我做策划绝对不会沿用经验，而是依靠横向思维来寻找更多更好的商业创意。

皇家助教的策划项目已经顺利进入了招商执行阶段，现在来论策划的成功与否似乎太早。对于双剑与良师益友来说，合作的效用已经产生，但真正的利益还没有完全体现，所以，作为策略提供方，我将带着我的双剑良师益友项目组，继续深入地配合良师益友营销团队，将上述策略不折不扣地付诸实施完美执行。因为我一直固执地认为，策略诞生只是一半的成功，把策略完美地执行并产生实际的预期效益才是真正的成功！

【策划感悟】

很遗憾，这又是一个未被完全执行的策划方案，尽管我们在策划方案中设计了很多带有巨大创新价值的营销策略，但这个方案最后依然没有被投入运作。企业方的担忧如下：1. 企业只是一个以技术研发为核心的公司，在营销上的力量几乎为零；2. 即使有双剑配合运作，他们也只能在销售产品方面进行全国运作，但要驾驭全国的各类培训机构或者驾驭如方案中的双轨制市场，实在没有成功的信心；3. 企业担心招商投入的费用成为泡影，总之，对前途信心渺茫。

双剑虽然一直力主企业在投入风险能够控制的前提下，尽量对一些全新的策略进行尝试，因为一个策略在实施以前，谁也无法担保它一定能成功或者不成功，唯一有价值的证明就是积极的尝试。但双剑也一直很尊重企业客户的选择，良师益友最终选择将产品外包给另外一个策划团队进行招商运作，将我们的创新方案完全弃之不用，无论我做何努力大局也未能挽回。

即使如此，这个产品的招商运作依然失败了，这个招商团队似乎也没能达成企业想要的目标。后来企业的营销总监也从良师益友公司离职，并告诉我说，这个项目流产了，产品技术已经卖给了某个教育公司，企业依然只专注于软件技术的开发。

我听到这个消息后，叹了一口气，感触良久……

参与这次策划的项目组人员是：王剑、邵海清、周艳、彭小松。

案例八
果冻产品
——寻找卖点，
拓展消费人群

合作企业：东莞市金娃食品工业有限公司

客户对接：金娃食品董事长蔡霜竹

【案例提要】

策划案例中的渠道招商策略在2014年2月全年展开，方案是否能产生计划中的实效，现在我们也无法保证，但是，从我们对市场营销的经验把握和客户对营销策略的敏感度来看，目前案例中的各项策略都令我们满意。无论最终结果如何，到目前为止，我们双方都很满意，这说明，我们已经走出了成功的第一步。要想确保执行效果与案例中的策略预期一致，我们相信，还需要双剑团队与企业客户的营销团队共同努力，才能真正创造辉煌。

一、合作背景——一次愉快的合作洽谈

第一次接触果冻行业是在2005年春天。当时我独自一人飞到福建泉州，应邀拜访了“蜡笔小新”果冻食品公司，与该公司董事长、总经理郑育双有过一次针对营销策划方面的深入交流。当时蜡笔小新果冻正遭遇市场困局，销售总额刚突破亿元，所以需要外脑公司给予营销上的配合。我回来后也基于对果冻行业的了解给出了一个合作思路，很有可能当时的报价比较高，又或者郑总还有其他的选择，总之，后来也没有再联系，合作之事也就不了了之。

2013年8月25日下午，我正在江苏连云港出差，拜访当地一家保健酒企业，在与该企业管理层交流保健酒营销的一些构想时，我接到了东莞市金娃食品工业有限公司（以下简称金娃食品）的营销总监刘勇先生打来的电话。他在电话中简单讲述了该公司的现状及想与双剑进行营销策划方

面合作的初步想法。我因与连云港的客户正在交谈中，不便长时间接听电话，就初步交流几句后，约定一个小时后再回电给刘总。

一个小时之后，我回复了刘总的电话，刘总在电话中简单介绍了金娃果冻产品的一些基本情况，并回答了我提的几个问题，随后我跟刘总约定，我下周返回深圳后立刻安排去东莞面谈合作事宜。

回到深圳后，我第一时间与刘总取得联系，刘总也与金娃食品董事长做了时间上的安排，决定于 8 月 30 日上午 10 点左右，在金娃食品公司与金娃食品董事长和管理层做面对面的交流。

挂了电话，我就上网查询了金娃果冻的网络信息，发现上海杰信品牌咨询公司和特劳特定位咨询公司及广东省广告公司等三家专业外脑机构曾经先后为金娃食品提供过专业咨询服务，这让我对金娃之行更加重视起来。

这家 1993 年创立的专业果冻食品公司，为什么 20 年来一直没有在市场有大的作为，年销售额只有区区 1 个多亿？三家在媒体上名气很响的专业外脑机构，都曾经为金娃食品提供过各种咨询服务，为什么却未能给金娃品牌带来市场销售的大飞跃呢？此次金娃食品再度寻求外脑合作，究竟需要我们解决哪方面的问题呢？

我初步计算了一下，这三家专业咨询公司，无论最终是不是合作到底，一定耗费了金娃食品不少的服务费用，以平均每家 200 万元计算，三家公司就要耗费金娃食品 600 万元纯利润。如果他们的合作是有成效的，那么金娃食品的市场表现不会是现在这样；如果没有成效，那么金娃食品董事长和管理层为什么还能继续信任外脑公司？继续寻求其他外脑公司的合作呢？

总之，我心中的疑惑太多，我也需要在面见金娃董事长的时候寻求到正确的答案。8 月 30 日，我应邀抵达金娃食品公司，在营销总监刘勇的陪同下，先是参观了金娃食品正在生产中的车间和等待扩建的新工厂及公司办公楼和产品陈列室，然后才在董事长办公室与董事长蔡霜竹先生进行会晤。

蔡董事长先是粗略介绍了金娃果冻 20 年来的历史发展情况，包括以前合作过的几家营销策划机构，然后也谈到了金娃食品当前的市场困局，以及公司未来的发展构想，并询问我有什么更好的策略思路。

因为做足了功课，来之前自己也对金娃果冻进行过市场假设，所以，面对董事长真诚的邀请，我也不慌不忙地做了陈述。当然，我还是先介绍了双剑的营销策划理念和手法及与其他策划公司的不同之处，并简要地讲了几个食品案例呼应双剑的策划理念。因为是第一次见面，我怕我讲得太多反而会产生负面作用，所以我讲得很简略，但详略得当。我强调了关键点，尤其是我讲到针对金娃果冻未来营销策略上的假设性构想时，讲得比较慢也比较有节奏感。当我提出对策划金娃果冻的一些初步策略构想时，获得了董事长的高度赞赏，或者说，对应了他心中对策划机构的一些要求。我的构想中最关键的是涉及两大策略，一是如何把产品策略设计成具有秒杀顾客能量的尖刀产品，二是运用徒手营销力量，以低成本进行渠道扩张。我特意狠狠地将品牌传播的重要部分即广告策略从我的策划构想当中剔除出去，也正是这一条，引起了董事长的强烈兴趣。然后我就把我的横向思维创新策划思想顺势告诉了董事长。

我们的交谈很愉快，一个小时之后，我们的交流就切入正题，即合作的具体问题。我思考了之后，真诚地提出了本次合作的服务内容和相应的服务费用，并且报了一个每月十几万元的服务费用。董事长也很豪爽，简单做了一个高姿态的还价，被我接受后就一锤定音，随即当场敲定了双剑与金娃食品的营销策划合作方案。

2013 年 9 月 12 日，双剑策划与金娃食品在金娃公司会议室举行了一个隆重的签约仪式，同时宣布项目正式启动。

二、内部诊断——对企业全方位的了解

品牌诊断：在我的安排下，项目组先是对金娃食品的内部组织情况进行深入的了解。我跟董事长和刘总再次做了较为深入的正式交流，询问了一些情况，例如特劳特定位咨询公司为金娃食品提供的“无添加”的品牌

定位策略。这个策略不管有没有在市场上产生作用，金娃都一直沿用至今，金娃的全部产品包装上都印刷了“金娃果冻——不含防腐剂”这句品牌定位语。

作为咨询界的同行，我没有对这个定位做出评判，因为遇到有同行公司先前提供过营销服务的情况，我的习惯是不做对错式的评判，而是以自己后面的策略力量来证明策划同行的策略恰当与否。这是比较明智也是尊重同行的正确做法，至少我是这么想的，也是这么做的。

金娃品牌的标志是用毛笔写的黑色书法字体，没有英文，品牌图标符号是一个儿童卡通形象，这符合金娃品牌名称。如果不做解释，我相信很多人会以为金娃食品是一家专业生产儿童食品的企业，但是，金娃并没有这么定位，而是定位于无添加的生产工艺上，虽然我没问这是为什么，但我相信其中总有一定的原因。

在问及金娃品牌推广方面的问题时，董事长和刘总也坦诚相告：一直没有做大的投入，整个市场几乎就是依靠自然的销售力量在维持。

产品诊断：在生产工艺上，我也了解到金娃果冻与众不同的一面。从原料上，金娃果冻不计成本，引进从海洋植物纤维（海洋微藻）中萃取的高级食用凝胶物——卡拉胶和魔芋胶，在整个生产过程中均不添加化学防腐剂。应该说，金娃果冻是一种非常健康的营养食品，因为海洋微藻是一种膳食纤维，含有多种人体必需元素，富有多种维生素，它的特点是热量低、易消化。

但由于这些优秀的产品特点没有被完美地表达出来，所以一直不为人所知，网络上很多消费者以为所有果冻都是用工业明胶制成的，认为多吃不健康。

产品的包装设计也没有出位的感觉，与其他产品相比没有什么不同，唯一不同的就是在包装上印有“金娃果冻——不含防腐剂”的字样，但在色彩、字体及图像处理等综合感觉上又要比喜之郎等一线品牌逊色不少。

渠道诊断：在渠道问题上，我问得比较多，两位老总的回答也很坦诚。目前全国各地几乎都有金娃食品的经销商，但经销商的渠道实力很弱，无法托起公司的销售要求，所以在北上广等大城市的大型 KA 卖场都没有产品进入，只在一些二三线城市的流通渠道才能见到金娃果冻。他们告诉我，这些经销商都与金娃有好多年的合作历史，所以彼此关系都不错，只是由于金娃没有对渠道做大的推广或者提供足够的支持，大部分经销商是凭着这点关系才维持的，而不是靠科学的渠道管理和激励政策推动的。

广州和深圳市场刚开始有合作商逐步进入大卖场，但也只是进入了一个条码，卖场中没有采用堆头和专柜，所以影响力大不如喜之郎、蜡笔小新和徐福记。

更让人疑惑的是，这么多年来，金娃食品一直没有开过经销商年会，经销商都是凭自己区域的销量按需进货和付款。

销售诊断：目前金娃食品的销售人员有 100 多人，分布在全国 14 个办事处，平时很少回到公司。因为公司没有战略性营销推广活动，所以也缺乏对营销人员在营销技能方面的专业培训，人员流动变化也大。

销售总监也一直处于变化当中，十多年来已经换过无数个总监，这也导致在销售管理方面形成一定的松散状态。

目前全年的销售额一直徘徊在 1.5 亿元。

从企业内部诊断的结果来看，金娃食品的基础还可以，但无论是品牌还是产品，都缺乏与顾客相关联的整合点，且在市场上久未有明显的动作，导致行业已经对金娃食品的存在甚至忽略不计。

而“无添加”的品牌定位策略似乎未能改变金娃果冻在行业中的地位，消费者似乎不买账，因为有无添加卖点的品牌产品多如牛毛。

三、外部调查——掌握市场第一手信息

在完成企业内部诊断之后，项目人员又兵分三路深入市场，开始对果冻消费市场进行全方位的调研。调查的结果增强了我们对金娃果冻项目成功的信心。

行业现状：近年来，受制于“明胶”事件的影响，果冻行业的创新发

展一直略显不足，发展态势一直处于低位徘徊。不过随着进口食品对果冻布丁行业的冲击日渐明显，国内果冻行业创新仍出现了部分变化。

行业格局：果冻作为舶来品，自 20 世纪 90 年代进入中国市场以来已有 20 余载，最初定位于休闲食品，至今也没有发生多大的变化。目前国内果冻行业的整体发展比较平缓，竞争趋势暗流涌动。表面上看起来风平浪静，没有打广告战、价格战，但是每年新品牌涌现也不在少数。俗话说“人多力量大”嘛，果冻行业整体市场仍保持上扬势头，而且随着外来品牌的进入，果冻市场占休闲食品的份额将会逐渐扩大。

竞争态势：低价竞争在果冻行业是不能避免的。各行各业都存在着低价冲量产品，果冻市场也不例外。不过现在大多数果冻厂商更注重多样化发展，产品线日趋丰富。不但有低价占市产品，同样也有高价形象产品。所以说低价竞争是在所难免的，但是日后各厂家的重点再也不会仅仅是低价战场了。

市场分布：主要是国内三大果冻企业的市场表现、渠道选择及市场分布。我国果冻的品牌集中度较高，喜之郎、亲亲、蜡笔小新、雅客、金娃、马大姐、天线宝宝等果冻十强品牌占有 60% ~80% 的市场份额。说到果冻，就不免谈到国内三大果冻企业，即喜之郎、蜡笔小新及亲亲。

品牌影响：喜之郎的品牌力非常强大，长期占据果冻第一品牌地位。喜之郎的市场覆盖率高，占领大多数渠道终端；产品线丰富，覆盖儿童及年轻女性消费群体，拥有大量忠实消费群体；质量稳定，口感普遍反映不错。亲亲产品线丰富，类同于喜之郎；在大中型卖场中覆盖率高；广告投入量大。蜡笔小新果冻比较贴近儿童，也凭借着这一优势及良好的推广在新一代的消费者当中获得了一定的市场份额。但几大果冻品牌目前都存在着如下问题：果冻品项庞杂，产品同质化；同一价格水平的产品密集型排列，价格分布档次不明显，难以覆盖各层次需求；产品的价格趋同，同时造成各单品的溢价空间低，产品线的利润增长受限，渠道发展存在不均衡现象；虽然某些果冻品牌的现有推广形式很好，但缺乏资源整合累积品牌力。

不过中国果冻行业毕竟经过了 20 多年的发展，其消费市场日趋成熟，品牌分布格局基本稳定。从国内几大果冻品牌企业的生产布局来看，各大企业的市场分布区域也趋于稳定。

品牌推广：果冻推广活动较少，营销手段比较粗放。渠道终端果冻的推广活动做得很少，只有少数果冻新品有上市试吃活动。果冻企业需加强产品创新能力及营销创新能力。

目前市场上的果冻产品的广告宣传主要针对儿童和青年女性，同时广告诉求感性多于理性，缺乏对产品质量和有益健康方面的诉求。

另外，果冻产品注重外观时尚漂亮，因为很多年轻时尚女性购买产品，不是因为产品的功能有多好，而是因为产品外观设计得非常漂亮。

行业趋势：来看近两年果冻行业价格变化的趋势及其原因。果冻行业从整体来讲，价格呈现出上涨的趋势，主要是受原材料及人工的价格持续拉动的影响。因为消费者对果冻产品本身的质量安全和健康因素越来越重视，所以厂家都在健康营养果冻的研发上加大投入，新型的设备及创新性的技术在生产过程中的应用都加大了成本。

包装形态：目前整个果冻行业的包装形式及包装规格都大同小异，以散装称重和单个条码形式为主要特征，缺乏创新性的果冻外包装。与其他食品包装相比，果冻的外包装千篇一律，变化性不足，没有让消费者眼前一亮，引起购买的冲动。果冻的消费趋势越来越注重天然、营养、健康，不含防腐剂，这是不争的事实，也是食品企业积极努力的方向，希望中国食品企业主们能真正把“良心”战略提升到企业层面来运作。

产品创新：果冻产品跟风严重，产品创新及营销创新不足，多数企业没有自己的特色主打产品。目前市场上，不同的品牌果冻种类都差不多，从口味、包装，甚至名称都大同小异。果冻造型相同，果冻包装上面的图案类似，几乎都是一张水果图加一系列几乎相同的单品名称。

消费者反馈：近年来果冻明胶事件和果冻噎死孩子的事件不断曝光，导致很多家长不敢随便给孩子买果冻吃。果冻产品本身的安全性越来越被人们所怀疑。

果冻的产品原料和营养价值不被大众熟知，广大消费者普遍认为果冻是由明胶、防腐剂、色素及糖精做成的不健康、不安全的食品。果冻企业需要投入大量广告向消费者宣传果冻的生产原料、生产工艺及卡拉胶的营养价值等。

很多消费者认为吃果冻很费劲，不容易撕开果冻的封口。需要借助剪刀来剪开封口。另外果冻的汁液容易溅出来并将手弄脏。这也同时涉及果冻的食用方法及包装的改良问题。

大部分消费者认为果冻中的凝胶物原料为工业明胶，觉得食用果冻是不健康的，因此很少食用。还有的人怕胖，总觉得多吃零食对身体不好。

果冻原来是为儿童提供的一种易消化的休闲食品，后来因为媒体的误传而导致消费人群由儿童向青年女性倾斜，所以目前果冻消费者的主力军实际为青年女性。

大部分消费者都喜欢在春夏温暖季节食用果冻产品，导致秋冬季节成为果冻销售的淡季。尤其在北方市场，淡旺季现象非常明显。

消费者心目中最好的果冻依次为：健康的、有营养的、好吃的、不易发胖的、有美容功效的、无副作用的……

四、产品策略——尖刀产品策略的设计

2013 年 9 月 26 日，各路市场调查人员纷纷回到了深圳双剑总部。我除了出差顺路走访了北京、广州外，还在深圳和香港两地特地走访了几个大卖场，以一个普通顾客的身份，观察果冻产品在终端市场的各种表现和消费反映，并通过微博和微信，进行实时调查，所以也掌握了果冻市场的大致情况。

第二天，我就召集全体项目人员，封闭在酒店房间，准备以头脑风暴会的形式，为金娃食品的未来创造一个能快速赢得消费者青睐的尖刀产品。这是我在为任何一家企业做策划时首先想到的问题，因为只要尖刀产品诞生，那么后续的渠道问题和传播问题就比较容易解决，从而也就能达到低成本营销推广的目的。

我把问题的焦点放在以下几个方面：

（1）如何为金娃的果冻产品创造一个能快速让消费者辨认又能令消费者喜欢的优质产品概念；

（2）金娃品牌的第一特征是儿童食品，尚不足以覆盖到女性消费群体，希望能为年轻女性专门创造一个合适的专属品牌；

（3）金娃品牌原有的“无添加”定位可以改变成产品卖点，而不再是品牌定位，也就是说，创造新的品牌必须要有新的定位策略。

而金娃品牌，我就想让它成为一个企业品牌平台，同时金娃果冻可以专业生产针对儿童市场的果冻产品，未来还可以不断向其他儿童食品延伸，这是一个大致的品牌规划。

通过整整两天的头脑风暴，最后我们终于突破思维的障碍，创造出了一系列全新的产品策略。

产品定位：美容养颜果冻。根据市场调查分析，大部分女性消费者希望果冻产品具有美容养颜的功效，其实，金娃果冻产品中的核心原料“卡拉胶”和“魔芋胶”是由海洋微藻和陆地植物提炼出来的精华物，富含膳食纤维和其他维生素，特点是热量低，有助于消化。也就是说，果冻中蕴含的膳食纤维和维生素本身就具有明显的美容养颜功能。所以，金娃果冻新产品，定位于美容养颜是有一定的内在逻辑和科学依据的。

但是，因为食品无法在产品包装上标注带有功能字样的文字，所以，美容养颜产品只能是一个产品定位，如果想要让目标顾客知道，就需要在产品品牌名称、产品卖点和广告语方面进行弥补配合。

产品品牌：魅力食族。针对女性品牌美容养颜果冻，这个品牌名称就非常重要，我们着眼于消费者食用了这个果冻之后的反映，创造了“魅力食族”这个品牌名称，既符合产品的目标人群，又暗含了这个产品的内在力量，同时女性味道十足，所以感觉非常吻合。

产品卖点：低热量、高营养、易消化。基于产品核心原料与生俱来的营养功能和食品特征，我们轻易就找到了相对比较简约、通俗又到位的产品卖点。经过企业与双剑的反复论证，最终我们只采用了“低热量、易消化”两个卖点作为产品的主推口头卖点。

技术卖点：海洋植物萃取精华，不添加化学防腐剂。工艺和技术性卖点是相比于普通产品卖点更为理性的一种诉求，在双剑的策划中，经常适用于产品区隔类别概念的图标之内，有助于消费者在终端挑选产品时，影响到消费者的购买决策。

区隔概念：纯植萃。产品质量区隔概念是双剑尖刀产品策略的主要特征，“纯植萃”三个字将由金娃公司注册成商标予以保护，同时将由设计师，将“纯植萃”和“技术性卖点”整合到一个特定的区隔符号中。

品牌定位：营养新果冻。双剑不同于其他策划公司的特点就在这里，我们不是先入为主地为某个品牌确定定位策略，而是先找到突破的点，然后看这个点能否支撑这个品牌的定位。现在产品策略已经诞生，从此也可以看到，“魅力食族”果冻是完全区别于现有果冻的一种全新产品，具有独家创造的“纯植萃”技术，由此可以将健康营养新果冻作为魅力食族的品牌定位，也算是信手拈来。

品牌口号：越吃越美丽。既然魅力食族是一种全新的、具有美容养颜功能的健康营养果冻，那么对于女性来说，没有什么比让自己更美丽的诉求来得更吸引人，所以，广告语“越吃越美丽”也就被我们再次创造出来，以吻合魅力食族品牌的精确推广；同时，产品定位的美容养颜果冻，通过广告语“越吃越美丽”的暗示给完全表达了出来。

品牌形象：三个性格迥异的美丽女孩。当产品策略层面的各个点基本完成的时候，我们的脑海里就自然浮现出魅力食族的品牌形象来，于是，将三个性格迥异的女性形象作为魅力食族品牌形象代言再好不过了。

产品包装：启用美女头像，增加“纯植萃”标志。传统的果冻产品包装设计，几乎就是水果图案加文字和色块，我们特意为魅力食族的新产品进行全新的包装设计，第一个采用女性美丽头像作为主形象进入产品包装，同时在颜色上尽量表现得更炫更灿烂，使得魅力食族的产品完全吻合它的品牌名称，真正的魅力十足！

产品创新：为迎合美女吃货的需求，我们与金娃果冻的技术人员一起，开发出了很多具有创新价值的新产品，如高营养的“爆汁果汁果冻”“营养粗粮果冻”，具有降火功能的“冰糖果肉果冻”，以及美味可口的“香滑优酪果冻”等八大系列产品。

价格策略：魅力食族的产品价格，因为独特的原料和配方赋予了果冻不同凡响的营养功能，所以价格要比喜之郎等品牌高，也就是说，以果冻行业第一个高级产品形象问世，以此来衬托魅力食族果冻的与众不同。

上述尖刀产品策略很快被我们制作成 PPT 提案，向金娃食品管理层宣讲提交，获得了金娃食品全体管理层的一致认可。由此，金娃食品的尖刀产品策略全部完成。

五、渠道策略——解决销售网络的策略

渠道构思：金娃食品已经有现成的渠道通路，尽管各销售终端的表现不尽如人意，但在考虑魅力食族产品的通路时，我还是有一些大胆的构想：

（1）金娃原有的渠道经销商继续销售金娃的果冻系列产品，魅力食族品牌的果冻产品建立新的渠道销售网络，也就是全新招商，由零开始；

（2）沿用金娃原有的销售网络，并在此基础上拓展新的经销商客户；

（3）剔除金娃原有销售网络中的弱小经销商，留用一些有实力、表现也不错的经销商，加入到魅力食族的渠道中来。

最终我们选择了第三个思路。

渠道策略：制定“抢占北上广，覆盖县市级”和“一个城市，两套班子”的渠道策略方针。

“抢占北上广，覆盖县市级”是指，魅力食族产品由于定位比较高，而且是果冻行业的一次具有突破性的创新，所以，毫无疑问，我们的主阵地在北上广一线和省会城市，拿下这些城市的 KA 卖场，是魅力食族渠道策略的第一要点；

同时，为了确保城市市场的全覆盖和一定的销售网点密度，我们将以“一个城市，两套班子”的策略，进行城市渠道布局，即每一个城市选择两个经销商合作，以各自的核心能力不同为依据，各自耕耘 KA 渠道和流通渠道，彼此弥合互补。

老客户整合：促使原有经销商队伍增强销售能力。金娃食品原有经销

商队伍虽然远没达到2014 年金娃食品营销目标的要求，但因为已经与金娃食品有多年的合作经验，彼此知根知底，只要政策吻合，金娃食品策略得当，通过一定的手段进行整合，还是能够把这支队伍的销售能力进一步增强，为金娃食品 2014 年的销售目标解决一部分压力的。我计划通过实施全方位的经销商服务和完美的经销商支持，通过产品组合创新，促使这支老经销商队伍大幅提高销量。如果销量能翻一番最好，如果不能，差不多能保证 30% 的增长，也已经可以缓解全年的销售压力了。

新客户拓展：金娃的老客户因合作时间久了，难免会有一些疲沓，缺乏对市场的激进精神，所以，我想借新产品品牌魅力食族的上市，吸引一些有足够分销实力和渠道管理能力的优秀经销商进来，通过完善金娃销售队伍对渠道的管理能力和支持力度，使新进入合作的经销商成为一支销售的生力军，至少在抢占主要城市的 KA 卖场方面能做出较大的贡献，这方面的任务，想通过轰轰烈烈的渠道招商活动来解决。

春季糖酒会招商：2014 年 3 月份的成都春季糖酒会是一年一度食品行业最隆重的大型交易展览会，届时厂商云集，而全新的“魅力食族”新果冻产品，也确实需要一个全新的亮相舞台。我们将通过经销包装策划，让魅力食族在糖酒会上一炮打响（因为涉及策略机密，糖酒会招商策略的细节在此不一一披露）。

广告招商策略：为了能吸引更多有分销实力的食品经销商加盟魅力食族，我们还计划在营销专业媒体和食品行业媒体发布强势招商广告，将魅力食族的全新果冻产品及具体的渠道运作思路，向全国各地的经销商公布，选择的传统媒体为《销售与市场》《糖烟酒周刊》及《中国食品》；与相应的营销网和食品行业网和招商专业网进行合作，除发布招商硬广告外，大量发布产品信息的软性文章，以覆盖全国的经销商客户。

第三方招商合作：目前在全国各地有不少专业招商服务机构，有招商外包机构和客户拓展机构等，如果糖酒会招商和广告招商信息不足，或者客户源拓展不够的话，我计划寻求第三方合作，进行定点招商合作，以弥补广告招商在区域方面的不平衡。

地面突击队：为减轻金娃渠道招商方面的费用投入，我们将通过专业招商技能的训练，将金娃的销售队伍训练成业务能力强大的招商队伍，分区域、分目标、限时间地进行地毯式推进，计划通过3~4个月的时间，完成魅力食族的全新销售网络的铺设。

终端动销支持：魅力食族美容养颜果冻是全新的产品，它的很多充满魅力的功能和卖点，需要通过一种快速有趣的方法向广大消费者传递，尤其是"纯植萃"的内涵和与竞争对手产品的独特差异点等，因此，双剑将为金娃培训多支终端（KA）促销队伍，分赴全国各地，配合有合作美誉度和具有较强营销意识的经销商，共同促进终端销售。

专业魔鬼训练：双剑的徒手营销能力，这个时候就可以大展身手。通过对金娃销售人员在客户寻找技巧、沟通技巧和签约能力及终端促销等方面进行强化训练，务必使每一个销售人员都能在一定的时间内掌握徒手营销的基本要领，并在市场上产生威力。

策略时间安排：计划从2014年3月开始进行大规模的全国招商活动，运用3~4个月的时间，也就是计划在7月份完成基本的招商任务。2014年8月开始，进行全面的终端动销运动，包括品牌传播的实施和各种促销活动的开展。

六、传播策略——整合营销传播的策略

品牌传播的基本原则：根据魅力食族的品牌定位"营养新果冻"，我们将此次魅力食族的品牌传播主诉求锁定在以"纯植萃"为支撑的"美容养颜"（消费者利益）上，但作为一种休闲食品，过分强调功能反而会引起副作用，因为，从来没有消费者会把美容养颜寄希望于果冻上，所以，本次传播的策略是"感性作势、理性呼应"，也就是说，传播的诉求点是感性的，但它的支撑点是理性的，这样才能让在空中飘荡的传播信息落到销售的实处。

整个整合传播策略的设计原则是以新闻公关和事件营销等软传播为主、传统硬广告为辅。具体如下：

广告策略：以网络广告、售点广告和楼宇平面广告为主，影视广告为辅；以重点区域和样板市场投放为主，其他市场为辅；以集中时间进行集约式传播为主，其他节假日促销时间为辅。第一个系列广告主题："我是吃货，所以我更挑剔""我是吃货，所以我更讲究""我是吃货，所以我更较真""我是吃货，所以我更美丽"。系列广告将由三个美女作为主形象，分阶段投放；海报和易拉宝广告主题："吃货总动员，我要纯植萃"。

第二个系列广告主题："爱我，就送纯植萃果冻吧""对不起，我爱上了纯植萃果冻""你会不会爱上一个果冻女孩"。这个系列广告，将在七夕情人节前在网络、公交车、写字楼和校园媒体推出。

新闻公关：新闻公关的好处是，企业可以利用新闻媒体的力量，通过一个客观的新闻事件，诱惑媒体进行自发式的传播，而新闻媒体的传播有时候比企业在媒体上投放的正面硬广告的效果要好得多。"金娃食品首创果冻'纯植萃'生产技术"是一个值得新闻媒体去挖掘的食品安全新闻，所以新闻公关的操作应该不难。

金娃食品是果冻行业第一个提出不添加化学防腐剂的生产厂家，其核心原因就在于企业的技术创新，金娃食品创造的果冻生产纯植萃技术，通过从海洋植物和陆上植物中萃取精华来解决果冻凝胶原料，从而在果冻生产过程中不再需要添加防腐剂、色素和香精等化学添加物，为食品生产的安全做出了巨大贡献。纯植萃技术将会通过营销专业媒体和食品行业媒体进行正面新闻报道。

事件营销：举办"吃货总动员——我最喜爱的食物"活动和"吃货总动员——寻找最美吃货"网络评选大赛活动。"吃货总动员——我最喜爱的食物"活动，将通过广大网友的互动，评选出最受美女吃货喜欢的10大食物；而"吃货总动员——寻找最美丽吃货"网络评选大赛活动，将通过同样的网络互动，评选出10位最厉害同时又最美丽的吃货。

这两个活动可以同步举行，也可以分期先后举行，可以由金娃食品独家策划举办，也可以邀请相关食品行业的企业、网站和新闻媒体共同举办。活动开展时间为2014年下半年。

促销策略：魅力食族新产品上市之初，由于是一个全新的品牌，知名度为零，如何快速让消费者接受魅力食族的营养新果冻，让魅力食族在第一时间吸引吃货，也就是最能快速接受新鲜事物的意见领袖们，是当务之急。因此，我们专为这些美丽的吃货设计了如下促销策略：

（1）“好吃不好吃，我说了算——果冻试吃行动”——在人气较旺的大型销售终端（KA）设置魅力食族美容养颜果冻试吃点，由魅力食族的促销小姐在现场摆放魅力食族品牌 X 展架和试吃台，对每一个青年女性提供试吃服务，促使消费者对魅力食族品牌和产品进行全接触；

（2）“五四青年节，吃货在行动”——微博转发有奖促销活动，由魅力食族品牌官方微博发起，专业微博公关公司配合执行，通过有奖转发微博抽奖，送出魅力食族纯植萃美容养颜果冻产品和 10 万元大奖；

（3）“最好的果冻是由什么原料制成的?”等果冻知识有奖竞猜，活动将在魅力食族官网、腾讯微博联合展开，将通过设计网络竞猜答卷的方式，对每一位认真填写答卷的网友，赠送魅力食族纯植萃美容养颜果冻及其他时尚奖品；

（4）“买果冻，送苹果”——魅力食族纯植萃美容养颜果冻促销有奖活动，将在重点区域市场的终端和销售网络同步举行。凡一次性购买魅力食族纯植萃美容养颜果冻产品 20 元以上，就可获得抽奖奖券一张。奖品为苹果 iPad、iPhone 等产品。

网络推广：魅力食族品牌目标人群是 15 ~ 35 岁的青年女性，时尚女性的特征标志着网络推广的重要程度。

首先，我们必须要为魅力食族注册品牌博客、微博和微信公众账号，及时传播品牌信息和各种吃货喜欢的美食信息，做到与目标人群在网络的黏性互动。

其次，双剑将在适当的时候，编辑拍摄一部幽默搞笑的吃货微电影，在专业网络公司的配合支持下，通过引诱产生自发的点击观看，造成病毒式传播。

最后，开设魅力食族淘宝网旗舰店，与网络吃货们近距离接触等。

软文投放：为了配合事件营销和媒体广告攻势，我们计划在互联网有目的地投放软性文章，投放的频道将以美食、美容、娱乐和休闲为主。为此我们预先设计了一些软文，届时将形成20篇不同标题和内容的软文手册，供金娃食品和全国经销商自己发布。例如“拿什么拯救你，我的吃货老婆”“吃货，是这样炼成的”“果冻，我喜欢吃美容养颜的”“魅力食族，美丽吃货首选”“我是吃货，可是我怕肥胖!”“曝光一个美丽吃货的瘦身秘诀”“纯植萃的果冻，才是无添加的健康果冻”“吃货们，美容养颜果冻来啦!”等。

以上这些，只是初步的品牌传播创意策略，进入实施的时候，还可能会有更好的策略诞生。总之，我们的想法是在魅力食族品牌产品上市三四个月之后，根据各地的消费特征进行有步骤的滚动式推广。因为我们不想让金娃食品为这个品牌投入太多的传播费用，所以只是选择低成本的技巧性传播，避免大投入带来的品牌运作风险。

七、项目策划后记

金娃食品是双剑创立以后承接的第一个果冻策划项目，在此之前，我个人也对果冻这个行业不够重视，不觉得这个市场有多大，通过策划魅力食族果冻，我才发现，果冻市场的潜力其实很大，像金娃食品原来那样的市场运作，几乎不用多大的努力，每年也能带来1个多亿的自然销量。

在策划魅力食族品牌过程中，我们也走了一些弯路。例如，我们在调查后就立刻感悟到，必须要让消费者知道食用果冻的很多好处，同时也想创造第一个果冻行业的质量类别区隔概念。但很可惜，一开始我们创造的几个概念，例如“鲜维多”，虽然看上去像那么回事，但总是觉得有哪里不对劲，不光在商标注册上有难度，而且，在字面意思的认知上，也没有太多直接的区隔联想，反而会让人联想到鲜橙多。过了一个多月，我们才再次通过头脑风暴会，创造了“纯植萃”三个字，虽然看上去没那么复杂，但对我们来说，确实找得好辛苦。

与金娃食品合作当初确实也有压力，原因是金娃食品曾经与国内多家专业策划机构有过深度合作，那几家策划同行的品牌实力和知名度都要比双剑强大，而双剑的颠覆性创新策划手法，会不会让金娃食品接受，我一开始心里也没底。因为有过相关公司合作在先，有些企业就会先入为主地把我们想象成同类，会以其他公司的做法为榜样，这样我们的新观点有可能不被接受。好在这些顾虑都是多余的，因为事实证明，金娃食品的管理层都有很强烈的创新需求，也很能接受新鲜事物，这让我们更大胆地在策略上进行创新。

这个项目目前正在进行营销策划方案的全方位执行中，虽然从策略角度来说，看上去也没有什么地方是不妥的，但 PPT 上的方案毕竟不能代替最终的执行效果。从方案到执行有一个很长的过程，尤其是，这个过程已经不是仅靠双剑一方就能驾驭或者完成的，需要金娃食品和双剑团队共同紧密配合，组成统一的执行团队，不折不扣地将各项策略一一执行到位，我们才能看到策略在市场上的全部积极反应，不然，再优秀的策划方案，也不过是一张废纸。

读者诸君将在不久的将来，在市场上看到魅力食族的产品，真正领略魅力食族的品牌魅力，希望不至于让大家失望。

【策划感悟】

大家在案例中所看到的所有营销策略都已经被金娃食品全部接受，在写本案例的时候，双剑的项目团队和金娃的营销团队正在紧密锣鼓地执行这个方案，主要表现在招商前的一些策略准备，包括模特的选择与拍摄、宣传物料的设计与制作，以及招商手册、招商广告的文案撰写等都在有条不紊地进行中。

双剑为了第一时间给大家奉献自己的策略精华，所以，将刚出笼的新策划案例写出来与大家一起分享，请广大营销爱好者与我们一起关注魅力食族品牌在市场上的各种表现，同时也希望大家能站在自己的立场给我们提供各种宝贵建议，毕竟，这是一个正在运作中的策划案例。

参与本项目的策划人员：沈坤、万宏坤、邱玲燕、简锦富。

案例九
厨房电器
——让消费者知道你有多好

合作客户：四川格林格电器有限公司

客户对接：格林格电器余董事长

一、达成合作

四川格林格电器有限公司（以下简称格林格电器）2003 年于成都创立。出身艺术专业的余董事长，却对电子和空气动力学技术产生了浓厚的兴趣。他发现了传统吸油烟机无法吸净厨房油烟的原因所在，并充分运用自己的知识储备和市场上业已成熟的技术对传统吸油烟机进行颠覆式创新和技术改造，经过多次试验，终于取得成功并获得多项国家专利。余董和他的技术攻关团队将这款具有颠覆性的新一代厨房吸油烟机命名为“旋流吸油烟机”，格林格电器也因为这款产品的诞生而创立。

2008 年双剑与格林格电器达成战略性合作。合作协议签署后，我与余董事长有过一次悠闲的交流，说悠闲是因为我们俩坐在一个安静而浪漫的咖啡馆里，交流的主题紧紧围绕他所感兴趣的“拿来主义”技术改造。

在舒缓的背景音乐中，他告诉我格林格电器未来的构想。吸油烟机是第一个颠覆现有行业技术局限的新产品，第二个颠覆性产品也已经试制完成，那就是涡轮增压燃气灶。该产品所采用的依然是市场上成熟的现成技术，但却颠覆了当前市场上所有燃气灶的技术高度，涡轮增压灶将在燃气的节能上超越同类产品，并有效提升燃气燃烧度和降低燃气使用率，燃气节能率达到 30% 以上。

“你能想象出手机一样大小的洗衣机吗？”余董微笑着问我，我摇了摇头，感觉不可思议。“对，”他说，“第一次听说的人都会有这样的反应，但在格林格电器却是一个真实的必然，因为我们已经攻克了技术难关，进入后期解决制造问题了。”

“其实其原理是很简单的。传统洗衣机仅仅是采用了分子剥离技术，利用水和化学洁衣剂（洗衣粉）作为媒介，然后模拟人手相搓的原理进行旋转，以达到衣服的洁净。事实上分子剥离技术还可以运用其他原理完成，如超声波、红外线等，这些都是成熟的技术，在格林格电器并非难事……”他说，“我们的技术颠覆性产品源源不断地在诞生：燃气热水器、高效杀菌消毒柜等。这样的技术创新，那些传统的生产企业和品牌是不会去做的，因为一是技术和思想所限，二是现有产品销售不错，何必搬石头砸自己的脚来颠覆自己的成熟产品呢？所以格林格电器注定了是一家颠覆型的黑马企业，我都不知道未来的格林格电器会成为一家什么样的电器公司……”余董的脸上泛出一丝明显的兴奋神色。

说实话，在接触格林格侧斜式吸油烟机之前，我都不知道厨房吸油烟机竟然还有侧斜竖立在墙上的。技术人员告诉我，传统的吸油烟机都是悬吊式的，那是国内厂家最早从欧洲直接引进的款式。厨房吸油烟机的原理是吸口离锅越近，其抽油烟的效果就越好，而欧式油烟机是悬吊的，如果要离锅更近，势必要整体往下调低，但抽油烟机太低就会使炒菜者的头碰到罩壳；同时欧式吸油烟机的吸烟原理是根据欧洲人的饮食习惯而设计，他们擅长“煎”、“摊”，油烟很少，仅仅只是一些轻烟，而中国人炒菜喜欢旺火爆炒，产生的是浓烟，所以欧式油烟机的缺陷非常明显。

要想吸油烟机的吸烟口离炉灶更近，只有一个办法，就是把吸油烟机侧斜在炉灶旁边。但因为距离炉灶太近，会使炉火被吸灭或因吸烟风力而使炉火不稳，所以，侧斜式吸油烟机必须解决一个实质性问题，就是既能侧斜，又能使炉火不被吸灭或产生炉火不稳！旋流技术便应运而生。

旋流技术的核心原理是什么呢？格林格电器的技术人员告诉我们，要使空气形成一股强烈的动力，就必须促使空气围绕着一个点来旋转，旋转速度越快空气动力就越强。格林格电器原创的旋流技术，就是解决了传统风扇无法解决的技术难题——传统风扇扇动的空气是散的，无法聚焦到点上，而旋流技术促使空气流动聚焦到吸烟口上。同时旋流装置能使厨房的油和烟在旋转中彻底分离，残油旋流到油杯里，而烟被旋转吸出通风管道。据说，吸油烟机的通风管道里，即使使用十年也不会沾染一滴油渍，因为它送出去的完全是烟雾和气味。

格林格侧斜式旋流吸油烟机的革命性就在这里，一是侧斜式可以使吸烟口离锅灶更近，且外观上更美观，厨房空间也更节省；二是旋流装置能使吸烟口与炉灶近距离而不吸灭炉火；三是能通过独特的旋流装置使油和烟彻底分离，从而达到完全的空气净化。根据国家有关部门技术检测，格林格旋流吸油烟机的吸净率可以达到99%以上，而普通油烟机最多只能达到70%。

毫无疑问，我遇上了一款厨电行业绝对革命性的产品。

二、诊断问题

与格林格电器签下合作协议后，我立刻组建专业项目组，开始了内诊外调。在基本掌握了厨电行业的市场现状之后，我们又对格林格电器的产品推广体系做了个系统诊断。我们发现一个通常容易被忽略的问题，那就是格林格旋流吸油烟机的“旋流”诉求。事实上，格林格电器在不知不觉间已经把这个“旋流”技术的名称当做这个产品的副品牌名称在使用。对于格林格电器的技术人员和营销人员来说，这个“旋流”技术很好理解，也很能够区别于竞争对手的产品，但我觉得这个产品名称太“技术”了。其实在新产品的推广中，尤其是一些有技术含量的新产品推广，很多企业都会犯同样的毛病。他们总是以自己对技术的认知水平来揣度消费者的认知水平，从而导致在企业技术人员或者营销人员看来很简单的一些技术知识或机械原理，到了消费者面前却如云里雾里。就像IT专业人士总是不经意地在普通人面前卖弄IT术语，他们总觉得“这么简单”的网络或者电脑技术，大家应该都能理解，但事实却恰恰相反。因为这样的缘故，很多新产品的名称和卖点都带有太“技术”的色彩，致使在具体的推广中难以达到产品信息传播的准确性和实用性。根据我的产品推广破局理论：简单的产品复杂卖，复杂的产品简单卖，格林格电器显然在复杂地卖一个复杂的吸油烟机产品，而不是简单地在卖一个复杂的产品。

我在策划项目中经常碰到此类问题，从而也导致我把改变现有不合理的产品名称当做策划项目的第一重点，因为我认为，好的产品名称往往更容易找到好的销售概念。

一个新产品的成功推广，当然需要各方面因素的完善，但无论如何，有一个好的名称会事半功倍。事实上，中国企业营销界因为产品名称而获得巨大成功的案例非常多，如“商务通”“好记星”“鲜橙多”“营养快线”“真功夫”等。但也有不少因为名字起得不好而市场大受影响的产品，如醋饮“天地壹号”。“天地壹号”的联想度是什么？实在无法与醋联系起来，尽管企业大张旗鼓地在做广告，但就是没有给消费者一个明显的购买理由，相信如果不做改变的话，这个产品的寿命也不会太长久。

我在了解了格林格电器产品的基本情况之后，深入市场一线，去了解格林格电器产品的销售情况。我在李总的陪同下走访了上海、南昌、深圳、广州等城市，发现了一些很大的问题。

首先，核心产品格林格吸油烟机的核心卖点没有被提炼出来，导致各个地区的经销商和零售商信口开河乱说一气，非常不统一。例如有的在终端拉条横幅写着“炒辣椒不呛”几个大字，有的对前来询问的消费者说“永远免拆洗”，还有诸如“真正敞开式厨房革命”“真正健康油烟机”“效果证明一切”等描述，真是五花八门应有尽有，但没有一个真正说到点上的。

其次，格林格电器的全国经销商网络尤其是分销网络非常不完善。虽说全国各个主要省份和大城市都有自己的一级经销商，但每个经销商的经济能力、分销能力和渠道管理能力都存在非常大的问题。从整个电器行业来说，格林格电器选择的这一批经销商销售能力几乎都非常薄弱，导致格林格电器这么好的产品，其一年的销售额只是区区的4000多万元。

更为重要的是，无论是经销商往下分销还是零售商面对消费者，都遭遇了一个非常大的问题，那就是格林格这个品牌的知名度太低，导致自己的分销商和终端零售商，在具体的销售实践中都严重信心不足。尤其是面对最终消费者的零售商和营业员，哪怕再能说会道的营业员，都会被消费者一句话就轻易堵死：你们的产品比方太、老板还要好吗？消费者普遍都没听说过格林格这个名字，所以，即使你告诉他们格林格的旋流吸油烟机产品多么多么好，他们还是会犹豫，毕竟要消费者接受一个完全陌生的品牌产品不是件容易的事。

针对格林格电器存在的诸多问题，我觉得当务之急是这款颠覆性好产品的基础策划，也就是说，这款产品究竟该叫什么名字？它有什么特点？给消费者的利益是什么？如何把这些元素简单直接地告诉目标顾客，如何让顾客快速地接受我们的产品？这些成为我们整个项目组策划的重点。

三、创造“深附吸”

我们又开始了策略思维发散，我启发大家从产品使用最终结果的正反两个方面来寻找突破点：

（1）如果吸油烟机产品不能有效吸净厨房油烟，那么厨房里会成什么样子？满屋子的油烟，人肯定会呛，通常人进入这样的环境，第一个要做的动作是什么呢？大家回答说是捂嘴或者屏住呼吸；

（2）相反，假设一个好的吸油烟机能完全吸净厨房油烟，那么结果会如何呢？大家纷纷抢答，如空气清新、身体健康，等等。我进一步追问，一个人如果身处空气清新的环境第一个要做的动作会是什么呢？大家都沉默了，不知道谁突然喊出了一句：深呼吸呀。

我一听就来劲了，立刻在白板上写下了“深呼吸”三个字，对呀，深呼吸，深呼吸，我感觉我们找到突破口了。因为格林格的旋流吸油烟机，本身就有一些吸附通道，这些独特的装置也是格林格电器的产品区别于竞争对手的核心所在。创意有时就这样柳暗花明。后来我们就把“深呼吸”三个字中的“呼”改成“附”字，这样一看就更有感觉了，深附吸、深附吸，单从字面上就很容易理解，深度贴附着吸收油烟……有“深附吸”吸油烟机，才能让我们的使用者可以在厨房自由地深呼吸，字面清晰直白，且符合产品逻辑结果，真是一举两得。

格林格旋流吸油烟机很快就改成“格林格深附吸”吸油烟机，而把核心技术名称“旋流”干脆直接设计成一个圆形图案 Logo，粘贴在产品表面，加上广告语：采用旋流技术，厨房更健康。

四、寻找破局点

产品的名称解决了，接下来，我的脑袋里又有了一个疑问：这款产品真的有这么好吗？真的比现在市场上正热销的那些著名品牌的产品功能更强大吗？如果真的这么神奇，那么国家权威机构能否对此进行技术性能检测，让格林格这个品牌的产品能有一个名正言顺的理由？几天以后，格林格的深附吸吸油烟机正式接受国家权威部门检测，结果其油烟吸净率为99.8%。而目前吸油烟机整个行业的吸净率标准仅为67.3%，也就是说，格林格电器的旋流吸油烟机比行业标准足足高了32.5个百分点。严格来说，除了格林格电器生产的产品外，整个行业当前正在生产和销售的产品原则上是不合标准的产品！

我喜欢借助社会资源来为企业发展服务，所以，要让格林格的品牌知名度一夜炸响，必须找到核武器般威力的爆炸点，我们称之为破局点，而格林格产品本身就隐藏着一个具有非凡威力的爆炸点：

（1）旋流技术使厨房油烟吸净率提高了30多个百分点；

（2）吸油烟机行业有一个可以测量的吸净率行业标准，但因为厂家产品无法达标所以干脆取消了；

（3）普通消费者根本不知道自己购买的吸油烟机产品的油烟吸净率到底为多少；

（4）厂家的宣传都集中在吸油烟机的使用寿命、免拆洗等方面，淡化产品的终极利益是净化空气。

上述四点归纳起来，完全可以形成一个直接引起行业喧哗和消费者关注的焦点，那就是吸油烟机的真正功效——厨房油烟的吸净率。

我甚至在脑子里产生了一个更大的野心。格林格电器的产品已经达到了这个行业唯一的完美高度，而行业内的其他生产厂家的产品却是不合标准的产品，也就是说，吸油烟机行业本身已经到了技术和性能的极限，无法再提高了，而现在由于格林格电器的技术突破，一下子拉高了这个行业的技术标准；从另一方面说，行业其他生产厂家原则上必须停止生产现有产品，转而生产与格林格电器相同技术的产品，而格林格电器拥有国家技术专利，如果要生产旋流吸油烟机，必须向格林格电器购买技术或者进行技术合作才能获得授权。

这真的是一个接近于美好幻想边缘的大胆构想，如果我真能帮助格林格电器达到如此境界，那么格林格电器就将不光是一家厨房电器产品的制造商，而且还将是一个核心技术的输出者。

不管怎样，只要我们把这个核心聚成一个“核导弹计划”，结果一定会对格林格电器有利，也会对终端消费者有利。

五、威力在延伸

如果要捕捉到河里的鱼，最好的办法是把河水搅浑；如果要让人们把注意力集中在某件事上，最好的做法是先让人们的神经兴奋起来。我曾经在我的破局理论里提到过，人们大都不甘于平淡，内心都渴望能发生点什么。广大的消费者也一样。五谷道场的“拒绝油炸，保留健康”引发了一场声势浩大的波及整个方便面行业的论战，消费者的神经都绷紧了，不知道接下来该不该继续吃原来那些著名品牌的油炸方便面了。同样，如果能让消费者知道当前吸油烟机产品的真相，我相信90%以上的消费者会选择“公认为好”的产品，除了某些不知内情的消费者或者其他原因才会让消费者继续选择“已经被确定为劣”的产品。

新闻公关显然是搅动行业引起风波最好的手段。由行业权威、国家技术监督部门、产业发展专家、技术专家及医疗卫生部门和各类媒介机构组成的“舆论精英团队”，将会促成整个行业对产品质量高度重视的议论沸点。只要是以科学和事实为依据，各地的新闻媒体也会遥相呼应。

所以格林格电器首先要状告国家行业标准制定单位，包括“中国质检总局国家标准化管理委员会、中国标准化协会、中国电器工业协会、中国五金制品标准化技术委员会和日用五金标准化中心”，此事件将作为格林格电器新闻公关的导火索。状告理由具体如下：

产品标准的制定和实施是关系到整体行业技术进步、关系到百姓切身利益的重要事件，但是这些单位作为行业标准的制定、颁布、强制实施单位，在我国的标准制定程序中存在重大缺陷。

例如在牛奶有害成分、吸油烟机吸净率等关系到百姓身体健康的行业标准制定方面滞后于行业发展，甚至和一些行业内利益集团相互勾结垄断，一方面放纵了低标准产品在市场横行，另一方面限制了行业技术水平的整体提高与进步。具体事实有：

现行的吸油烟机国家标准是1999年发布实施的，随着新结构、新工艺、新技术、新材料在吸油烟机产品上的大量应用，1999版吸油烟机标准已很难适应现实的要求。现行吸油烟机的行业标准仅仅采用一些隔靴搔痒的技术指标，例如电器安全性等，忽视购买者的直接需求；

1999版吸油烟机标准规范了吸油烟机的设计、制造过程，但是并没有将消费者直接关注的指标如吸净率（气味降低度）、油脂分离度纳入推荐体系，没有进行定量的、规范性的要求。对于吸净率的标准采取曲解的方式以迎合行业利益集团，误导消费者的购买需求；

当行业内已经实现了提高产品核心指标吸净率的技术手段的时候，不能发挥行业标准制定和强制实施单位的应有功能，推进技术的进步和行业产品结构的升级换代，继续让劣质产品充斥市场，属于严重的不作为行为；

行业监管部门监管不力，让行业内部的既得利益者参与标准的制定监督环节，集运动员和裁判员于一身，有失行业监管部门的客观公正性。

同时，格林格电器发表一封致国家行业标准制定单位的公开信。

格林格电器，倡导树立行业新标准，以自己的承诺与行业的弊端形成鲜明对比，继续渲染舆论氛围，扩大自己的影响力；提出两个指标：吸油烟机的核心指标——吸净率（气味降低度）、吸油烟机的绿色指标——油脂分离度。此举可能会引起同行某些企业的攻击与讨论，从而加深消费者的印象，重点引导吸净率标准深入人心，反复强调“凡吸净率达不到标准的吸油烟机都应该属于不合格产品”。

但我也明白，起诉国家行业标准制定单位的行为不可能被受理，我的目的是借起诉，给我们制造新闻炒作提供一个事件契机。当媒体的眼球被此起诉行为吸引后，格林格电器便顺势推出“致国家行业标准制定单位的公开信”，让媒体和公众了解格林格电器的真实动机，避免炒作的负面印象。这还不够，我还准备了格林格电器致行内企业的倡议书。我觉得格林格电器一定得出台自己的提案，愿意输出技术推动产业升级，欢迎国内几家知名企业举起社会责任的大旗共同推动行业进步。倡议书重点在于树立格林格电器的正面形象，从搅局者上升为引领者，从而晋升为行业的领导品牌，先声夺人。在此事件基础上促成各方面对格林格电器的曝光，正面宣传为主，比如发明人的传奇故事、格林格电器高调公关事件前后、企业领导人的采访等。

我要求所有报道稿件必须围绕着策划主线进行，适当增加关于格林格电器的成长、企业家报道等花絮，以丰满格林格电器的终端形象。具体实现路径是先集中在财经领域，然后向社会新闻进行延伸。

线下要求各地经销商统一发布硬性公关稿件予以配合。整个新闻公关方案围绕“诉状——公开信——倡议书”层层递进，一步步吸引媒体与舆论的注意力，通过设计冲突、引导冲突将格林格电器进行多层次多角度曝光。同时与线下硬性广告的投放相互呼应，将形象与销量进行统一。如果以上方面仍未能达到目的的话，例如起诉和公开信的热度不足，我建议各地经销商找一些消费者起诉竞争对手，理由就是“吸油烟机抽不干净，看到媒体揭露关于吸油烟机行业标准的内幕，感觉自己受到欺骗”。我相信此事件一方面给媒体一个继续报道的理由，更重要的是将事件引导到格林格电器的竞争对手身上，同时将概念继续热炒。

我希望格林格电器通过新闻公关达到这样一个目的：让更多的消费者知情，并对当今知名品牌的产品产生怀疑，同时关注“更优质”的新产品，享受“更优质”产品给自己带来的利益。格林格电器不是一个行业的搅局者，恰恰相反，格林格电器以消费者利益为核心的一系列颠覆性技术创新，将更快地促进整个行业的健康发展，也让更多消费者有选择更健康的产品的权利，所以，格林格电器无论是对公还是对私，都必须进行一场轰轰烈烈的公关活动，使自己的品牌知名度快速膨胀，获得消费者的认同。

案例十
进口红酒
——另辟蹊径的创意

合作企业：深圳贝士特酒业有限公司

客户对接：贝士特酒业 CEO 陈君

【项目背景】

红酒策划项目，双剑在2010年曾经有过一次短暂的合作，那就是湖南华淳酒业的纯园酿健康葡萄酒。那次合作，我们只是提供一套产品策划和招商策划，后期的执行我们没有深入合作，完全由企业自主完成。后来这个项目运作得并没有我们想象的那么好，虽然对于企业来说，已经跳出了原来的营销困境，但项目的遗憾，也一直在双剑的心中徘徊！

所以，在接受深圳贝士特酒业有限公司（以下简称贝士特酒业）的进口红酒策划时，我也照实跟客户坦白说，我从没有策划过进口红酒，即使是国内的红酒策划项目，也不是很成功。

客户方的陈总是一个很年轻的老总，对国际红酒市场情况十分了解，但对国内市场的进口红酒的运作心里没有底，我们双方的合作，也是在经过了近三个月的接触和多次反复的市场探讨与论证的基础上才达成的。

但在这个项目的策划中，我们在做市场定位策略时出现了卡壳，思路一度受阻，后来，我带领项目人员进行二次创意，并充分运用横向思维的创意方法和另类工具，最终成功地创造出了一个“生日”红酒市场，而在此之前，我们的思维无论如何是抵达不了“生日”这个概念的。读者诸君也可以通过阅读本案例，领略到横向思维的神奇魅力。

一、有闯劲的青年人

2013年6月，我接到一个来自深圳的电话，对方自报家门说姓陈，看了我发在网络上的不少破局营销文章和策划案例，希望有机会与我见面聊。当时我正在出差途中，没有与这位陈先生有太多的交流，只知道他是专业做红酒营销的一个经销商，我记录了他的电话号码，答应返回深圳以后跟他联系，再相约面谈。

大约一周以后我返回了深圳，隔天到公司上班时，就发了个短信给他，告诉他如果方便，下午可以来我公司喝茶聊天。下午 2 点左右，他果然来到了公司，在我的办公室里泡茶闲聊，聊的话题自然是红酒。

“沈老师，您是怎么看进口红酒市场的?”这是这位陈先生坐定以后的第一句话。我简单思索了一下就说：“我不太懂红酒，尤其是进口红酒，进口红酒市场也没有深入了解过，说不好，我只说一下印象吧。”我真诚地回答他，然后凭着自己对进口红酒市场的大致印象谈了几点看法。

“总体感觉行业有一点乱，主要有几点：一是大部分人其实不太懂红酒，所以市场中尽管有不少红酒标榜是进口红酒，其实并不是真正的进口红酒；二是行业缺乏质量认证标准，谁也不知道什么样的红酒是最好的；还有就是价格比较乱，从几十元一支到几千上万元一支的都有……”

我其实也是泛泛而谈，毕竟我没有对这个市场做过专门的调查，我说的也就是我作为一个普通人对这个市场的综合印象。当然，也因为我们是在边喝茶边闲聊，所以我也没有顾忌地随口而谈。没想到陈先生倒认真了，不但认可了我的看法，同时也谈了他的想法。

我这才知道，陈先生原来一直是从事进口红酒经销业务的，有一个运作公司叫深圳中瀛贸易公司，主要负责深圳市场，偶尔也辐射广东其他地级市。我发现这个年龄不超过 35 岁的年轻人很有想法，感觉上也是一个很有闯劲的人，遂对他有了一点敬佩之情。

之后大约过了十来天，他又有了一些想法，想与我沟通讨教，那天我也正好有时间，就在公司接待了他。与上次一样，我们还是边喝茶边聊红酒，这次他提出了他想独立运作一个红酒品牌的想法，想让我给他提点意见做参考。我听了他的思路之后，肯定了他的想法。我也认为，看似混乱的红酒行业其实也正孕育着机会，我还针对如何运作这样一个品牌谈了自己的一些看法。

这次交流的结果很令人满意，陈先生也有些激动，进而询问了我有关两家公司如何合作的问题。我也照实说出我的想法，也回答了他全部的提问，这包括营销策划的可能性思路和双方合作的一些关键点，例如价格、合作内容及市场运作，等等。临走的时候，他说他再考虑一下给我答复。

这一来大约又过去了半个多月，我们之间也没有再联系，我以为他只不过是有一些纸上谈兵的想法，就没当回事。之后，我又出了一趟差，拜见了几个有合作意向的企业客户。这一圈走下来大约10天，而正在这个时候，我又接到了陈先生的电话。电话中说他已经想好了，准备好好干一场，并希望我们全力支持他。我说没问题，于是，我们相约在我公司再碰一次面，对彼此合作的细节做一次交流。我也根据前几次我们交流的一些内容及他的整体思路，在见面之前就做了一个彼此进行营销策划层面合作的方案。

这时已经进入8月了，我第三次在公司接待了陈先生。我们经过反复论证和探讨，最终确定了双方合作细节。由于中瀛贸易公司就在深圳，我觉得我们的服务成本会降低很多，加上我也有意识地在针对深圳本土企业的合作上给一个价格优惠的幅度，所以，我们双方比较爽快地达成了协议。

2013年8月12日，红酒项目正式启动。

二、双剑眼中的红酒市场

项目启动后，我就安排人员对深圳的红酒市场进行了一次深入的调查，焦点主要放在进口红酒上。说实话，在此次调查之前，我对红酒市场到底是什么格局真可谓一无所知，对中瀛贸易公司的进口红酒策划项目究竟该怎么搞，几乎是一头雾水。但是，合同已经签了，第一笔服务费用也已经收了，再怎么样我也得往前走。不了解市场，我可以自己到市场上去看去想去分析，不懂红酒我也可以向专家讨教和学习，不管怎么样，拿人钱财我就得替人消灾，所以，我必须尽快进入到红酒市场中去。

大家由此可以发现，我是个诚恳的人，每一个客户问我对某某行业是否熟悉，我一般都很真诚地回答“不熟悉”三个字，因为我确实不怎么熟悉。但这是在合作之前，如果我签下一个客户，那么我必须在一周之内，对客户所要进入的产品市场和竞争行业有一个全面的认识，甚至还必须对这个行业建立起自己独特的认知，这样我才有能力也有信心在这个行业中策划出令人眼前一亮的成功案例。

项目组分成三个市场调查组，我要求调查人员全部投入到市场中去，通过全天候蹲点观察和消费者座谈会的形式，来获取我们想要的市场情况。我的调查分两部分。第一部分是走马观花地走访有进口红酒销售的各种销售终端，如大卖场、普通超市、名烟名酒店和各种各样的酒庄。我采取的办法也很简单，一是看，看这些进口红酒的瓶身外观、产地和标价；二是问，问店员一些常识问题，例如，这个酒叫什么牌子？有什么特点和品牌故事？葡萄是什么品种？这个牌子的酒为什么要比那个牌子的酒贵呢？等等。我的问题没有任何预设，都是随机的。我就是想通过这种看似漫不经心的调查，看看能否发现我想要的商机。

同时，我也在我的微博和微信及QQ空间里设定了两个问题，让我的粉丝和网友们来回答。我的问题也很简单：你们觉得什么样的红酒是最好的？为什么？这是一个开放式问题，没有标准答案，只有各自的想象。即使是在消费者座谈会上，我们也是这样来问大家。

通过这些调查，我们确实获得了不少市场信息。

（1）80%的人认为自己很少喝红酒，也不知道为什么。

在我们询问过的人群当中，80%的人觉得自己好像很少有机会喝红酒，尤其是自发地购买和喝红酒的机会实在太少，除非是朋友请客或者与情人共进晚餐等。且一想到喝酒首先想到的是白酒，其次就是啤酒。（这说明，在一般人的心目中，喝红酒需要一定的场合、日子和对象，而不像白酒和啤酒那么随意。）

（2）大部分人都不懂如何品红酒或者辨别酒的质量好坏。

我在微博和微信调查中发现，大部分被调查的人都认为自己不太懂品尝红酒，但听说过一些如何喝红酒的事情，对红酒的品质更是无法得知，只知道进口的红酒口感涩一点，国产的红酒淡雅一点。（这说明大多数消费者对进口红酒的品质认知很肤浅，仅有少数人听说过像拉菲这样的高端红酒品牌和法国波尔多葡萄酒产地等。）

（3）消费者认为喝红酒比较有品位或者比较有浪漫情调。

持这一观点的人很多。被调查者几乎都这么认为，尤其是女性消费者。例如在宴会上、酒会上及重大的节日里，人们觉得喝红酒更加有独特意义。也就是说，由于红酒的文化因素，导致跟中国的白酒成了相对立的两种文化，白酒像一个粗犷的村夫，而红酒更像是一个绅士。（这说明，红酒的西方文化已经很深地印刻在消费者的心目中，由此也代表了喝红酒一定是在某个特殊日子或者体现某种情调的价值意义）。

（4）消费者购买进口红酒的消费形式多种多样。

通过消费者座谈会，我们发现当下消费者自发购买进口红酒主要基于以下几种需求：一是应酬，餐饮文化中饮用葡萄酒代表着一种身份和品位；二是送礼，包装精致的葡萄酒礼品套装作为送礼佳品已经成为一种流行趋势；三是自饮，因为葡萄酒本身的低度美妙口感和健康作用，倾慕者众多。（从上述几种消费形式上来看，消费者购买红酒跟购买白酒完全不一样，喝白酒有可能是因为酒瘾或者习惯，而红酒尤其是进口红酒显然还没有达到这一程度。）

（5）进口红酒市场远没有真正打开，市场潜力很大。

根据对部分经销商的访谈及一些对红酒市场比较熟悉的人的反映，加上对消费者的市场调查，我们得出了红酒市场尤其是进口红酒市场的潜力远没有真正打开这一结论。因为中国的消费习惯容易受西方文化的影响，加上白酒市场的低迷，随着90后消费者逐渐成为主流及消费者文明程度的提高，相信未来的红酒市场会越来越大。

（6）市场需要一个能让大众耳熟能详的进口红酒品牌。

目前大部分进口红酒都没有进行有意识的品牌传播，经销商们以为，只要在价格牌上标注明“原装进口”就能自动吸引消费者掏钱购买，偶尔有一些红酒品牌的传播，也几乎都集中在浪漫、品位和地域等概念上，缺乏具有鲜明个性的大众喜爱的进口红酒品牌。（这说明，大部分进口红酒没有意识到如何去唤醒目标客户的消费欲望，当前的红酒消费也只是自然

需求的一种市场表现）

三、第一次头脑风暴会

尽管我们对深圳的红酒市场进行了深入的调查，但就我自己的感觉而言，这个调查其实是不够深入的，至少是不够细密的。因为如果我们真想完全了解红酒的消费市场，我们起码要对这个市场进行专题研究，例如，某个品牌的专题研究、某个消费人群的专题研究、销售渠道的专题研究等，我们甚至也没有做几百份客观问卷去了解一部分人对红酒的基本认知。但因为时间比较紧迫，加上客户方用于市场调查的费用也比较有限，所以，我们只能浮光掠影地了解一下，当然，能深入市场做一下近距离的感知，对策划项目来说是非常有必要的。

我个人用了大约一周时间，通过市场走访观察、网络上做调研及研读二手资料，对这个原本看上去不那么清晰的进口红酒市场有了一些自己的认识。一旦我对即将策划的新产品所要进入的这个市场有所了解，基本上就可以进行策略创意了，而动用众人的思维力量，来创造带有强大创新意味的营销策略，是我一贯的作风，我从不认为仅凭个人的力量就能做出一个优秀的策划案来。

8 月 28 日，我在深圳城市客栈酒店预订了两天的房间，召开封闭式的创意头脑风暴会。这也是双剑一贯的做法，将全体创意人员封闭在酒店房间里，可以让大家远离熟悉的办公环境和各种琐事的干扰，每个人的思维集中度可以达到最佳状态。

头脑风暴会必须由我亲自主持，大致流程是这样安排的：先由项目组负责人将市场调查的结果做一个大约 10 分钟的简略报告，并把相关的市场结论告诉大家；接下来由我把这个项目的背景交代给大家，例如，这个企业的经济实力、老板的个人意志、团队情况和其他产品运作情况等；但更为重要的是，我要通过对企业内部和外部市场的这些了解，尽快地将本次策划项目的战略做一个基本定调，也就是说，这次策划我们究竟想达到一个什么样的目标？

而这次我们要策划的项目背景是这样的：目前，陈总已经与澳洲一家非常著名又有历史文化背景的大酒庄达成了合作，由该酒庄向我们提供优质原酒，我们自己提供新酒瓶，以全新的品牌在澳洲进行注册，然后以原瓶酒进入中国，其实也等于是我们专门打造一款进口红酒品牌进入中国市场。

头脑风暴会的氛围极为轻松，通常我会引导大家进行氛围预热，例如，讲一些幽默的段子，或者援引一些当前比较热门的事件来听听大家的反应，这个过程大概有20分钟，室内的氛围会进入比较放松的状态。因为我有时会邀请一些公司外的人来参加，有时也会邀请企业客户的营销人员参加，如果有刚加入的新员工也会邀请其参加，因此有些人对头脑风暴会比较陌生，通过这样的预热，大家可以由一开始的彼此陌生、不敢说话表态的状态进入融洽的氛围，以便于接下来的创意发散。公司行政部的人员会为我们的头脑风暴会预先准备好水果、糕点、咖啡、饮料等，供大家食用，因为吃东西的时候，人的情绪也是放松的。

之后，我就让负责操作电脑的员工，在投影仪上打开一个空白的PPT，写上今天创意的标题、时间、地点和参加的人数，以及我们即将努力解决的几大问题，作为策划的过程记录下来。

我让操作人在PPT上写下我们今天要完成的几大策略创意：

（1）这个新品牌的名称、市场定位、产品卖点等基础策略；

（2）这个产品的渠道策略和招商运作策划；

（3）这个品牌系统的整合传播策略。

然后，我要求大家开始自然思考，什么样的品牌名称听上去是很好的红酒？可以是英文的意思中文的翻译，也可以是中文的意思英文的翻译……

我们的创意PPT上其实已经诞生了很多的品牌名称，以及很多可供传播用的策略，但都没有令我满意的。因为这些品牌名称、市场定位及传播创意等，基本上与当前市场上销售的产品和企业的传播策略没有什么不同。也就是说，根本没有跳出传统的思路，而我要的是带有明显创新烙印的、具有强大影响力的创意……

时间已经接近半夜了，看来今天是出不了什么好东西了，我只能让大家回家，让他们第二天上午休息，下午 2 点继续到酒店完成创意。而今天这一天，就当做这个项目的预热吧。

四、第二次头脑风暴会

在几十年的营销职业生涯中，我已经养成了平时晚睡的习惯，而我的大脑思维最活跃的时间也一般在午夜时分。所以回到家里以后，我还是独自展开了思考，觉得这个项目的策划，必须要跳出所有传统的营销框框，创造出一种全新的感觉，让目标人群为此疯狂。

这看上去似乎不太可能，明知不可为而为之，本身就是创新的一种动力。但我直到临睡前都没有想出更好的思路。

第二天下午，我们继续开始。这次的人数由昨天的 12 人减少到 8 人，因为公司内其他项目的工作任务也比较紧张，所以调拨了 4 个人回公司，留下我们 8 个人继续战斗。

一开始我还是让大家按照传统的创意方式继续昨天的思考，想看看大家经过一个晚上的休息，是不是会有好的东西诞生，但一个多小时以后，又卡壳在昨天的地方……

传统的创意方式是完全按照逻辑思维模式设定的，也就是由起点出发去寻找我们想抵达的终点，这个起点就是像我们第一次创意会那样的顺序，例如创意品牌名称、卖点等，这样的创意方法目前国际上也是通用的，国内的广告公司和策划公司基本也是这样。但在这个项目上似乎有点困难，我决定改变一下思维方式，将原来由起点出发寻找可以抵达终点的传统逻辑思维模式，改为用“从终点出发，返回到起点”的横向思维模式进行创意，那么，进口红酒产品的消费终点是什么呢?

我思考了一下，作为一个消费品，它的终极目标无非只有一个，就是全人类都喜欢，都想抢着要！但我们现在做的是中国市场，所以，我把它的终点完整地表述为：“什么情况下，所有的消费者都会喜欢我们的红酒?”然后，我让电脑操作员将我的这个思路写在投影的 PPT 上，这是我首先确认了的今天所要解决的问题。

然后，我来了一个 360°大转弯，我想让大家的思维远离红酒，也就是说，远离我们现在正在思考的这个策划项目，而且越远越好！要抵达这个状态，必须由我来引导大家的思维跟着我走，一直走到遥远的陌生地带。

我先让大家自告奋勇地参与我主持的活动，挑选四位选手参与。然后，我让他们四个人各自大声报一个数字，数字范围是 1～6，每个人只能报一个数字。大家在我的引导下开始了这个横向思维创新活动，于是，四个人边笑边报出了他们头脑里乱想的数字：3—4—5—1——好，停！

这四个人的数字一组合，就有了“3451”这一串代表数字，接着我就根据数字顺序，在我预先设计好的词汇表格中寻找对应的词汇。我的表格一共是六张，每一张都记着乱七八糟的各种词汇，这次对应这组数字的词汇是“生日”。

我继续指引大家跟着我的思维进行联想：“大家想想，生日这个词汇让你第一时间联想到什么呢？开始自由发言，电脑记录，别紧张，大家想到什么就说什么，完全自由，也不允许任何人进行反驳！”大家一听这话，便抱着游戏的心态七嘴八舌地开始乱喷概念了，这一说不打紧，大家的思维就像积蓄了很久的洪水终于找到缺口般，一发不可收拾。“温情、蛋糕、蜡烛、狂欢、亲朋好友、艳遇、年龄、成长、通宵、不醉不归、激动……”众多词语瞬间源源不断地爆发出来，一下子写满了两张 PPT，大约有五六百个各种各样的概念词汇。

为了让大家的思维走得更远，我暂停了关于生日的联想，又让刚才没有报数的四个人自由报数，再次选择随机概念。也许大家觉得刚才的思维联想挺有意思，于是又各自报了一次数字，这次的数字组合是“1325”，我按图索骥，很快找到了对应词语表格中的词汇，这次是“雨伞”。

然后大家又天马行空地对雨伞进行联想，很快，投影仪上的白色 PPT，已经拥有了数百个词汇。我打断了大家关于雨伞的联想，然后引导大家将“生日”与“雨伞”相连，进行故事式联想，也就是将这两个词汇组合在一起，创作一个简短的故事。于是很快大家就联想出很多诸如“一个女孩生日，我冒雨送去一个礼物，然后，在雨伞下她吻了我……”等稀奇古怪却又十分感人的故事了。

这样的发散性联想大约持续了半个多小时，这时我看大家的思维已经离得很远很远了，觉得应该让大家回来了。

“现在，大家听我说，”我制止了大家兴趣盎然的故事式联想，“现在，我们回到红酒概念上来，我要大家把刚才我们狂野联想下诞生的很多概念，与我们在创意会前定下的策略问题——‘什么情况下，所有的消费者都会喜欢我们的红酒?’进行链接。”

房间里顿时鸦雀无声，竟然没有人敢说话。“怎么啦，都哑巴了?”我笑着说，“大家随便聊，就是把这个问题与刚才的联想结果进行衔接，看看我们能弄出什么样的东西来呢。”看着大家不知道说什么，我就自顾自开始联想，而且边想边说了出来。

我说：“既然我们诞生了一个生日，生日的时候，难道不可以喝红酒吗?再说，每一个人都要过生日的，如果过生日的时候每一个人必须喝一种红酒，如同必须要吃生日蛋糕一样，我们策划一个生日专用红酒有什么不可以?”

经我这么一说，大家立刻热闹起来，觉得生日红酒这个定位不错。每个人都要过生日，生日的时候一定要喝这个红酒，不就是等于回答了“什么情况下，所有的消费者都会喜欢我们的红酒”吗?大家你一言我一语，热议“生日”红酒的定位，因为除了人要过生日以外，企业、机构、建筑物和各类事件都会有各自的生日（纪念日），我们为什么不能创造一个专门用于生日的红酒呢?

这种双剑独有的横向思维头脑风暴，终于为我们创造了一个全新的细分市场——专门用于生日的红酒。

五、产品基础策略

根据第二次头脑风暴会诞生的创意思路，我们很快理顺了系统的营销策划思路，整合了以生日为核心的红酒产品的基础策略。这又是一次很另类的破局，因为我们先是找到了产品的市场位置，然后才来为这个产品制定包装策略，这是一种典型的先进行战术突破，再确定战略走向的策划方法。

品牌名称：英文名 Souvenir，中文名苏文尼。

生日，乃“人生诞辰纪念日”，是每个人最重要的一个纪念日，而英文单词“souvenir”意思为“纪念、纪念品”，正好与我们的产品定位非常吻合。“苏文尼”取自英文音译，听上去就是一个国外名字。

品牌定位：生日专用红酒。

生日是每一个人每一年都要过的一个人生自我小节日，虽然生日的过法因国别、民族和地理差异，其风俗有所不同，但对待个人生日的重要性，全世界的人几乎都差不多。定位于生日红酒，这个市场就不单单是目标人群选择的问题，而是辐射到了所有的人，看似定位很细，实则市场庞大，而且，这个市场根本没有人进入过。

产品卖点：精选优质原生态 Shiraz 葡萄，1200 年祖传至醇酿酒工艺。

根据澳洲酒庄的文化历史和酿酒工艺，我们随手将他们原酒的技术特征作为本产品的特点加以提炼，并为苏文尼红酒设计了产品独特质量类别的区隔符号。

广告口号：每一年，只为今天。

一句好的广告语对品牌传播来说至关重要，它绝对是一道画龙点睛之笔或曰神来之笔，对于人们理解品牌内涵有着不同寻常的意义。苏文尼针对的是所有过生日的消费者，过生日的人情感又是如何的呢？肯定有开心、有狂欢、有感动，甚至也有失落、寂寞和孤单，抑或痛苦等，但无论当时的情况如何，生日都是他们每年最重要的节日。于是“每一年，只为今天”成了我们提炼出来的众多广告语中的首选。“只为今天”初听上去感觉平平无奇，但仔细斟酌细细品味，这四个字却隐含了很多难以言尽的情感；同时，“每一年，只为今天”还可解读为像是苏文尼生日宴酒对消费者说出的一种品牌价值：我们的存在，就是为了你每一年的今天有一个形影不离的知己和伴侣……

产品规划：拉开距离，为不同的生日人群设计不同层次的对应产品。

苏文尼生日红酒分成不同系列，每个系列分高、中、低三个价格档次，以满足不同人群的不同需求。

（1）温情系列——长辈给孩子过生日或者晚辈给长辈庆生日时专用的红酒；

（2）激情系列——情侣之间欢度生日时专用的红酒；

（3）友情系列——朋友、同事之间生日宴请时专用的红酒。

这些属于常规系列，我们还专门为特殊的生日人群设计了一种能预先定制的私人生日红酒。这个定制可以是为自己的生日定制，如在瓶标上注明生日人的姓名、出生日期和心愿等，甚至还可以印刷上自己的照片等有特殊纪念意义的象征物。

私人定制生日红酒还可以是为他人定制，比如为自己的亲人、友人、情人等定制特殊的礼品酒，如在瓶标上印刷过生日者的姓名、馈赠者姓名及贺礼者的良好祝愿文字等。

作为私人定制的生日红酒，定制者或者过生日者还可以因为某一生日具有更为特殊的纪念意义而愿意将专为此次生日定制的红酒珍藏起来，也许几十年后，这瓶酒就身价百倍了。

价格策略：略高于平民化的价格策略，促使生日人群快速接受。

常规系列产品分为三种价格，但总体要略高于国产中档红酒价格。

每一个系列的红酒产品价格基本相等，但每一个系列中要分为上、中、下三种不同的价格，一种是A型，价格为368元一支；一种为B型，价格为258元一支；一种为C型，价格为168元一支。这样的价格策略有助于满足不同的消费人群和消费水平的不同选择。

而私人定制生日红酒的价格，我们还在探讨当中。这涉及瓶标设计、印刷和时间、批量的问题，同时还要专门从境外设计好之后再进口入关，需要费一点周折，所以这个价格暂时还定不下来。但有一点可以确定，私人定制生日红酒肯定价格不菲，有可能高达上万元甚至数十万元一瓶，因为我们的私人定制生日红酒也是来自顶级酒庄的顶级红酒。目前，私人定制生日红酒已经在协调运作中。

中国公司名称：贝士特（中国）酒业有限公司。

陈总的中瀛贸易公司显然已经不再适合操作苏文尼生日红酒品牌，所以，根据我们的建议，他决定在深圳重新注册一个新公司，公司名称可以沿用澳洲酒庄中的一个运作公司的品牌名称，所以我们直接起名为“贝士特（中国）酒业有限公司”。由此，我们基本完成了苏文尼红酒的策略框架。

六、品牌传播策略

这么一款全新理念独特定位的进口红酒产品该怎么对中国的消费者进行传播呢？这又是一个摆在我们面前的大问题。国产红酒品牌可以以广告为核心进行高举高打，而苏文尼红酒在中国大陆是一个全新的品牌，贝士特酒业也是一个全新的公司，如果按照传统的传播方式，也就是以广告为核心的推广方式进行推广，除了需要准备大量的传播费用之外，还需要长时间的传播积累，才能建立品牌认知。

所以，根据苏文尼红酒的现状，我们不打算这么走，而是以软传播的方式来建立对苏文尼——生日红酒品牌的认知。

(1) 广告策略：以建立社会规范为核心。

核心诉求点围绕着在消费者心中快速建立社会规范为目标。所谓建立社会规范是指每个人内心都有被社会规范约束的一面，苏文尼生日红酒，就是想通过传播来达到一种独特的规范状态，也就是像消费者在过生日时必须要吃蛋糕一样，过生日时也应该喝一种独特的红酒，并建立起这样一种社会规范。

核心诉求：“蛋糕、蜡烛、苏文尼，一个都不能少”。通过这样的广告诉求，将苏文尼生日红酒与生日蛋糕、生日蜡烛形成关联，建立消费者过生日时的第一产品联想。

辅助诉求：“为自己的生日定制一款生日红酒”。针对一些高端人群的生日消费者，我们将会在品牌知名度达到一定程度时，开始诉求私人定制生日红酒。

广告的媒体投放也将有所选择，我们拟定了以网络广告为核心，杂志和楼宇平面广告为辅，以重点大城市为核心、地县市为辅的投放政策。

（2）公关策略：挑动消费者神经，为生日红酒开路。

我们将与腾讯 QQ 达成合作，联合举办“我最难忘的生日”——温情 QQ 日记和腾讯博客大赛。所有参赛的 QQ 会员在自己的空间或博客撰写题为“我最难忘的生日”的日记文章，投稿到腾讯官方大赛主页展示，并由著名作家、诗人和社会名人组成审稿评稿组，初选出 100 篇优秀博客日记，然后再由广大网友以投票方式，对这 100 名入选者进行投票，最终选出“十大最感人的日记”和“十大最美文字作者”。

QQ 是社会主力人群 80 后、90 后普遍都在使用的即时聊天软件，每一个网友都喜欢在自己的 QQ 空间里写一些个人感悟之类的小文章，以“我最难忘的生日”为主题，撰写个人日记参加日记大赛是一个相对比较容易操作的活动。这个活动由苏文尼出资，与腾讯 QQ 达成战略联盟。活动将在产品的市场能见度较高的前提下展开，为苏文尼生日红酒的畅销进行铺垫。

其次，我们还为苏文尼生日红酒的上市策划了一个新闻发布会，将通过新闻媒体的力量，将“全球生日红酒”的品牌概念快速传播开来。

（3）事件营销：集体生日活动，生日红酒高潮。

这几年集体婚礼活动搞得轰轰烈烈，但集体生日，似乎没有人搞过，苏文尼是全球唯一的生日专用红酒，由苏文尼品牌牵头，与某个城市的婚姻注册机构或者妇女联合会、共青团和企业工会等组织联合举办集体生日，将是一个非常有意思的活动，相信参加者也会很踊跃，这同时也有助于促进人与人之间的社会交往。

活动主题：2014 马年集体生日大联欢；目标人群：在 2014 马年同年同月同日过生日的朋友或者亲人；报名方式：红酒售点、微博、微信、QQ。

苏文尼以生日为契机，通过举办集体生日的形式，与目标消费者建立互动与沟通。在品牌推广及终端拉动方面有很强大的社会意义。另外，举办由社会民众广泛参与的集体生日活动，还具有一定的社会新闻性，可以辅助苏文尼生日红酒品牌的深入传播。

（4）生日网站：建立品牌阵地，吸引目标人群。

由苏文尼生日红酒定位演绎而诞生的建立一个“全球生日网站”的创意，是我们本次策划活动中比较具有创新意义的一件事，核心点是因为这个全球生日网站非常吻合苏文尼生日红酒品牌的定位与目标人群传播，这也可以成为苏文尼日后推广和品牌目标人群维系的一个非常完美的阵地。

这个全球生日网站可以独立运作，也可以作为企业品牌传播专用。网站上必须要具备的几个要点为：

（1）广大生日网友能在这里寻找到亲朋好友专为自己的生日而设的祝福语园地，主要针对一些追求浪漫又图省事的人群设计，有点像腾讯 QQ 的生日贺卡之类的；

（2）因为生日网站是唯一的生日主题网站，网站上会介绍世界各地过生日的风俗习惯，以及推出很多感人的生日纪念文章。

除此以外，全球生日网站还可以是一个网购生日用品的专业网站，苏文尼红酒自然是当仁不让，其次还可以与从事与生日礼物相关的蛋糕、蜡烛、贺卡、巧克力、数码等产品生产的企业进行战略性合作，所有产品都在网站上展示，并可在网站上预订。

当然，这个全球生日网站的创意，一开始我们只是用它来配合苏文尼的品牌推广，但后来我们越想越有劲儿，越来越觉得这个网站其实更是一个可以独立运作的互联网投资项目，感觉前途非常灿烂。

（5）促销策略：双马奔腾——同年同月同日生情侣大赠送。

这是我们在第二次头脑风暴创意会上诞生的一个主题促销策略，促销活动从产品上市一个月后的那一天正式启动，凡是 2014 年马年为本命年且同年同月同日生的夫妻、情侣，凭有效证件可以在当地的苏文尼生日红酒销售点免费领取两瓶苏文尼激情系列 C 型生日红酒产品，同时领取由苏文尼红酒公司赠送的生日蛋糕等赠品。

这个促销活动的意义在于巧合，因此也容易成为社会热点引起广泛关注，这为苏文尼品牌的传播提供了更多的新闻题材，是消费者与苏文尼均可得益的一个双赢策略。

（6）**网推策略：博客、微博、微信、微电影同步并举。**

在核心传播策略主导下，我们又为苏文尼提供了一些辅助性网络推广措施，这就是我们常见的博客、微博、微信和微电影策略。苏文尼的品牌博客、微博、微信，将在品牌传播的第一时间建立起来，并由专人负责管理。

同时，我们将以“永恒的生日”为主题，拍摄一部非常催人泪下的超级微电影，以男女主人公的感人爱情故事和生离死别的生日活动作为故事主线，打造一部新时代励志微电影情感大片。故事的剧本已经开始撰写，届时会安排一个特殊的时间，震撼性地感动网络！

七、渠道招商策略

虽然苏文尼红酒定位于生日专用，但并不是说，生日用酒只能在生日的时候喝，平时就没有人喝，其实，生日用酒只是一个品牌和市场的定位。其红酒质量还是非常高的，这一点对于渠道经销商来说非常重要。我们在向贝士特酒业做提案时也引起了激烈争论，经销商出身的陈总团队，对这一定位提出了不少担忧，尤其是担心定位生日用酒之后会影响到平时的销量。后来经过反复论证才发现，其实生日用酒本身的市场也足够大，同时不会影响到非生日消费人群的日常红酒消费。

解决了这一问题，我们就自然会去考虑苏文尼的渠道建设，并对下一步如何快速建立苏文尼的销售渠道和制定产品招商策略进行了设计。渠道策略主要是以传统酒业渠道为主，进入一切可以进入的销售终端，所以，我们也将招募以传统酒业渠道为核心的酒业经销商进行合作。

（一）糖酒会招商：新产品上市新闻发布会

目前已经完成2014年成都春季糖酒会苏文尼的招商策略，除了在展览会上争取到一个产品展位以外，我们还想将“全球首款生日红酒——苏文尼”隆重上市的新闻发布会放到成都去举办，以此来扩大苏文尼品牌的影响。具体策略不在此处详解。

（二）广告招商：正式发布苏文尼产品招商广告

苏文尼生日红酒是来自澳洲的纯进口红酒品牌，又是一个定位于全球的生日专用红酒，在招商策略上，正面的媒体广告招商是必不可少的，因此，计划选择在酒类专业网站和平面媒体发布招商广告，以吸引经销商们的关注。

（三）人员招商：按图索骥寻找目标客户

为了确保本次项目的招商成功，我们又通过双剑经年累积的酒业经销商资料库，筛选出一些与我们的招商目标相吻合的潜在客户，通过建立电话营销部和人员地面拓展部，进行分地区分步骤的招商沟通，以获取更多客户的合作。

当然除此以外，我们已经全方位地对苏文尼的渠道招商工作做了部署，用于渠道招商的各种宣传物料如招商手册、招商广告、招商话术等也在紧张的设计制作中。2014 年 3 月份，苏文尼全国渠道攻坚战正式打响，生日红酒概念在 2014 年正式成为红酒市场中的一股新生力量，展示在中国的消费者面前。

八、策划后记

苏文尼生日红酒的项目策划，是我个人策划历史上的第二次红酒项目，所以，此次项目的突破重点不在于产品质量类别的区隔概念上，而在于创造了一个新市场上。我们在已经被各种红酒泛滥的“品位、产品、产地和文化”等红酒营销概念之外，创造出一个根本未被人注意甚至根本还没有形成的新兴市场，也就是管理学上的竞争新名词——蓝海市场。尽管我们现在很难说，红酒市场中究竟是不是可能诞生一个生日红酒市场，但生日需要摆宴请客这一传统习俗在中国应该是根深蒂固的，从这一方面来说，这个市场客观上也是存在的，只是大部分企业都聚焦在日常消费和送礼等现成的消费市场上，没有更深入地去创造新市场，对于双剑来说，这又是一次大的突破。

这一次的新市场创意，完全来自于横向思维的策略突破，也就是说，我们这个策划方案的诞生，完全是无厘头下诞生的。创意会后，当时还是新员工的简锦富，就问了我很多关于横向思维方面的问题：“老大，你那些词汇是怎么弄的?”“为什么两个不相干的思维概念，被您强行关联在一起，就能产生新的创意呢?”他说，他把参加本次头脑风暴会的经过告诉了几个同学，同学们都觉得简直是不可思议，怎么可以这样创意呢?

当然，因为简锦富是第一次参加这样的头脑风暴创意会，同时也是第一次正式接触“横向思维”概念，所以满脑子都是我们的无厘头思维，一时找不到合理的解答。

因为你用的是逻辑思维，当然无法接受也无法理解横向思维的创造方法，因为横向思维是完全不符合逻辑的，甚至根本没有逻辑可言，它其实就是无厘头的一种合理运用。

这个方案目前还在正常的运作中，苏文尼红酒究竟能否做到我们理想中的状态，还要看两个方面的反映：一是消费者会不会买账？也就是说，他们会不会跟着我们的传播路径走？二是贝士特酒业是否有足够的信心和经济实力来配合我们的策划方案实施，如果答案是肯定的，那么，中国红酒市场上必将升起一颗灿烂的新星。

案例十一 国产葡萄酒——品类印记，突出重围

合作客户：湖南华淳庄园酒业有限公司

客户对接：华淳酒业董事长袁森林

【案例背景】

白酒或者葡萄酒，一直是我想进入的行业，一是因为酒行业中有实力的企业和品牌比较多，且行业利润也比较高，所以营销策划项目的价格能开得高，不像建材和家具行业，都是半斤八两的中小企业；二是因为这是个传统的快速消费品行业，对市场营销和品牌的传播要求很高。

现在白酒行业除了有限的几个历史品牌在活跃之外，其他缺乏历史价值的品牌在市场上几乎都没有什么新意。我也没看到哪家策划公司把一个名不见经传的小企业，做成一个全国人民家喻户晓的知名白酒品牌。而葡萄酒行业更是四平八稳，除了前些年几个大品牌之间产生了“解百纳”之争外，这个市场几乎是张裕、王朝、长城和威龙四大家族的天下。虽然进口红酒仗着一些先天性的贵族血统，抢占了不小的市场份额，但总体而言，葡萄酒行业可谓是“西线无战事”。我相信双剑的介入一定会给风平浪静的行业注入一些兴奋剂的。2009 年与王朝华南公司的管理层倒是有过几次接触，差点就谈成合作了，后来因为总部的某些决策举棋不定，双剑与王朝就此失之交臂。

2010 年上半年，双剑一直在配合长沙市经委，为长沙市几家有营销策划需求的企业提供服务，所以，我干脆在长沙新时空大厦租下了一个 160 平方米的写字楼，我的工作重心也迁移到了长沙。到了下半年，长沙中小企业服务中心的高级顾问王超给我引荐了一个人，这个人就是湖南华淳庄园酒业有限公司（以下简称华淳酒业）的董事长袁森林。由此，我正式率领双剑这个号称营销杀手的另类策划公司进入了葡萄酒行业。

一、界定问题——找准问题才能着手解决问题

界定企业客户的核心营销难题，是我们策划一个项目时需要解决的第一个问题，在我们双剑这叫做策略聚焦。也就是说，我们在着手进行策划时必须要找准一个焦点进行切入，这往往也是最能打动企业客户接受我们的思想、愿意与我们双剑合作的一个关键。策划工作的第一个关键点往往由我这个双剑的掌门来负责，因为企业客户都是冲着我这个人来的，我是双剑第一个跟客户接触的人（在双剑，我自封为双剑的“业务员”）。我必须要有能力在客户介绍完自己企业和营销现状的大致情况后的20分钟内，快速诊断出客户企业的核心难题，并告诉客户：这是为什么？如何才能解决？如果我不能在这么短的时间内达到这个要求，那么谈判就会缺乏吸引力，而如果我的判断错误，那就会直接导致项目谈判失败。

与华淳酒业的合作也是如此。几乎在短短的十几分钟内，双方就拍板认同。因为我的观点切中了袁总的内心，他总认为自己的产品是很好的，怎么会卖不出去呢？而我的分析和最终的判断被袁总所接受，这也是双方合作的基础。

华淳酒业是一家创业多年的民营葡萄酒生产企业，其酿酒的葡萄是采用当地野生葡萄杂交而成的第一代葡萄品种野玫瑰，酿造工艺则是采用世袭相传的“陶缸二次循环发酵法”，按照袁总的话说，他们的酒口感非常好，质量超过现在市场上所有的品牌，很多人喝了之后想购买。为此他邀我品尝了他的酒。

说实话我是个不懂酒的人，喝了几口之后也感觉不出所以然来。但我关心的不是这个，而是你有什么理由说你的酒口感和质量胜过市场上所有的葡萄酒？他混乱地说了一些理由，例如野生葡萄、古法酿造、只用葡萄原汁等。

我一直在接触企业客户，老板们几乎千遍一律都会夸自己的产品好，但是，既然产品这么好，为什么没有在市场上产生销售业绩呢？我告诫袁

总，产品不是自己说好就可以的，真正的好应该要让客户感觉到。我决定实地调查一下华淳酒业的工厂，了解它的酿酒工艺。

在跟技术人员的交流中我发现，所谓古法酿造其实是采取“陶缸二次循环发酵法”，整个酿酒过程都不需要添加二氧化硫（抗氧化）、非葡萄原汁的水（会稀释葡萄浓度和香味）、工业香精（因为被稀释而需要人工加香）、人工色素（因葡萄本身的颜色不够而用色素来加强）和糖（葡萄甜度不够，需要添加到足够的甜度），这一系列独特的葡萄酒酿酒工艺使得华淳酒业的葡萄酒无论在口感、香味、营养价值还是健康标准上，都远远超越了当前市场上所有的葡萄酒产品。

一款如此好的葡萄酒产品，却连续三年都未能在市场上推广成功，原因在哪里呢?

通过对内部诊断结果的分析，我一语道出了困扰企业多年的核心问题：把好酒放在几千万种葡萄酒中一起卖了，等于是一个弱小的人，拥挤在成千上万的人群中被淹没了……我的任务是，必须为这款优质葡萄酒创造一个鲜明的、独特的品类印记，让人们知道，她跟你们都是不一样的，你们都是张三，我却是李四!

我告诉袁总，作为产品实体，华淳葡萄酒已经做得非常出色了，可惜，她穿的衣服与她的气质和内涵不吻合！接下来我要帮你做的就是这个产品的虚体策划，这个方面做好了，然后我们才把她推到舞台上，去吸引第一批客户——经销商！在短时间内快速将全国的销售网络铺建开来，赚回企业的第一桶金!

这个论点一提出，立刻得到了袁总认可，在价格上进行商议之后，合作立刻拍板!

二、策略创意——创造一个新品类和消费逻辑概念

葡萄酒业都是巨头们的乐园，张裕、王朝、长城和威龙四大家族分别把持着红酒业的利润基地，其他小企业只能在利润的外围厮杀，如何能让

华淳酒业这么一个小企业在巨头把持的葡萄酒行业声名鹊起，成为市场的新宠呢？看来这又是个“不可能完成的任务”，但我又必须要对这个客户出手相救，而要解决这个难题，首要的第一关就是要破红酒概念关。也就是说，我必须为葡萄酒行业创造一个新的葡萄酒品类概念，而华淳酒业就是这个品类概念的拥有者。

很多人一听到概念，肯定觉得这是广告公司和策划公司惯用的“忽悠”技能，是空洞而没有多少价值的。这个说法我认同。但我认同的只是传统策划思路的那种空洞“概念”，而我在策划中所界定的“概念”不仅仅是客户购买的理由，而且是左右顾客消费思维的新产品概念，是具有品类特征和功能利益的概念，是一种带有引导顾客潜意识思维进入我们预期思维模式的一种概念！空口无凭，还是让我们一起来看看，我们双剑是运用什么稀奇古怪的方法，又为华淳酒业创造出了什么样的概念来！

通常的头脑风暴会是将一群人聚集在一起，围绕着某个点开始创意，一群人一起思考，一人发言的时候其他人都得听着，不能打扰他人发言，也不可以批判别人的观点，不管正确与否。而我不太支持这一传统的创意方法，我也只是偶尔用一下，因为头脑风暴会真正聚焦的核心应该是如何将创意人员的思维从逻辑模式引入横向模式中，从而创造出无限的可能性。

华淳葡萄酒的优势很明显，有多个行业所不具备的特点，尤其是不添加二氧化硫，因为社会上对二氧化硫的危害已经随着2010年“3.15”的曝光（一次性筷子用二氧化硫漂白，而二氧化硫却是一种毒性强烈的致癌物质）有了深刻认识，但是，这些优势又如何能非常明显地聚焦到一个点上让顾客一目了然地辨别呢？再者，又如何能让顾客相信华淳葡萄酒真的有这么好呢？

我告诉全体项目组成员，这个项目的策划焦点是必须为华淳酒业找到一个能够承载这么多优点的概念名称，这个名称同时还必须有品类暗示和工艺指向。要创造这么一个担负多重使命的概念名称可不是件容易的事。首先，我决定在创造这个概念之前，先给市场上其他的葡萄酒产品设计一个概念属性，也就是说先要界定别的是什么类型的葡萄酒，然后才能界定华淳是什么类型的葡萄酒。经过现场分析，我们发现其他的葡萄酒因为是工业化酿造的，所以都需要添加二氧化硫、人工香精、酒精、糖和水，应该算是一种化学元素合成的酒，而华淳是古法酿造且不添加化学物质，所以应该属于纯健康的绿色葡萄酒。

这个界限一划定就有了清晰的轮廓了。我们开动了脑筋机器，首先在逻辑思维里寻找，一整天没有获得结果。这使我想到一个问题，在逻辑思维模式中，我并不比企业客户更聪敏，他们甚至比我更懂葡萄酒，而我所擅长的是突破逻辑进入横向思维。所以第二天，我们开始运用横向思维模式，准备从另外的途径寻找更多的突破点。我们通过随机词汇展开联想，又从第二层联想中找出合适的词汇，与我们想要解决的问题核心进行交叉连接，碰撞出了很多新亮点。经统计，这一过程一共出现了300多个可供参考的名词概念。我们又运用排除法进行删减，从一开始的原生态、健康、绿色等俗不可耐的名称，到最终自然而然地出现了“纯园酿”三个字，我才“咔”的一声宣布创意完成，一个有品类概念、鲜明利益点和工艺概念的子品牌名称应运而生！

很多企业在给自己的产品起品牌名称时，往往从自己的喜好出发，专注于好听、有行业特征和容易记忆等特点，有些技术性产品企业会把某些技术名称当做产品名称，如“旋流吸油烟机”“好记星学习机”“奥必佳葡萄糖饮料”等，如果你是第一个进入这个行业的，那么这么做也未尝不可，最多推广费用多花点，成功稍微晚到一点而已，而如果是后进入这个市场的，当你进入的时候行业内已经有太多的企业在做了，那么你必须为自己的新产品起一个与现有产品产生品类区隔的概念名称，否则，你会为自己的成功付出昂贵的代价，有些甚至直接导致失败。

三、产品组合——针对不同目标人群的不同策略

纯园酿的诞生，对于华淳酒业来说，既是一个战术性的突破，也是一个阶段的企业营销战略。所谓战术性突破是指，华淳酒业原来的诉求点也

是健康，但原来的健康概念不集中或者说缺乏一个有力的载体。要想让社会大众相信什么是健康的、什么是对人体有危害的，一般人说话肯定不可信，但如果是从卫生部部长、如日中天的医学名人钟南山等人口中说出来，那绝对是100%的可信。也就是说，要想让人相信一种逻辑，那么一定要创造出一个可以承载这个逻辑的概念。而华淳酒业原来的说辞是空洞的、不能让人信服的，现在通过“纯园酿”三个字成为一个概念，就解决了这个问题，所以说，这是一个战术性的突破。

通过纯园酿的健康诉求，以及纯园酿在整个葡萄酒行业中所处的地位和影响力，它又能带动华淳酒业的影响力和市场的发展动力。而且，健康的需求是一直存在的，这么一个战术性的突破，又为华淳酒业带来了一个公司战略性的定位——华淳酒业是一家做健康型葡萄酒的专业企业，这使得纯园酿概念上升到了企业的战略层面。

无论是战略也好战术也罢，在纯园酿的营销策略方针指导下，产品的策略组合却是实实在在的、真正的市场策略，如同古代战争中的阵法，虽然将领是重要的，但阵法中战士的多少和阵法的排兵布阵（谁在前？谁在后？左侧和右翼起什么作用？前锋和后卫有什么要点？等等）却是一种智慧和战斗力！

对纯园酿的未来市场，我们专门针对性地设计了产品策略：

（1）纯园酿极品——800颗纯野生葡萄，顶级酿酒大师纯园酿造750ml，目标：拍卖品；

（2）纯园酿尊品——500颗野玫瑰葡萄浓缩成750ml精华，目标：高端、商务型；

（3）纯园酿靓品——300颗野玫瑰葡萄浓缩成500ml精华，目标：品位女性、白领；

（4）纯园酿干红——中高档起量型产品，利润较少，配合经销商抢占市场；

（5）纯园酿藏品——这是橡木桶酒品，主要目标市场是礼品和高端人士收藏品。

以葡萄颗粒的数量进入产品诉求在整个葡萄酒行业是没有先例的，这又是我们双剑的独创性策略。我不会去诉求葡萄品种的好坏、产地的优劣、阳光的作用，我相信数字所能传递的信息有时远远超越我们的想象。经过我们的测试，人们一看到800颗葡萄，就会觉得这个酒是货真价实的，500颗、300颗，这些数字都能暗示到一瓶葡萄酒的浓度。

这五大系列的产品组合，分别针对不同的消费人群，几乎可以满足各个层次的消费需求。加上我们在瓶形、瓶贴和包装上的设计，既能完全满足经销商在市场操作上的不同策略需求，也能满足消费者各自的品位需求。

而在市场推广的投入上，我们也可以按照各个产品不同的使命有所侧重，如纯园酿极品的使命是快速提升品牌的知名度；纯园酿尊品的使命是抢占思想观念前卫、有品位、对健康有明显需求的高端人士；纯园酿靓品是我们在调查中发现女性中有大量喜欢饮红酒的人群，所以专门特制的一款；纯园酿干红自然是跟竞争对手抢占市场份额的先锋队，因为它在价格上相对接近竞争对手，容易被人尝试性购买；纯园酿藏品则是属于满足社会特殊人群的需求而设计的。相对来说，传播的投入主要集中在第一和第二款产品上，因为它们担负着提升纯园酿的市场影响力这一重要使命。

组合好了产品策略，接下来我们就要为这个“纯园酿”创造独特的销售说辞了！

四、卖点制造——诱使顾客采取购买决策的理由

“纯园酿”三个字的延伸概念很多，首先，中国葡萄酒行业由此开始诞生了一种新的葡萄酒品，它就是纯园酿的葡萄酒；而这个概念旗帜鲜明地为行业划分了两个市场，即纯园酿葡萄酒和非纯园酿葡萄酒。这个概念的诞生，会在将来的终端导购中产生独特的作用，我们设想一下：

导购：“我们是纯园酿的健康葡萄酒！”

顾客：“难道其他酒就是不健康的吗？”

导购：“健康不健康我们不了解，但我知道它们是非纯园酿的葡

萄酒。”

顾客：“什么是纯园酿和非纯园酿呢？”

导购：“纯园酿的显著特征是不添加二氧化硫等化学制剂，而非纯园酿的葡萄酒都必须添加二氧化硫和工业香精等化学制剂……”

接下来，顾客如果有兴趣，导购还会详细地介绍纯园酿是如何酿造出来的，而二氧化硫究竟是一种什么东西，对人体有什么危害等专业知识……能产生这样市场效果的概念，在双剑的策划术语中叫做“破局引爆点”。

事实上，在当今的企业产品营销中，产品概念模糊、利益特征缺乏和不能体现品类特征是非常普遍的现象，这是因为我们策划人员的思维贫瘠和因循守旧导致的。他们以为起一个“有点意思”的名字，然后很自我地赋予一些所谓的“核心价值”就可以了。这样做的代价是，企业花费了太多的广告费用和营销努力，最终只能得到一个没有任何指向的品牌名称。如饮料行业的“零帕”和“天地壹号”，这样的名字根本代表不了产品属性，也不能完成企业的营销预期。而“纯园酿”概念就能立刻在葡萄酒行业内树立一条分界线，即“纯园酿”的和“非纯园酿”的，这个能代表一个阵营意义的名称就具有了独特的品类特征，它在市场中所产生的作用，远比投入上千万元广告费去推一个苍白的名称来得更有价值也更有市场影响力。

双剑绝对不会做这样的策划，所以，面对华淳纯园酿，我们接着要解决的第二个问题是，究竟什么是“纯园酿”的葡萄酒？这是一个产品核心机理，又是一种能自圆其说的逻辑，说得好，顾客就能接受，说得不好，顾客就会反感。经与企业技术人员商议，项目组文案整理过后的纯园酿核心机理是这样描述的：“华淳纯园酿葡萄酒，精选高山野生葡萄紫玫瑰，深井澈水清洗，手工去梗，籽皮同时破碎入缸，经两次循环25天半有氧梯度发酵，并采用高温梯度灭菌工艺，历时368天酿制而成。整个过程只在葡萄园内完成，无须添加二氧化硫等化学制剂，还原葡萄本色本味！华淳纯园酿葡萄酒系全球第一款真正符合人体健康标准的葡萄酒，湖南农业科技大学结合华淳秘传古法酿酒工艺精心而制。”

虽然尚可，但这么一大段文字，只能出现在纯园酿的宣传资料和广告文案中，无法快速地向顾客传达清晰的竞争性差异点和购买的利益点，也就是说无法形成真正的卖点说辞。所以我们又进行精简，最后锻造出了两句话——“不添加二氧化硫，100%纯园酿造”，从而确定了“纯园酿”葡萄酒的核心卖点：“不添加二氧化硫”是纯园酿与其他葡萄酒产品的差异点，差异点是顾客选择你而不选择竞争对手的原因；但这还不是顾客购买的理由，“100%纯园酿造”就是给顾客的一个利益承诺，也是让顾客真正动心并采取购买行为的一个动因。所以说卖点必须具备差异点和利益点两个元素，不然就不是完整的卖点。

为了使“纯园酿”葡萄酒在产品识别上能真正区别于竞争对手，我又要求平面设计师专门为这款真正健康的酒设计一个纯园酿技术的识别标志，并把体现产品卖点的两句文案放进去。这是个绿色的标志，出现在“纯园酿”葡萄酒的每一瓶酒的瓶肩上，它的使命是让消费者最快最直接地从产品本身获得与竞争品进行差异识别的符号。

同时，纯园酿的瓶标全部采用葡萄叶子形状，以绿色为主色调，以区别于行业中普遍的红、黄基调和长方形瓶标，在终端的货架上，我们就形成了独一无二的产品特征！双剑还将配合华淳酒业的技术人员，将这一无中生有的“纯园酿工艺技术”进行真正的包装设计并予以法律保护，如同张裕的解百纳一样，我希望“纯园酿技术”能真正成为华淳酒业品牌未来的镇山法宝！

五、策略延伸——营销策略在市场推广中的实操运用

这一阶段，双剑称之为执行方案的成型阶段，重点在于策略的延伸性创意，也就是如何运用好“纯园酿”这个破局的引爆点，来形成一个可执行的完整营销方案。虽然这个方案是针对消费市场的，但首要的问题却是要吸引经销商产生浓厚的兴趣。

这些策略我们继续采用横向思维的头脑风暴会解决。我们围绕的思考点是：什么情况下顾客会喜欢我们的产品而拒绝其他的产品？这是一个假设，但可以延伸出无穷的想象。我们的横向思维竟然冒出了无数的想法，

如："我们的酒一喝就能上瘾""国家规定市场只许纯园酿一种葡萄酒销售""纯园酿成为一种独特的生活方式""当其他的葡萄酒都不能喝的时候"……这一系列五花八门的假设性想法一出来，我们的各种创意自然而然地来了，最终我们确定采取真相传播手法来为纯园酿上市开路。通过百度搜索，我们确认了这样一个事实：二氧化硫（化学式：SO_2）是最常见的硫氧化物，是无色气体，有强烈刺激性气味，是大气的主要污染物之一。火山爆发时会喷出该气体，在许多工业生产过程中也会产生二氧化硫。二氧化硫对食品有漂白和防腐作用，使用二氧化硫能够达到使产品外观光亮、洁白的效果，是食品加工中常用的漂白剂和防腐剂，但必须严格按照国家有关范围和标准使用，否则，会影响人体健康。国家工商部门和质量监督部门曾多次查出部分个体商贩或食品生产企业，为了追求其产品具有良好的外观色泽，或为了延长食品保质期限，或为了掩盖食品劣质真相，在食品中违规使用或超量使用二氧化硫类添加剂。二氧化硫可被吸收进入血液，对全身产生毒副作用，它能破坏酶的活力，从而明显地影响碳水化合物及蛋白质的代谢，对肝脏有一定的损害。动物试验证明，二氧化硫慢性中毒后，机体的免疫力受到明显抑制。

应该说，二氧化硫对人体有极大的危害是一个事实！所以，我们要公布这一信息！首先，我们要求新闻媒介和食品、健康专家配合，通过新闻发布或专家揭秘，来向公众揭示"市场上98%以上的葡萄酒含有二氧化硫，而二氧化硫是一种致癌物质"这个客观事实。尽管葡萄酒酿造过程中添加二氧化硫是全行业都在做的事情，也是工业化酿造葡萄酒必需的抗氧化过程，国家《食品安全法》中明文规定允许添加，只是各个企业必须符合添加标准，坚决不能超标。但这只是行业内的常识，消费者是不知道的，我想运用这一点，向社会公布这个真相，当全社会都知道"葡萄酒中含有二氧化硫"这一事实的时候，丝毫"不添加二氧化硫，100%纯园酿造"的健康葡萄酒问世了，迷惘中的消费者终于有了信得过的真正安全的葡萄酒产品。

纯园酿的健康诉求，彻底扭转了所有葡萄酒拥挤在"品位、产地和葡萄品种"这些同质化的诉求中的状态，独自走上了一条令对手无法模仿的绿色通道。无法模仿是因为别家不能使用纯园酿，因为纯园酿已经由国家工商总局受理注册，只能由华淳酒业独家使用。

六、推广工具——经销商容易操作的推广创意和工具

分销手册和软文手册是我们专门为经销商打造的两个秘密武器。分销手册的核心聚焦在如何快速让经销商分销手里的产品。我们的要求是，经销商从华淳酒业这里拿到的第一批货，必须在一个月内分销完毕，不留一瓶库存，这样经销商才会产生浓厚的兴趣，并快速购进第二批货。按照我们的招商经验，经销商进了企业的产品如果几个月分销不下去的话（有成熟稳定销售渠道的经销商除外），有可能选择退货。而分销不下去的原因只有两个，一是产品没有好的畅销方法，导致经销商对此没有信心；二是企业不愿意投入推广，仅依赖经销商自己的能力去推，所以经销商兴趣不大。

所以，我们的分销手册针对性地为经销商提供了技巧性极强的策略指导，比如，“如何寻找分销商”“说服客户的规范性语言”“进入终端的常规性策略和另类方法”“终端动销的各类活动推广”“分销人员培训规范”等，彻底解决了经销商分销渠道拓展的难题。

为了让经销商能轻松操作产品推广，我们专门为经销商的渠道分销和终端推广设计了20多个用于促销推广的活动方案。例如“九九重阳节，健康慰老人——99瓶价值99元的迷你装纯园酿大赠送”“旧瓶换新酒，免费品好酒——华淳纯园酿葡萄酒健康大派送”“关爱家人生命，请喝健康好酒——纯园酿葡萄酒健康知识大奖赛”“慈善大拍卖——极品纯园酿800限量版发售，800颗野生葡萄酿成一瓶极品纯园酿”等，可以由经销商根据当地市场特点随意投放执行，解决了经销商只有传统营销经验，缺乏创新能力的难题。

而全方位多角度的软文，如“致癌物质大量入侵人体，葡萄酒中含有二氧化硫”“二氧化硫对人体危害极大，专家提醒慎饮含有二氧化硫的葡

萄酒”“98%以上的葡萄酒含有二氧化硫，食品安全再次敲响警钟”等，煽动性极强，带有恐吓性，能让经销商轻车熟路地找到当地的报纸和网络进行投放。软文手册中还注明了什么样的软文投放什么样的媒体和版面等各种执行原则。

可以说这些看上去简单的东西对经销商来说却是必需的，所以加盟华淳酒业的经销商可以做到真正的傻瓜式经营。这些因素，很多企业都容易忽略掉，总以为自己有一个好产品经销商就会喜欢，殊不知，现在的经销商对市场的敏感性早已超越了几年前，他们是否看重产品和企业，要看他们是否看重针对这个产品的推广方案。如果没有完整的实操性很强的方案，是无法说服经销商掏钱合作的。而经销商是企业的第一批客户，如果经销商合作兴趣不大，那么你又凭什么在市场上推广成功呢？

而利用二氧化硫大做舆论文章的第三方新闻公关策划方案，也是本次策划案的重头戏，必须设计完整。虽然由专业的公关策略公司负责操作，但我们必须全方位配合。运用公关而不选择广告的原因很简单，我不想让企业在没有验证策略成功之前就做大的传播投入，主张先不打产品广告，而是通过新闻舆论的轰炸来为纯园酿健康葡萄酒的入市开路，这样既避免了企业的投入风险，又满足了经销商希望企业投入广告宣传的要求。只要社会上对二氧化硫有所顾忌，那么纯园酿就能破世而出吸引大众的眼球。有一阵子中央电视台曝光了河北昌黎非法造假酒及过量添加化学制剂的事件，这无疑是纯园酿破局而出的最佳时机。

七、品牌形象——能够代言纯园酿品牌价值的主体形象

关于品牌形象，行业内各有各的说法，我的理解是，品牌形象即指一个品牌和它的产品入市之后顾客对其产生的信息联想。大部分企业很难找到品牌形象策略，所以傻瓜式的做法是请一个名人代言，由名人的形象和这个形象的性格特征来承载品牌的核心价值。但我可以很负责任地说，目

前很多企业请名人代言的品牌产品，90%以上是失败的。按我的说法就是，只有形象没有代言！为什么这么说呢？因为很多企业的品牌推广策略不精准，而选择的名人的形象和性格又与品牌的推广策略完全不相关，例如太阳能行业和电动车行业，几乎都是一窝蜂地采取请名人做形象代言的同质化模式推广产品。这样的做法所能起到的作用，首先是给经销商一个信号，“我们有能力请明星代言呢”；其次是给消费者带来潜在的吸引力——假如消费者确实会因为喜欢这个名人而冲动地购买他（她）所代言的品牌产品（我不知道这样的概率有多少）。

我可不愿意让我的客户如此糟蹋人民币，更不愿意让客户看到我策划的品牌连一个主体形象策略都找不到。我们必须自己解决品牌形象策略问题！

品牌形象所传达的理念与品牌定位必须一致，“纯园酿”三个字，标志着品牌的核心诉求是健康，而纯园酿葡萄酒的定位，就是全球第一款真正符合健康饮酒标准的葡萄酒。既然健康，我就要通过人物画面来阐释语言文字所无法阐述明白的品牌内涵。我不想用名人，因为我不愿意让客户在这个方面多花冤枉钱；我决定通过朋友关系，寻找合适的美女来充当品牌形象大使。最后袁总自己一个朋友的女儿，一个90后大学生，身高一米七六的车模，自告奋勇愿意担任纯园酿品牌形象代言人。

然后项目总监负责找到广告拍摄公司，我跟摄影师说，我要一个如何如何的动作，照片不要太多，只要一张主要动作的和3~5张其他平面广告主题诉求所需要的动作画面就可以。拍摄很顺利，一共有几十张照片供我选择，我一看，大部分是废品，但我还是从中选择了一张模特双手平叠、仰脸向天的照片。我让设计师将她这个动作放置到一片绿色的葡萄园中，效果一出来，我就能感受到一股美丽健康的气息扑面而来——这个动作和这个美女的笑容及她的服饰与大自然彻底融为一体了！我几乎立刻确定了“纯园酿”的品牌形象，接下来就是让创作人员配上核心广告文案就OK了！目前为止，纯园酿的这个主体形象已经在华淳的网站、产品手册、招商手册、车体广告、海报、终端POP及宣传单页上全方位显示。

八、招商策略——如何快速完成销售网络的实操方式

传播层面的问题全部解决了，接下来就要考虑如何快速建立全国销售渠道的问题了。中小企业的渠道招商不比大企业大品牌有实力进行高举高打，能在短时间内快速完成全国市场的布网工作。由于人力、物力、财力乃至品牌力的不足，我在为客户设计招商策略时往往假设客户是没有钱做招商推广的，在这个局限下我才能思考采取适合的策略循序渐进地去完成看上去不可能完成的招商任务。

经过与项目组全体成员探讨及结合企业的实际情况，我决定兵分三路。一路选择《销售与市场》渠道版和《糖烟酒周刊》及中国营销传播网三家媒体刊发产品的招商广告，全方位覆盖寻找好酒项目信息的潜在经销商客户。选择这三家媒体的理由很简单，因为它们几乎都具有各自的优势和局限性，所以三管齐下可以形成互补，同时又给潜在客户一个信息密集的印象。第二路培训专门的招商人员，有针对性地对目标区域进行点对点的渠道开拓。他们拿着预先准备好的全套产品资料和样品，运用统一规划的招商说辞，深入到地级城市去寻找可以合作的潜在客户。第三路是运用双剑多年累积的经销商资源和双剑的客情关系，以双剑的名义做担保，向他们发送项目资料，洽谈代理合作。

与此同时，我们还安排专门的人员，将大批量带有招揽经销商性质的软文投放到各类商业财经网站上，甚至是以新闻的形式出现……如此全方位立体式招商的开展，自然会吸引潜在的经销商客户，自从信息发布开始，华淳酒业的公司网站浏览量立刻激增。

在招商政策上，我采取了重点挖掘经验型客户和倾力培育有忠诚度的新客户的双轨道策略。对重量级老客户，我们只要将产品的市场推广方案和整套文件发给他们，指导他们如何投放和如何执行促销活动就可以；而有潜力的新客户，我专门为他们准备了分销突击队，协助他们建立分销体系，快速将产品分销出去，与此同时还协助他们执行终端促销活动。

在首次进货额上也不搞一刀切，而是根据经销商自身的实力和区域的大小及所在区域的重要程度进行量体裁衣区别对待。事实证明，这种灵活性的经销商政策，容易吸引不同层次的经销商签约，也更容易配合企业完成招商任务。

为了万无一失，我还与企业商定，采用举行小型精品招商会和区域性小型招商会的双重策略。根据客户线索来源情况和区域情况，首先有针对性地召集一些观念前卫、有经济实力和行业经验的重要客户，邀请他们到公司参观并出席专门的招商会，聚焦于解决实际问题的交流；而区域性招商会议是根据信息源所在地及招商人员带回的客户信息，在当地中央区域召开小型招商会，集中展示企业产品和探讨市场推广方案，这样免去了客户来往企业的时间和经济成本。

九、树立样板——整合营销传播的实战检验

任何一个企业的营销传播都必须是完整的，也就是说营销过程中每一个环节都必须是有清晰的针对性策略的。而所谓整合营销传播，就是要整合企业的一切有限资源集中到一个点上来发力。但这只是一种理论，事实上很多企业尤其是中小企业的营销是难以做到这一点的。华淳酒业也是一家并不富裕的企业，如果传播上不聚焦，传播武器做得不够尖锐、不够有爆炸力就不会产生震撼性的效果。

为了纯园酿葡萄酒能快速在市场蹿红，也为了给全国各地的经销商一个成功营销的样板，为了验证我们的策划方案，针对葡萄酒市场的特性及企业的实际情况，我决定将长株潭市场作为华淳纯园酿葡萄酒样板试验地。为此，我们专门为纯园酿设计了如下策略：

（1）核武器：设计一个图文并茂的招商单页，文案内容主要揭示其他葡萄酒因为含有二氧化硫而带来的潜在危险，使那些正在代理葡萄酒的分销商和终端商产生疑惑，动摇他们未来的市场信心，从而对纯园酿产生兴趣；

（2）突击队：训练一批有杀伤力的网点拓展队伍，无论是经销商、分销商，还是终端店铺，只要适合纯园酿品牌层次的客户，都可以通过努力争取经营纯园酿葡萄酒，务必让纯园酿葡萄酒进入目标区域40个以上的终端，增加产品在销售终端的能见度；

（3）地面战：与当地经销商配合，在长沙市内选择有影响力的商场门口实施促销活动，大规模扩大“纯园酿”葡萄酒产品的地面影响力，以呼应报纸媒体的传播；

（4）高空战：与当地健康专家合作，在长株潭媒体上冠名开辟“健康饮酒”专栏；

（5）舆论战：利用互联网的传播力量，在当地各大网站的论坛、博客、QQ群等，开始大批量投放预先设计好的科普性软文，以左右部分饮酒人士的购买行为；

（6）攻心战：训练一批美女终端导购员，成为“纯园酿形象特使”，她们健康美丽的容貌和形体，将与纯园酿的核心价值融为一体，除了形成视线焦点吸引眼球外，还能增加顾客对纯园酿的关注度；

（7）视觉战：设计精美的产品陈列柜、终端POP及其他宣传物料全部出街，将在短时间内刮起一股纯园酿之风，席卷长株潭的葡萄酒市场……

上述样板市场的策略只是一些基本的要点，事实上在实施过程中，更需要全方位的出击和政策保障，才能在市场上真正产生作用。目前，样板市场战役正在紧密锣鼓地准备着。

十、策划感想——双剑的核心能力与企业客户的期望

最近几年，在企业客户的心里已经形成了一种共识，双剑拿出来的策划方案，总能吓企业一跳，因为我们往往会远远超越客户的预期。客户听完我们的方案介绍之后，总是会问这样一句话：“真服了，你们怎么会这么想？”是的，我们怎么会这么想呢？正如温州景岗卫浴公司的老总跟我交谈时说的那样，“假如你们策划公司的方案思路还不如我们企业，那么

我们凭什么要花钱请你们呢?”是啊，如果我们不能给企业客户以震撼性的策略，不能给企业创造真正的利益，我们又如何敢向企业伸手要钱呢?

跟双剑合作的每一个客户，都会迷恋自己过去的成功，有时候对我们提出的震撼性破局策略有点进退两难，既想投入运作以改变困局，又怕过去的一些积累付之东流，为此，我基本上都是采取先为企业创造效益、然后再逐步改变原来策略的循序渐进的做法，从来不对企业搞全盘否定、一股脑儿来个一窝端的武断做法。总之，我不愿因为策划项目而增加企业的负担和市场风险。

通过对华淳纯园酿策划项目的解析，其实读者也了解了双剑真正的核心思想。我们往往会将客户企业的产品放置在整个行业中，看看能否为这个产品创造一个新名词，这个名词除了使它看上去令顾客相信是一个好产品外，还要能像一个区别于同类产品的新品类。如果这个名词还能给消费者带来一种利益上的暗示和一个消费逻辑，那么，这个创造出来的概念应该是客户企业独一无二的私有品，任何竞争对手都不具备，而这是我们双剑为合作的客户带来的第一个回报，一种无形的价值。

用横向思维进行营销破局，将企业从同行业同质化低水平的竞争形势中拯救出来，并为企业客户乃至整个行业带来一个新的发展方向，就是我们双剑的核心能力，也是其他策划公司所无法掌握的独门武器，是双剑策划公司为企业破局成功的法宝。我时常告诉我的员工，传统的营销策划是策划公司与企业走在同一条道路上，把企业客户遗漏的东西和没有想明白的问题捡起来提交给客户，客户也会觉得对自己有帮助，但不具有震撼性，因为企业客户会想，其实他们自己也能想到!但双剑破局的策划手法却不是这样的，我们从不跟企业走在一条道路上，我们是从未来带了一个创造性的东西交给客户，所以我们的客户一看到我们的提案就非常震撼，通常会冒出一句话:“天哪，你们怎么会想出这样的思路来?”

什么叫双剑?企业本身就是一把利剑，但它只是局限于产品市场和行业实践，而我们的横向思维策划能力却是另一把利剑，双剑合璧才能创造真正的奇迹。

目前双剑的营销杀手正在协助华淳酒业将纯园酿推广入市。在往上一个月，我们又同时为饮料行业、照明电器行业、卫浴行业和花生油行业的客户找到了新的破局策略。即使是临近过年，双剑的杀手们依然在紧张地工作着，因为我们要为客户抢时间。

策划纯园酿，我只花了企业 15 万元的推广费用，能把 15 万元推广费用策划成花 1500 万元乃至更多才能达到的市场效果是一种能力，也是双剑破局这个中国营销杀手的独特之处。

案例十二
罐头食品
——找准定位，超低成本传播

合作客户：湖南洞庭渔郎食品有限公司

客户对接：洞庭渔郎营销经理蒋总

【案例背景】

在与湖南洞庭渔郎食品有限公司（以下简称洞庭渔郎）达成合作之前，我从未关注过罐头鱼类市场，平时也很少吃。不，几乎不吃，因为我的记忆中关于罐头食品的很少，总觉得这个行业应该是外来文化的结果。美国人就很爱吃罐头食品；在关于抗日战争年代的电影电视剧中，也总有八路军战士用从日本兵那里缴获来的日本罐头食品招待战友的情节；而在中国的传统文化中，似乎没有出现过这类工业化生产的罐头产品。

后来一个深圳好友告诉我，她老家有个朋友正在从事罐头食品的生产，一直想解决营销方面的难题，希望我能帮她这个忙，她说已经把我的联系方式给了那家企业。我爽快地答应了。后来蒋总打电话给我的时候，我还不知道好友跟我说的那家企业其实就是蒋总的湖南洞庭渔郎食品有限公司。

因为有朋友牵线，洞庭渔郎的项目服务费用不高。低价格的另一个原因是，双剑目前迫切需要足够的成功策划案例来验证我们的横向思维破局营销理论。尽管我相信我的观点代表了未来的营销方向，但如果缺乏足够有力的案例支持，再强势的理论观点也说服不了被传统营销理论腐蚀了的中国企业和营销界。

一、一见钟情确认合作

2012 年的春节刚过，我就接到了来自湖南益阳洞庭渔郎食品有限公司主管营销的蒋总经理的电话，他说仰慕我很久，希望能得到双剑的合作支持。随后我们在电话里初步交流了一些情况，由此我也知道了该公司大致的一些市场意图。

洞庭渔郎是一家专业加工、生产以洞庭湖野生鱼和莲子等为原料的各种罐头食品的生产型企业。最近几年考虑到罐头食品行业的迅猛发展，加上企业所处洞庭湖边，水产资源非常丰富，公司加快了自身的建设。他们首先扩建了生产车间，使生产能力达到了20亿元；其次，公司在产品研发上也推陈出新，准备推出一系列创新性罐头食品和休闲鱼品；而在市场营销上，公司更有着打破常规的勇气，希望能在未来的罐头食品行业占一席之地。这也是他们找到我的重要原因。

策划合作项目不可能仅靠一个电话就能解决问题，企业和策划公司都需要有一个彼此了解的过程，尤其是必须要有一次深入的面对面交流。我考虑到当前事务繁忙，就与蒋总相约一周以后再确定具体的会面时间和会面地点。

2012年3月28日，我应邀前往位于湖南益阳沅江的洞庭渔郎公司，会见了公司董事长、总经理和营销总监等全体管理层，也参观了刚竣工的现代化生产车间。得知这是一家有点历史的企业，曾经以洞庭渔郎的品牌在罐头食品上有过几年市场运作，但不知何故，总体市场效果不好，一直未能把市场做起来。据他们自己说是因为市场定位问题和营销团队问题，当然，一个产品市场运作成功与否，取决于各个层面、各个环节的协调，不一定就单单是某一个环节的原因。最近企业在生产罐头食品的技术工艺上有了很大突破，觉得应该是个机会，所以才想重出江湖。请策划公司鼎力相助是考虑到企业自身的市场营销能力不足，希望借助外脑的力量，从产品策划到渠道推广和品牌传播进行系统的包装。对企业的情况有所了解后双方就营销策划事项进行交流，经过两个多小时的洽谈，全体管理层对双剑的创新策划能力毫无疑义，对双方的合作更无异议，但最后的关键还在于服务费用上。

行业中都知道我做策划收费公道，这是我的人生价值观决定的，体现一个公司价值的地方不仅是物质利益，还有策划获得成功被认可后的成就感。相比于物质利益，我更看重精神利益，尽管一个公司完全依靠精神利益是无法生存的，这或许也是我获得很多企业客户欢迎的原因。通过在各个细节方面的沟通确认，最后双方达成了深度合作意向。

二、市场引发的思考

我做策划可能跟其他专家有所不同，在收集信息上，我从来都不相信二手资料，也就是各种调研报告和网站信息乃至市场营销人员告诉我的市场情况，我只相信自己的眼睛、耳朵和市场给我的感受。别人把市场调查当成一件理性的观察和分析来做，我却把本该非常理性的市场调查当做一种感性的市场体验去感受。所以在一个策划项目开始之前，亲临市场做深入调研是我的必修课，无论我的工作有多忙，我都会抽出一定的时间，进行沈坤式的市场调查。我不喜欢做问卷式的调查，尽管它有它的科学性。我喜欢把自己当成顾客，去与商场营业员交流，也喜欢冒充竞争对手的销售人员与渠道运作商进行深入沟通，以探听他们内心真实的需求和疑问，或者干脆长时间蹲守在某个售点，观察前来购物的顾客，观察他们的目光、姿态、语言、年龄、性别等，分析他们购买或放弃购买的原因，以此寻找潜意识指引下的顾客购物习惯；我还喜欢召集目标消费者开座谈会，在一种融洽的氛围中，我可以长驱直入，紧追我想要的问题答案。而这个时候，也是顾客最容易敞开心扉发表自己真实见解的时候，很多市场问题都能在这里找到我想要的答案。

公司成立的项目组兵分四路，分别对湖南长沙、北京、上海和广深地区进行为期 10 天的深入调查，最终归纳出了以下市场结论：

（1）罐头食品市场，尤其鱼肉罐头市场还远未完全打开，市场发展潜力巨大——这说明洞庭渔郎进入罐头食品市场是正确的，也是大有可为的；

（2）目前市场上所有的鱼肉罐头都定位在佐餐食品，口味偏重——这说明洞庭渔郎在市场定位和扩大市场销售方面有更广阔的转换空间；

（3）消费者都认为鱼肉罐头里的原料都不是最好最新鲜的，且油腻太重，不健康——这说明洞庭渔郎的罐头食品，在原料选择、工艺质量和迎合消费者的需求、口感方面有改进的余地，至少存在产品差异化创新的有利空间；

（4）罐头食品品牌尚未发现有强大的营销行为——这说明在罐头食品行业，策略性营销还没真正进入或者说尚未引起行业的重视；

（5）鱼肉罐头食品的包装形态几乎一致，就是一个品牌名称加一条鱼——这说明，后进入的企业完全可以通过产品包装的创新来吸引顾客乃至行业的重视；

（6）罐头食品在食用方面不够方便，开盖后如果现场无餐具只能用手抓，而且如果不是一次性吃完，储藏就成问题——这说明罐头食品在食用便利性方面有可供创新突破的巨大机会，且这样的创新有可能改变整个产业的未来走向；

（7）广大接受调查的消费者普遍反映，罐头食品保质期长，他们怀疑食品内含有防腐剂等各种化学添加剂，不到万不得已是不会去购买的——这样的信息，给后进入的企业或者说想在罐头食品行业有所作为的企业，提供了一个生产工艺改进和创新的机会。

通过对市场调查结论的分析及未来策略突破的思考，我几乎就能快速找到进入这个市场的差异化创新策略。关键是我的这些想法，能不能与洞庭渔郎公司现有的技术研发力量相匹配？其次，他们在观念上能否接受我这么强大的破局思想？再者，现有的营销团队能否配合我执行带有强大爆发力的策略呢？

我把策划的关键点聚焦到以下几个方面上：

（1）必须是低成本投入就能获得成功的——洞庭渔郎因为大规模投入生产、设备和研发，在没有十足取胜的把握下，是不会进行大手笔投入的，所以我不可能再给企业加大投入风险，否则，即使是好策略也未必能够获得认可；

（2）必须创意一个具有解决所有市场障碍问题潜能的策略——我们的策略必须一击即中，并且能把市场调查中发现的问题一次性全部解决，如果达不到这个要求，项目就很难获得成功；

（3）除了提供有效的营销策划方案外，必须要为洞庭渔郎公司提供方案执行的管理体系，或者在执行方面双剑必须提供一个有力的保障团队。

以上三个关键点不是单独对这个项目有要求，而是我在针对中小型企业服务时首先关注的焦点。这是我多年来服务于中小型企业所悟出来的道理，抓住了关键点，我们就可以放开手脚，为洞庭渔郎的营销破局进行有效的策略创意了！

我从没有接触过罐头食品行业，但自己有过一次购买豆豉鱼的经历。那是一次在公司中午吃快餐，快餐的菜实在不好吃，我就到一个小超市里买了一盒罐头鱼回来，打开罐头一尝，味道还真可以，就是咸了点。以后再也没有买过罐头食品，做策划以后也没有涉及过，逛商场时更没有关注过罐头食品的货架。要不是这次与洞庭渔郎合作，我可能跟大多数顾客一样对罐头不了解。一个对行业和产品不熟悉的人，怎么为它做营销策划呢？

有了对市场的感性了解和理性的分析结果，我就可以召集双剑的杀手团队进行以横向思维为核心的营销创意了。按我的要求，首先必须要为洞庭渔郎创新工艺生产的鱼罐头创意一个既能概括其工艺技术，又能让顾客从中感觉到其与众不同的独特的产品类别概念，它可以有效区隔市场上其他的罐头产品；其次必须要为这种工艺生产的罐头提炼一个核心卖点；最后才是在这种策略的基础上延伸出来渠道策略和传播策略。

三、基础策略诞生

创造独特的区隔性产品类别概念是双剑最独特的秘密武器，也是区别于国内所有营销策划公司的核心能力。所谓区隔性产品类别概念，是指当市场中有两个以上同质的产品出现时，为了与竞争对手形成本质的产品差异而创造的能有效令顾客产生不同于竞争品的排他性质量认知的一种完整概念。鱼肉罐头目前市场上已经有数十家企业的数十种品牌产品，除了品牌名称和包装不同之外，产品基本同质。

消费者对鱼肉罐头的传统认知是产品原料不新鲜和有化学添加剂，而洞庭渔郎的鱼肉罐头采用了创新工艺，原料全部采用洞庭湖野生鲜鱼，经高温杀菌和独特配方佐料烹制而成，整个生产过程不需要添加任何化学制剂，事实上已经实现了保持食品原来的新鲜度。采用如此与众不同的工艺生产出来的产品，绝对不能与当下其他品牌的产品并肩为伍。必须要给这些优质鱼肉罐头一个独特的名称，进行有效的区隔。但什么样的名称才能有效区隔呢？

（1）产品类别区隔概念：既然消费者认为鱼肉罐头不新鲜，说明他们内心期望罐头里的鱼肉食品是新鲜的，那么我们的区隔性类别概念必须要给顾客一个“依然新鲜”的健康暗示。“原鲜”两个字立刻出现在我们的头脑里，这两个字基本可以传递罐头里食品的状态，但还不够，因为两个字的词语只是一个过程，还没有出现能体现结果的字，我们必须要在“原鲜”的前面或者后面增加一个字，使其成为一个完整的概念。最终，当我们把保持食品“原鲜”作为洞庭渔郎一种独特的生产工艺时，我们立刻想到了一个字，那就是“道”。道，是理论，是玄妙，是经验，更是一种方法，而“原鲜道”就是一种能保持罐头食品原来新鲜度的一种先进的健康工艺，也是有效区隔竞争品牌的一个鲜明概念，关键是可以进行商标注册。

（2）产品线组合策略：有了战略意义的区隔性类别的名称概念，我们就开始着手进行产品线的组合策略设计，产品布局的合理不合理，也是决定渠道经销商是否愿意合作的一个重要原因。为了完善和丰满产品线结构，我们设计了“罐头系列（刁子鱼、手撕鱼、豆豉鱼、香酥鲫鱼）”“90g 软包装系列（刁子鱼、手撕鱼、豆豉鱼、香酥鲫鱼）”“20g 软包装系列（手撕鱼、豆豉鱼、鱼尾、小鱼仔）”“莲子罐头系列（清露莲子、银耳莲子）”“礼盒套装”和“便利旅行装”铁罐头和玻璃罐头等五大系列的数十种风味独特口感不同的单品。无论产品线的长度还是品类之间的宽度，都比较完美。

产品线的结构合理，也方便各种口味喜好的消费者自由选择。对于洞庭渔郎来说，完善的产品线也起到了将目标人群一网打尽的作用。如同在战场上，机枪有机枪的威力、步枪有步枪的作用、狙击枪有狙击枪的价值、手枪有手枪的便捷一样，消费者的需求也是五花八门的。

产品的价格变化不大，只是稍微比同类产品高了20%，以便与定位佐餐的竞争品划清界限。我相信如果产品质量、口感真的比竞争对手好，那些喜欢休闲食品的80后、90后的消费者，是不会对几元钱的价格敏感的。

（3）类别概念的技术阐释：按照双剑的策划套路，一旦某个概念诞生，必然要为这个概念创造一个有力的技术论据，哪怕是自圆其说。这在逻辑上是一个必然，不然，谁也不知道“原鲜道”究竟是什么意思，对自己又有什么作用。

那么什么叫“原鲜道”？它有什么独特点？又能给予顾客什么利益点？跟竞争品牌比又有什么差异点呢？通过一轮又一轮的头脑风暴和思维发散，最终我们形成了这样两句话：“不添加任何防腐剂，100%纯鲜品原装”。这两句话基本可以解释什么是“原鲜道”这个问题了，因为消费者大多认为罐头食品里肯定添加了防腐剂等化学制剂，不然如何解决漫长的保质期问题。但是，我们觉得还不够，还有必要给这个概念增加一个佐证，于是“中国原鲜食品标准”八个字应运而生。

（4）原鲜道产品的独特卖点：如果说“不添加任何防腐剂，100%纯鲜品原装”就是一种独特的销售说辞，也说得过去，但这样的卖点，在双剑一般只能算是技术性的卖点而不是销售时的口头卖点。而这个口头卖点非常重要，必须能消除消费者对原罐头食品的传统认知。所以卖点一定要有针对性，这个针对性就是必须要针对消费者潜在的需求，而不是着眼于企业和产品自身。既然消费者认为鱼肉罐头食品里的原料不新鲜，太多油腻，那么我们的产品卖点不如迎头赶上，于是“原鲜料、低油腻”成为原鲜道鱼肉罐头食品的USP（即独特的卖点），简洁有力。

（5）原鲜道的定位策略：“定位”二字在中国可谓无人不知，但精于此道的人却并不多，大部分人其实还是不甚了了。但洞庭渔郎原鲜道的定位就必须要清晰完整，我们要解决的首先是产品定位，也就是说，这个产品卖给谁；其次是市场定位，即这个产品放在哪个市场里卖；然后是品牌的身份定位和渠道及传播定位。现有鱼肉罐头都定位于佐餐食品，其味道自然不如现烹的鱼好吃。所以原鲜道的产品则定位于“休闲罐头食品”，与之形成差异，因为休闲嘛，啥时候都可以当做零食吃。佐餐食品的消费对象显然是家庭主妇和喜欢喝酒的成熟男性，而“原鲜道休闲罐头食品”就定位于80后、90后年轻一族，因为他们的购买力更强、市场也更大。洞庭渔郎品牌的身份自然就定位成了“原鲜食品专家”。

(6) 原鲜道广告传播语：完成了产品差异性的区隔概念、独特卖点和市场定位之后，就轮到创意产品的广告语了。在一些以硬广告传播为核心的广告公司和营销策划公司的策划体系中，广告语的重要性举足轻重，有时候即使广告创意不够吸引人，但一句朗朗上口或者带有幽默意味的广告语，或许也能获得巨大成功，如王老吉的“怕上火喝王老吉”、统一润滑油的“多一点润滑，少一点摩擦”和好迪的“大家好才是真的好”等，几乎家喻户晓。

原鲜道休闲罐头食品针对的是80后和90后人群，他们对产品的追求几乎集中在口感的“好吃”上，尤其是女性消费者，她们往往因为口感的诱惑而会品尝一些即使对身体没多大好处的食品。原鲜道是休闲食品，休闲食品最关键的是口感，所以，我们干脆直接把原鲜道的广告语，上升到一种是非区隔的高度，从而形成了“原鲜的，好吃的”这句简单而又朗朗上口的广告语，借以告诫目标人群，罐头食品，只有原鲜的，才是好吃的！

(7) 传播定位和创意：对洞庭渔郎的企业情况有了深入了解后，我在传播上就首先剔除掉了硬广告这一项。尽管休闲食品的推广是离不开大规模的广告投入的，但我的计划是，第一年可以策划一个有影响力的事件活动来推动品牌的传播，第二年产品的市场能见度高了，才可以考虑有针对性地投入硬广告。

如何在不投入产品硬广告的前提下，也能快速提升品牌的知名度促进产品销量呢？我只能在产品的包装设计和公关传播及事件营销上下力气。我相信，无论什么手法，只要最终的结果一致即可。

于是，我让平面设计师打破常规，大胆想象，在包装设计上一定要出位。“我要做一个不像罐头的罐头，你明白我的意思吗？”我对设计师说。

只有在包装上出位，才能有效解决产品与顾客之间的第一次传播。我要让走过罐头货架的顾客100%被原鲜道产品的外观所吸引，这不光是色彩、文字，还有产品包装的便利性改革。尤其是后者，后来洞庭渔郎的技术人员配合我们很快就解决了，他们在罐头正面加了一个塑料盖子，盖子里暗藏了一个餐叉，便于顾客享受罐头美食。

（8）区隔概念标志化策略：其次，我又让设计师为原鲜道设计了一个技术工艺和产品质量的认证标志。在标志里，将“不添加任何防腐剂，100%纯鲜品原装”和“中国原鲜食品标准”等文字元素设计进了象征权威的LOGO中，并且在LOGO下面，附有一行小字“购买健康罐头食品，请认准原鲜道标志”，以起到暗示消费者做出正确的优质选择的作用，从而真正达到产品区隔的巨大作用。

区隔性概念的标识化运用，可以起到产品在终端货架上不露声色地促销作用，也是产品静销力的有力保证。在这一点上，大部分企业还没有如此觉悟，只会在包装上堆满各种企业的头衔，以此绕着弯来做出产品优质的承诺。但当对手有了强大的区隔概念时，你所有的头衔将失去作用。这样的策划手法，在中国也只有双剑一家策划公司能熟练运用。

解决了产品的传播问题后，我们的创意团队又设计了以软性传播为主、事件活动为辅的传播策略（详见传播部分）。

四、原鲜道的传播策略

完成了基于产品的基础策略创意以后，我就在思考这样一个问题：鱼肉罐头食品市场有将近几百亿元的市场潜力，行业中的企业虽然多，其中也不乏如梅林、甘竹和鹰金钱等知名品牌，但就罐头行业市场来说，尚没有哪家企业在品牌传播上有大的投入，罐头食品在偌大的食品行业中也一直处于一种可有可无的状态，很多企业的核心利润都来自于产品出口而不是国内市场。如果原鲜道想后来居上，必须具备几个硬件：一是产品得过硬，策略也要精准；二是品牌传播投入大且焦点集中；三是渠道网点密，产品能见度要高；四是各种促销和服务相对完善。而当前的原鲜道显然只是具备了第一个硬件，后面的几个硬件都需要一定的时间和经济实力去努力实现。

既然这样，我必须为原鲜道设计好三年的品牌运作战略，这其中就包括传播上的战略安排。综合考量了洞庭渔郎的企业资源和食品市场现状之后，我决定将原鲜道的营销传播分为三个阶段，即产品导入期、产品成熟期和产品热销期，三个阶段的传播重点各有不同。在产品入市后的最初半年内，我选择以能产生新闻效应的事件营销为主；到产品成熟期才大规模投入广告，且广告一定要带有强烈的争议性；而到了产品热销期，只要做好细致的服务来提升品牌的美誉度即可。具体策略为：

(1)“渔郎娶亲，鲜女下凡”——品牌形象代言人暨2013年鲜女形象选拔赛。

时下“超女”、“快男”和“中国好声音”等各种选秀活动此起彼伏热闹非凡，究其原因是因为人类普遍是在一种相对不变的稳定状态下生活，呆板乏味的生活轨迹很容易让人爆发出喜新厌旧的猎奇心理。这种对当下生活不满、渴望改变现状的强烈欲望，成为人们热衷于参与或议论发生在身边的意外事件和关注具有社会效应的热点事件的主要原因。

“渔郎娶亲，鲜女下凡”活动，是基于原鲜道的品牌整合点“原鲜”策略而设计的，直接取材于七夕鹊桥相会仙女下凡给牛郎做织女的经典故事。我们只是旧瓶装新酒，为原鲜道选拔品牌形象代言人，同时将最终获选的优胜者冠上“鲜女”的头衔。而关于“鲜女”的标准，我们又设置了一定的苛刻条件，如必须是年满18～20周岁的女大学生（且必须是处女，不然怎么对得起“鲜女”这一闪亮的头衔?），身高168～175cm，外表嫩靓、身材娇媚、才艺出众，等等。

单纯的品牌形象代言选拔活动早已经不是什么新鲜的活动了，社会关注度也不会太高，所以这个活动的焦点在于必须有“争议”，有争议就会成热点，有热点就会有传播力，而能产生争议的极有可能是“鲜女”概念和选拔条件引发出的社会反应，而洞庭渔郎选秀的本意也并不仅仅是为自己的品牌选一个形象代言人这么简单，而是希望这个选秀本身能引发出一些对自身有益的传播资源来！

“渔郎娶亲，鲜女下凡”活动不是一个单一的活动，而是一个能延续和资源整合的长期活动。活动将经历“七鲜女”初选和最终鲜女决赛等漫长的过程，加上互联网的推动，其新闻性和社会性热度可以预估，关键是活动的节点把握及合作机构的活动执行能力。但有一点很明确，希望借助这个活动，快速地把洞庭渔郎品牌和原鲜道这个区隔性产品品牌的影响力提高到一定层次，以席卷全国之风帮助全国的各级渠道商进行产品销售。

（2）“美味抢鲜行动，全城通缉吃货”——原鲜道休闲罐头免费试吃活动。

轰轰烈烈的鲜女活动之下，必然要有地面各售点的呼应活动，才能确保传播资源不被浪费。对于休闲类食品来说，试吃是一个经久不衰的诱惑性促销活动，也是对企业自身食品能否真正受目标人群欢迎的一种考验，但是，如何把简单的试吃活动做得有声有色，这就需要事前的精心策划和过程的完美控制。所谓精心策划是指试吃活动的创意性和主题的影响力，“美味抢鲜行动，全城通缉吃货”行动将针对 80 后、90 后女性推出一个诱惑行动。在指定城市的指定售点，所有参加试吃活动的顾客，都可以凭身份证以最优惠的低价格购买 10 罐原鲜道休闲罐头产品。（相关细则不便公开）

（3）“拒绝化学添加，我要原鲜食品”——直抵食品安全话题的争议性硬广告出街。

在产品销售进入成熟期的时候，洞庭渔郎将有计划地选择一些重点市场或者经销商配合度和运作能力均比较强的区域城市，开展轰轰烈烈的以“拒绝化学添加，我要原鲜食品”为核心主题的广告行动，将采取报纸系列广告和公交候车厅及青年人比较聚焦的互联网等媒体广告进行有的放矢的品牌传播，旨在掀起一场全民食品安全保卫运动，为原鲜道休闲罐头食品的各个售点提供销售促进支持。

（4）“拒绝爱情变质，我要原鲜生活”——“原鲜道”原鲜爱情征文。

尽管 80 后、90 后的爱情价值观已经对传统的爱情观带来了一些时代的冲击，但大部分青年人依然受传统文化的影响，对爱情的渴望超过任何一个时代。然而，由于现代社会的影响，一些80后、90后对爱情的态度过于现实，尤其是对物质的追求超过了对精神利益的追求，导致现代人的爱情非常容易变质，从而对爱情产生怀疑。通过“拒绝爱情变质，我要原鲜生活”——原鲜道原鲜爱情征文，在感性地吸引目标人群对“原鲜爱情”概念的关注之余，加深对原鲜道产品的印象，从而为提高产品销量做贡献。

(5)“软性攻击，病毒传播”——全方位软性文章病毒式渗透。

当今世界，硬广告的传播早已经失去了它原有的力量，而软文尤其是那些不露声色的优秀软文传播，很容易在不知不觉中影响目标顾客对产品购买的决策。因此，在规划创意了各种传播策略之外，我们还专门让双剑的文案枪手撰写了“故事版”“恐吓版”“科普版”“新闻版”等各种风格的软性文章，如“原鲜食品工艺，为罐头行业带来了什么”“为什么罐头食品不再新鲜”等。软文会根据不同时间段的需要，在各种媒体相继推出，全方位烘托原鲜道产品的销售氛围，同时也为品牌影响力的提升打下传播基础。

这个方案一经演示，公司董事长立刻觉得，这样一套方案起码得准备数千万元的传播投入，我却告诉他，不需要那么多，几十万元就可以搞得风生水起！

五、原鲜道的渠道策略

我不知道别人策划的思路顺序，但我一直很固执地认为，只有解决了产品与品牌的基础策略和品牌的传播策略之后，才可以考虑渠道问题。不然，你凭什么去吸引或说服经销商加盟呢？洞庭渔郎虽然做罐头食品已有多年，但却一直没有建立起成熟完善的销售网络，双剑策划团队的当务之急就是要配合洞庭渔郎快速建立起一个重点突出、分销有力、管理有序的全国销售网络，不然很难消化公司庞大的产能。

是一开始就面向全国做大市场，还是先做区域样板市场，待成功了再逐步向全国进军？我相信大部分企业和营销经理都会选择后者，毕竟求稳的人还是居多，事实上这样做也确实符合企业发展的基本原理。但是，在了解了洞庭渔郎随原鲜道建立起来的销售团队后，我发现，与其耗费人财物只聚焦到一个很小的区域，不如同时撒开大网，只要这张大网的四角都有人能紧紧抓住。

于是，“立足本省，面向全国”、“以点带面，逐步深化”和“直面地市、双渠同行”的渠道策略应运而生。所谓立足本省，是指洞庭渔郎将在营销资源上集中投入，快速建立起本省的销售网络，尤其是很多营销活动将在本省做试点，然后再逐步影响到其他省份。这种以点带面的渠道推进，是很多企业认可的渠道拓展策略；而“直面地市，双渠同行”是指不设省级总经销，把渠道管理的重心倾斜到地市一级；同时，每一个城市原则上将设置商超经销商和流通经销商双渠道，便于不同资源和不同所长的经销商量体裁衣，从而达到高密度分销的目的。

（1）广告媒体拓展策略：根据洞庭渔郎的自身资源和原鲜道的市场定位，我采取了传统媒体与网络媒体相结合的媒体招商策略，选择在《销售与市场》《商界》《糖烟酒周刊》《新食品》等营销和专业媒体上发布整版招商广告，同时又在中国食品网、中国罐头食品网等行业网站发布横幅广告。我相信，通过三个月的招商广告影响，必然会给洞庭渔郎带来100个以上的经销商客户。

（2）人员地面拓展策略：双剑将洞庭渔郎原销售队伍进行了整顿，又扩招了部分新员工，然后对他们进行从标准化销售说辞到个性化销售说辞，从寻找客户技巧到客户沟通技巧等全方位的速成式魔鬼训练，经苛刻考试不合格者被残酷淘汰，合格者立即编入销售队伍分配到指定的销售区域，进行点对点的潜在客户拓展工作。

（3）电话营销拓展策略：双剑专门为洞庭渔郎培养了三个电话营销专员，她们同样经过严格的专业训练之后开始上岗，然后根据双剑提供的全国各地的食品经销商客户名单，进行电话沟通，传播原鲜道产品信息，回答合作政策，诱惑潜在经销商客户对原鲜道休闲罐头产品产生合作兴趣。双剑在多年的营销策划中积累了大量的行业经销商数据库，可以为一些专业对口的产品企业提供有效的电话拓展目标。

（4）专业机构联合拓展：除了以上传统的渠道拓展策略外，双剑还根据行业特点，有针对性地对一些重点省区进行精准的渠道拓展。我们选择了一家掌握了全国有效的优质经销商客户资源的第三方招商机构进行区域性合作，以弥补上述招商策略的不足。与专业机构合作进行联合拓展，能确保某一区域销售网络的全面建立，只要企业的产品确实有一定的亮点，销售政策有吸引力，那么专业机构的定向招商，就能帮助企业快速建立畅通的销售网络。

（5）区域分销援助策略：根据原鲜道系列产品的市场策略，以及各类经销商的运作特点，我们专门配合企业营销中心，建立了三个区域市场分销作战分队。他们经过严格的专业训练之后，将随着合作经销商的需求而被分配到需要支援的区域，全方位帮助经销商拓展新客户促销老客户，最大范围地帮助经销商将第一批货品分销到各个售点，以实现经销商的货品周转，同时也提高了原鲜道产品在市场上的快速能见度。

（6）双剑营销特攻队助销：为了确保项目的顺利进行和成功，双剑专门为洞庭渔郎组建了专业招商拓展的营销特攻队。他们三人一组，运用独特的信息不对称传播原理，从各自不同的身份出发，通过目标锁定、火力侦察、局部佯攻、侧翼攻击和诱敌深入，最终形成不是我们寻找经销商，而是经销商主动寻找我们并要求合作的良好局面。这是双剑的渠道拓展实战秘诀，也是国内首创。

六、后记：一切才刚开始

洞庭渔郎项目的前期策略策划已经结束，原鲜道产品的渠道招商正在火热进行中，双剑破局营销策划公司的营销特攻队全体成员也进入全面的执行阶段。市场实践将验证策划方案的成功与否，所以，客观来说，现在说成功还太早，因为就营销策划本身来说，策划方案是否完美有效是一回事，由什么人来执行，执行的过程监控及最终市场的反映结果怎样又是一回事。对于双剑来说，真正的策划才刚开始。但回顾这个项目我还是有几点感慨。

（1）市场调查做得很充分：能快速有效地创意出原鲜道系列营销策略，得益于双剑团队的市场调研的努力，近12人的调研队伍和十多天的调研工作，为我带回了很多有价值的市场信息。而我个人进行的整整三天的销售终端蹲点式观察，也为项目策略的创造提供了市场销售的有价值信息。所以，有些企业在找双剑合作前自己做了一些调查，然后把调研报告给我们，让我们直接参照进行策划，我认为这是误导，因为理性的数据信息本身不具有创造价值，而感性的体验却最有可能激发我们的创造能力。

（2）产品基础策略精准：前面我已经说了，我是第一次接触罐头食品和休闲鱼品行业，购买罐头食品品尝也仅有一次，在接手之前，我对这个行业实在是了解甚少，相比于在这个行业浸淫多年的洞庭渔郎管理层来说，我十足是个门外汉，但我为什么能创造出崭新、精准的破局营销策略呢？这是因为我们对消费者的消费心理及如何激发消费者的消费欲望有着很强的把握能力。无论什么行业，只要我们双剑进入，必然能做出令整个行业瞠目结舌的创新策略来。

（3）规避风险的低成本传播：我的策划习惯总是先把企业客户的风险放在第一位，而不是为了让企业执行我的方案不去考虑可能产生的后果。以低成本投入为核心的策划方案，是营销策划中最艰难的。如果洞庭渔郎能在央视投入5000万元的广告，我想我不用怎么策划，只要拍摄一个有点创意的广告片也能轻松获得成功。但我不会这么做，事实上现在的企业也很聪明，不会在胜算不明的前提下盲目投放广告。我想，双剑策划的原鲜道营销整合传播方案，全部投入也不会超过100万元。但我们的销售目标却是1亿元。

（4）渠道拓展的全方位展开：像洞庭渔郎这样的公司，既然不能高举高打，那么渠道拓展策略的成功与否更能让这个企业感受到信心的有无，所以，我在将传播投入放到产品成熟期，而将资源倾斜到渠道拓展上来，因此设计了4个拓展策略，分别涵盖食品经销商的各个层面，同时又能形成互补。对于很多中小企业来说，市场能否成功就看渠道网络，一个企业如果产品的招商工作做得细密稳定就等于成功了60%，另外40%就要看市场的动销力了。

(5) 产品的命名未能落实：虽然总体的策略还算比较满意，但看着设计出来的包装标签，我还是不太满意，不满意的原因是产品的命名过于传统，几乎跟现有的同行产品没什么不同。例如“豆豉鱼、刁子鱼、手撕鱼”等，最多在下面增加一行不同口味的小字，整个行业都是如此以鱼的自然种类名称和食用方法来命名的。因为亲自走访过市场，我很清楚，罐头本来就不大，顾客对产品名称下面的小字根本难以看清，远远看过去，所有的产品除了包装颜色和形状（椭圆形居多）有所不同之外，鱼肉罐头的产品名称完全雷同，这叫消费者如何辨认?

在设计产品策略时，我提出了在自然名称之前再冠上一个独特的口味或者能引发味蕾生理反应的佐料、配料名称，如香辣刁子鱼、老干妈手撕鱼和香酥刁子鱼等，我想让口味概念诱惑消费者在第一时间关注原鲜道的产品，因为我深知，人视觉所触及的口味字眼，能快速通过想象转化为触发味蕾的反应信息，从而在瞬间增加顾客的食物欲望。可惜，客户的研发人员接受不了我充满野性的创新策略，所以，最终原鲜道的产品依然沿用了传统名称，这不能不说是原鲜道休闲罐头食品策划案的一大遗憾。

营销策划是一个庞大的系统工程，策划方案本身是这个系统工程非常重要的一部分，但真正的关键还在于有效的执行。目前，双剑的营销特攻队正在一如既往地配合洞庭渔郎营销团队进行全国市场的招商工作，能否达到预期的效果全看我们的破局营销策略是否正确及双剑营销特攻队的执行能力。让我们拭目以待。

【策划感悟】

这个项目的提案是由我主持，在洞庭渔郎公司的会议室里举行。参加第一次策略提案会议的除了我的项目小组全体成员，还有客户方的全体管理层，洞庭渔郎食品有限公司董事长曹先生也参加了会议。

提案会上，出现了一个小插曲，曹董事长认真听完我的整个方案宣讲以后，提出了一个疑问。他觉得这个案子中的策略都很棒，但是凭他的经验评估，配合这个案子的营销费用会很高，认为没有3000万元是无法推广成功的，而洞庭渔郎绝对不会拿出这么大一笔钱来投入的，他问我怎么办？我通过全方位考虑后，回答曹董事长说，这个案子不需要3000万元费用投入，要把这个案子推广成功，我只需要30万元就可以，然后，我陈述了如何用30万元来炸开这个市场的详细思路和方法，最终获得了大家的一致认可。

但后来在这个项目招商阶段，我们的合作就出现了问题。首先，企业的管理层在益阳市内投资了一个商业地产项目，有三个月时间大家的精力全部投放在地产项目上，没有过问罐头食品项目，导致我们的合作也只得临时终止。三个月后，企业才再联系我们要求把招商项目继续下去，但因为企业把资金都投入到了地产项目上，在罐头食品方面的投入几乎为零，虽然后来企业在长沙设立了营销部，竭力在长株潭市场做地面招商推广，但收效甚微。

我经常跟企业说，营销策划过程中，好的策略是一方面，但好的策略需要完美的执行才能创造出真正成功的市场营销案例。中国的很多企业盲目地崇拜策划，以为有一个好的策划方案就可以了，殊不知，一个再完美的营销策划方案，没有有效的执行措施，其结果也未必能带来成功。洞庭渔郎的策划方案可谓完美，但执行却是相当糟糕，很多执行策略都未被企业所接受，要么不愿意投入，要么大打折扣，总之，无法达到我们对项目结果的预期。

双剑破局：沈坤营销策划案例集

案例十三

休闲食品

——小企业的披荆斩棘之路

合作客户：江西上味世家食品有限公司

一、重新诊断企业的核心问题

2007 年 9 月，在我的耐心劝说下，我成功地帮助一个食品行业客户江西上味世家食品有限公司（以下简称上味世家）导入了基于营销导向的战略策划。

上味世家当时是一家创立仅 4 年的小企业，说小企业是因为他们全年的营业额才刚满 2000 万元。当时企业与我们合作的目的，是希望我们帮助他们解决连锁专卖店的区域扩张问题，也就是招商策划，当时合同也是这么签的。但是，当开始合作以后我才发现，上味世家根本没有战略这个概念，管理层也是由四个三年前一起打江山的好朋友组成，除一个是老板外，其他三个管理层人员分管了行政、生产和营销。由于市场本身的机会，公司每年也有 30% 的增长。当时，老板找到我，希望我们能帮助他们加快扩张步伐。

在内诊外调过程中，我们发现上味世家存在几个很大的问题。首先是公司内部的管理由于缺乏战略而比较混乱，很多决策都是非常随意的，员工流动率非常大。公司没有系统的管理制度，没有激励奖惩制度，总之是一个非常典型的处于草根创业时期的小企业。

其次是公司已经在当地区域开了 30 家专卖店，其销售业绩差异很大，好的每天有 5000 元上下的营业额，差的每天仅有几百元，那些营业额比较低的经销商和加盟商，普遍意见比较大，并且对企业品牌的未来不看好，有些甚至想改换门庭，转投竞争对手。

另外，一个想走连锁经营模式的专卖店品牌，连基本的品牌定位都没有，而管理 30 家专卖店的营销人员，根本没有对它们进行系统的管理，也就是说，上味世家目前还没有一支完善的营销队伍。

从合同上看，我们只负责招商策划，但是，我相信即使我们能策划出一个成功的招商方案，在几个月之内可以帮助企业完成从30家到100家店的扩张过程，也帮不上这家企业的忙，相反，可能因此而害了企业。因为我们觉得这个企业最需要解决的不是专卖店扩张问题，而是公司的战略规划。

为了顺利完成项目，我决定利用我对公司战略的操作能力，额外帮助企业解决战略规划问题，并导入系统的内部管理体系，在完善内部的同时，沉稳地迈开扩张步伐。

二、基于营销导向的战略规划

面对这样一个充满着短期利益思想的民营小公司，要让他们接受我的战略思想，我只感觉担子很重，也很艰难。一方面必须拒绝大而空的理论说教，让他们明确战略对他们的意义所在，另一方面确实要为他们导入符合企业发展的战略管理，并循序渐进地推进战略计划。为了确保本项目的合作成功，同时设身处地地为企业客户考虑，我决定“自找麻烦”，把项目组全体人员带到企业内部，分别展开为期一个月的内诊外调工作，全方面了解该企业存在的问题及问题的成因；同时我们搜集并购买了大量参考资料，内容从宏观行业的发展到企业具体的市场运作，以及行业竞争态势的分析，进行科学的数据分析。然后，将四个核心管理层和部分中层管理骨干封闭在酒店里，通过半培训半研讨的方式，将一个公司为什么要有战略、如何规划、如何形成计划，如何按照计划去一步步地实施战略的方法等进行了逐步的导入。

整整一周时间，我们针对上味世家的发展成功地制定出了公司的事业领域规划、2008年的目标及未来3~5年的战略目标；同时针对2008年目标，做出了完成目标的几种战略行为，如提升现有经销商和加盟商的经营信心、明确品牌定位和清晰品牌形象、设计扩张的时间和扩张的区域及新增的开店数、围绕着新战略所需要的人力资源计划和财务资源准备等。

这中间，我们时常发生争论，有时甚至非常激烈。作为战略规划的主持人，我不时地纠正管理层在研讨本公司战略过程的错误思想，并不断援引优秀公司的战略和成功实施的案例。管理层与管理层之间也常发生争执，我觉得这是好的现象，说明大家都开始为公司的未来发展做认真的思考了。

通过本次研讨，我们确定了新的组织结构，并通过民意测试，推荐产生了新的管理班子，将核心管理层控制在五名，从而形成差额票数的决策班子。同时在我的建议下，我为整个管理层核心班子，建立了每周例会的会议制度。这个例会既是处理日常事务的管理层沟通会，又是一个严谨的战略计划的实施领导和监控班子。我想通过这些硬性的规范，来使该公司改变以前哥们儿义气的江湖式管理班子，建立新的科学管理团队。

通过这次研讨，公司管理层也知道了“公司使命和愿景”及“核心价值观”这些企业文化层面的东西原来并不空洞，他们原来对企业战略根本不明白，也不知道一个企业的经营还要规划这些东西，而到最后大家都非常清楚地意识到：一个企业要健康地发展，这些所谓“空洞”的元素一个也不可少。尤其是企业文化，如果仅有理念和口号而没有具象载体，所谓文化就只能是没有灵魂的躯壳，无法为企业员工所接受。

接下来我们又运用了大量的时间，给基层员工做洗脑式培训，灌输一些新的职业思想和文化理念。两个月下来，管理班子明显感觉到，公司的精神面貌正在发生巨大的变化，一些员工开始有了大的转变。针对新的战略目标，我们又给员工安排了每周三堂的培训课，分别从观念、知识、技能和自我管理等方面对员工进行系统的强化培训。我们的目的是提升公司的凝聚力，通过新战略、新目标及系统的培训告诉员工，公司正开始二次创业的变革，这个变革跟员工有着切身的关系。我们甚至在墙上贴出了这样的口号：“企业开始奔跑了，你能跟上吗?”

三、各项战略计划的实施

根据该公司制定的新战略，我们立刻将一系列战略进行了计划安排，形成了各个部门一体化的年度战略计划。具体如下：

（1）提高经销商和加盟商信心方案。

调研中发现，经销商和加盟商普遍反映对经营该企业品牌专卖店信心不足，其主要的原因是销售额不大，利润很有限。根据这一情况，我们立刻设计了“单店赢利能力提升”策划执行方案。我们从“创新产品概念”“增加新产品”“提升管理效率”“提高服务技能”“增强对外传播”“实行店外送货”等各个方面进行系统的整改，我们的目标是想通过这个方案，帮助经销商和加盟商实现单店赢利翻一番的目标。经过三个月紧张有序的方案执行，市场效果立刻体现，几乎所有的单店赢利水平都翻了一两番，有30%的专卖店，竟然业绩高达原来的三倍。一时企业上下，乃至经销商和加盟商都欢欣鼓舞，从而对我们的整体策划项目更有信心，也更加配合。

（2）培养和引进人才，建立营销组织方案。

根据新的战略部署，企业急需以下人才：具有实战能力的营销总监和人力资源管理总监及门店管理经理。为了尽快解决企业的人才缺口，并顺利实施系列战略计划，我们又自找麻烦，由本公司项目总监兼任企业的营销总监，一名高级咨询师兼任人力资源总监。与此同时，我们通过双方的信息渠道，挖掘物色了三个在食品生产和管理及新产品研发上有一定专业能力的人选。最终经过周密评估，外聘了一位生产技术人员，加入生产管理中心。而我们兼任的两个职位，将负责在三个月内通过培养和引进解决接班人问题。

通过这一模块的咨询导入，我们明显发现企业的管理和个人的工作效率提高了，而且员工的凝聚力也有了很大的提高，管理班子的积极性更高。

（3）清晰品牌定位，打亮门店招牌。

新战略第三个计划就是要改变原来品牌定位模糊的状态。我们通过调研数据分析及当前行业的竞争态势分析，设计了符合企业发展与区隔于竞争对手的差异化定位，把公司的连锁品牌定位于富有历史文化的“祖传秘制”。然后我们着手通过设计元素和传播策略来强化这个定位，同时产品的设计也围绕着这一定位而展开。根据新定位，门店形象招牌全面撤换新的，费用由企业与加盟商共同承担，经销商、加盟商看到企业动真格的，便开始对企业刮目相看，渠道的力量也开始发挥出来。

（4）设计招商策略，实施扩张计划。

根据公司战略，将新增开 70 家门店，实现销售额突破 6000 万元的营销目标。我们针对性地制定了三套招商策划方案：一是在各地市区域召开"个人投资项目咨询培训会"，目标人群锁定具有 6 万元到 10 万元储备款的潜在客户，利用营销培训与项目赢利前景双重分析手法，快速让这些人加盟公司；二是通过受过专业培训的招商人员深入市场，到商圈寻找符合开店的现成店面，无论其做什么生意，以设计好的语言，劝说其改换生意，加盟本公司；三是通过与当地政府的再就业机构合作，双方共同召集区域内的下岗人员，进行再就业培训和指导，通过企业免费提供货源和培训的方法，吸引那些做生意无门但欲望很强烈的下岗人员加盟。这三套方案不是取舍，而是相互并用，形成互补。

（5）扩大品牌影响，提升产品销量。

公司后方的创意策划人员，紧密配合前方项目组，针对企业品牌知名度低，大部分区域的门店销量低于竞争对手的情况，专门设计了系统的整合传播方案，从产品概念的包装，到传播手法的创新及终端销售说辞的规范，进行了全方位的策略调整。我们相信，在这个营销水平非常传统的行业里，我们的破局传播策略必将带给整个行业以震撼，也会给服务的企业品牌带来实质性的业绩。

目前，系统的门店管理体系正在紧张地导入，而我们的战略计划也在有条不紊地实施中。更重要的是，企业对我们策划公司的看法完全变了，他们认为这才是他们想要的策划公司及合作方法。他们觉得自己的企业太稚嫩了，需要的不仅仅是好的战术，更需要策划公司全方位的扶持与帮助。

对这个项目，我们比原来合同规定的项目内容多出很多工作，为了弥补这个付出，我们双方签署了销售业绩提成奖励协议。合同规定，如果在战略年顺利完成目标，企业一次性奖励 5% 的提成。而如果这一提成目标达成，那么我们的额外付出也就有了实质性的回报。可留给我的疑问是，我们仅仅是在做营销策划吗？

四、后记

这个2007年开始实施的项目进展非常顺利，企业的满意度也非常高，合作的配合度令人满意，而为了这个项目的成功，我也签下了“卖身契”，每个月保证用不低于一周的时间，深入企业内部工作，以配合项目组和企业管理层更顺利地推进公司战略计划。

这个项目涉及了企业战略，而这个战略导入，如果从麦肯锡等大型跨国咨询公司的专业角度来说，是不严谨的，因为我们毕竟缺乏翔实的行业数据和对行业未来发展的预测能力。但从企业片面地想要我们提供纯粹的营销战术，到我们主动为企业着想，从战略角度规范企业的经营运作，制定符合企业发展的战略目标，并配合企业制定可操作的系统战略计划，一直到带领企业有步骤地实施这个计划，我们觉得帮助企业既是责任也是义务，尤其是这样一家年营业额仅2000万元的小企业。我们觉得这是一家有责任感的策划公司应该做的，哪怕我们将为此付出更多的人力和时间。

案例十四

集成吊顶

——小企业大作为

合作客户：浙江名流电器有限公司
客户对接：名流电器总经理徐迹

【项目背景】

浙江名流电器有限公司（以下简称名流电器）的集成吊顶项目，其实一开始双剑并不愿意合作，因为浙江企业家有一个相同的问题就是做事十分挑剔，但思维又很传统，在某种决策上比较自我。名流电器的徐总性格也是如此，一方面说自己不缺钱，但对我的最低报价却一再讨价还价。当时双剑其他项目都在紧张的执行中，所以，我们没有立刻承接下来，一直拖到2011年的年底，徐总又再次飞到深圳。我感受到徐总的诚意及考虑到该企业的实际情况，同时出于对未知领域的探索兴趣，才最终以特别优惠的价格在年前签下了协议。

在策划中，与名流电器的沟通也存在一个很大的麻烦，企业方包括营销团队的营销思维非常传统，总觉得别人的产品诉求比较好，但自己又说不上来好在哪里。他们对双剑的创新策略心里一直没有底，一开始既不拒绝也没接受，总说跟朋友再商量商量，导致方案提交一两个月后都没有顺利进入第二步的方案执行。

一、洽谈合作

2011年上半年，我参加了由工信部和浙江省企业管理中心联合组织的“中小企业家品牌突围”杭州论坛，并在论坛上作了题为“破局创新，无限可能”的演讲，当时会场上有400多位来自各个领域的企业家和营销经理人。我演讲结束后，就被浙江奇力电器的老板接到了该公司，这是我第一次接触专业生产“集成吊顶”产品的企业。通过与该公司管理层的沟通及对产品和厂区的参观，我获得了对集成吊顶产品及行业的粗浅认知。

说来也巧，与浙江奇力电器最终因为价格原因没有达成合作，到了下半年，我接到了浙江名流电器总经理徐迹先生的电话。在电话中，我们初步沟通了关于集成吊顶行业的现状与发展，随后约定双方正式会谈的日期。之后大约过了半个多月，也就是快接近年底的11月份，徐总专程从浙江飞来深圳，与我在双剑的办公室做了整整半天的深入交流。徐总很年轻也很健谈，对营销策划江湖很了解，对营销策划领域的几个专家如叶茂中、路长全、李光斗、朱玉童、何慕等及他们各自策划的案例都如数家珍，说明这个徐总是有备而来。

“既然您这么了解策划行业，双剑又比您所熟悉的那几家策划公司的规模要小，您为什么还要选择与我合作呢?”在谈完正事之后，我这样问他。

“我选择策划公司不是看对方名气有多响、员工人数有多少，而是看策划公司的创新能力和公司的核心人物能否亲自操刀策划项目等，我刚才说认识的那几家公司的老板，绝对不会亲自操刀为我这个小企业做项目，一定是由下面的员工来做。”他说，“我不想找这样的公司合作。”

考虑到对方的真诚和对双剑的信任，我破天荒地以低于运作成本的价格达成了双方的合作。考虑到公司利益，双方在合作协议上达成了服务费用与销售业绩进行捆绑，达标后享受一定比例提成的方式。2011 年 12 月 20 日，项目正式启动。

二、市场洞察

项目启动以后，我立刻带领项目组成员深入企业和市场一线，通过内诊外调，了解集成吊顶这个行业的现状及可能突围的爆破点。通过近半个月的市场走访，我们发现集成吊顶是一个很奇怪的行业。奇怪首先是指这个行业的企业都是叫电器公司，行业的归属可以是电器行业，也可以是建材行业。这是个非常小众且刚诞生没几年的新行业，据我们调查，行业做得最好的厂家年销售额也就 1 亿多元，其他厂家几乎都在 2000 万 ~ 5000 万元，应该说，这是一个盘子相对较小的行业。

其次，这个行业的企业品牌名称几乎都是克隆其他行业的，如友邦、樱花、海尔、荣事达、新飞等，但其实质跟这几个原品牌一丁点儿关系都没有。要不是经销商介绍，我还真以为是这些著名企业都进入了这个行业。

还奇怪的是产品本身，所谓集成吊顶，是指通过吊顶材料和工艺，将房间里所需要的照明、排气、取暖等功能一网打尽，难怪所有生产集成吊顶材料的企业都叫电器公司。

而在集成吊顶产品组合上，大部分企业的本质是组装产品。例如取暖和照明两用的浴霸是一个品牌，照明电器又是一个品牌，排气扇则是另一个品牌，唯一自己生产的其实就是吊顶材料。只有个别企业才能通过 OEM 达成统一的品牌名称，可行业经销商和熟悉内情的消费者，还是知道这些电器的生产厂家，由此最终导致不少消费者在选购集成吊顶材料时，指明浴霸要用什么牌子的，照明要用什么牌子的，等等。这又有点像定制了。

产品的销售终端集中在大型建材市场和装饰材料市场，有的在电器部位，有的在建材部位，专卖店里大多时候冷冷清清。

通过对消费者调查发现，集成吊顶的装饰用途几乎就局限在厨房、浴室和阳台三个地方，很少有家庭会将集成吊顶运用在客厅和卧室里，这也导致这个市场无法扩大。

三、名流电器

名流电器是 1995 年创立的，最早从事浴霸等电器产品的生产和销售，后来自然而然进入了集成吊顶行业，所以相比于其他集成吊顶企业，名流电器的优势更为明显，那就是，企业自身完全拥有 100% 的配套电器生产能力，再加上金属吊顶生产水平，几乎达到了行业内极少数的独立生产能力。

但很遗憾，由于各种原因，名流电器的年收入一直徘徊在几千万元，无论如何努力，就是突破不了亿元大关，这也是徐总寻找专业外脑公司援助的原因。

通过内部诊断我们发现：首先，名流电器的经销商不稳定，经销商的实力和能力相对比较弱小，也就是说，现有的经销商体系根本无法为名流创造1亿元的销售业绩，这是我们在调查中发现的一个很严峻的问题；

其次，虽然名流的产品全部自主独立生产完成，其质量可以得到控制，但是，在产品的策略包装上，未能将这个优势表达出来；

最后，企业的营销队伍，人少不说，且缺乏必要的战斗力，企业也未能从战略角度给营销队伍设计相应的个人发展平台，导致销售人员的销售力薄弱，这也是一个非常要命的问题。

名流的品牌影响力，在整个行业内属于三流，只在行业和经销商层面略有影响，对于消费者来说，完全像一个陌生的小品牌。不像其他品牌如樱花、美菱等，尽管是假冒的，但却非常有消费者认知度。

产品、渠道、人员、品牌和传播，几乎每一个环节都出现了这样那样的问题，这对于双剑来说，是一个绝对严峻的考验，因为对于名流电器，也不单单是一个点上的策划，尽管系统的策划也是由点及面地展开的。

我决定，由产品入手，系统解决名流电器的营销难题。

四、产品策略

我在《你的产品是尖刀还是盾牌?》一文中有过阐述，只要市场中拥有两个以上相同产品的竞争者，你的产品就必须要有独特的差异点，因为同质化的产品，会使消费者把质量的参考榜样移植到品牌影响力上。也就是说，如果两个品牌中有一个品牌的影响力比你强，那么你的同质化产品的销售力就会被有影响力的品牌给打压下去。

如果要解决名流电器的营销难题，将它的产品设计成对消费者具有杀伤力的尖刀产品，是必须要走的第一步策略，只有这一步策略走好了，才能更顺利地走好其他几步。

但是，通过对集成吊顶产品完整地了解之后才发现，要对多个单独产品组合而成的集成吊顶进行质量方面的标准提炼显然很难，看上去消费者购买的是金属吊顶材料，但实际上购买的是一个吊顶的总成，如果我们模仿其他集成吊顶企业的做法，把卖点集中在吊顶材料的质量上，例如自清洁、耐清洁等，显然不妥当。首先，金属吊顶材料基本上同质，就是一块面板，如何能达到自动清洗？这很容易让消费者产生疑问；其次，将卖点集中在一个产品的层面上，势必让消费者对其他配套电器产品产生疑惑。

四五个人一组的小分队，你是想让人记住勇猛睿智的领队呢？还是记住每一个队员各自的特色能力？答案肯定是前者，这就是当前集成吊顶行业普遍的做法，将卖点集中在吊顶材料而不是某个电器配套产品上，尽管在终端，经销商们也会告诉你，他们的配套电器是什么什么品牌的、质量如何如何。

针对名流电器的产品质量及配套生产工艺，我觉得，采用上述两种方式创造消费者记忆点都不适合名流电器，或者说都不是最好的选择。我的目的是要让名流电器的集成吊顶产品形成一个团队符号，让消费者记住这个与众不同的团队，而不是领队或者其他队员，这就要求我们挖掘集成吊顶全体成员的共性特点，使其成为整个团队的记忆点。

从产品出发，我们很难找到可以涵盖全部产品的质量名称，我们只能把思维延伸到消费者身上。消费者是如何考虑的？也就是说，站在消费者的立场看待集成吊顶产品的质量。后来我们经过反复征询和论证发现，消费者其实不关心你的吊顶板是什么牌子，配套电器又是什么牌子，他们在意的是每个产品之间的关系及最终的质量保证。

我们只得再派出两名策划师，深入到名流电器，再次严谨地审查了名流电器每一个产品的生产工艺和质量水准及相互之间的关系，然后通过头脑风暴会解决这样一个问题：如何让消费者相信，名流电器的产品与其他品牌的产品不同，是整个行业质量最高的产品呢？我们需要一个概念，一个可以涵盖全部产品高质量信息的概念。最终，我们诞生了“全质控”三个字。初看这三个字，感觉很普通，但仔细拆解，还是发现其中内涵的张力。因为单从“全质控”三个字的本来意思，就能向消费者传递一个简单的信息——“全面质量控制”，但这同时也是名流电器的一套产品质量工艺，产品属性和形态可以不同，但质量却必须是一致的。我们决定将“全质控”提升到名流品牌的战略高度来推广，而不仅仅将其当做一个产品的卖点。通过全质控，名流电器真正做到“全系统原厂品牌精配电器，光气暖美饰装备一统天下”的效果。

全质控电器：声音最低、光照最柔和、取暖最快速、换气最彻底、使用最节能。

全质控吊顶：最美观协调、装饰感更强、耐用性更强、布局最合理、搭配最到位。只有名流具有“全质控”这个美饰装备。2012 年，名流将——

以“全质控”态度，严密控制每一个品质细节；

以“全质控”力度，冲击整个市场；

以“全质控”高度，左右整个行业；

以“全质控”角度，树立产业标准；

以“全质控”速度，给集成吊顶行业来一个一统天下！

名流电器品牌定位：中国全质控集成吊顶开创者；

品牌定位的传播语：美饰装备一统天下；

名流电器的广告语：集成吊顶，我要全质控；

名流电器产品卖点：非杂牌组装，100% 原厂精配电器；

名流电器品牌形象：一群美式装备的海军陆战队队员。

美观的装饰配备，整合整体厨卫空间。“美饰”谐音“美式”，将其比喻为美国军队系统性的先进武装、严密性及高性能的军备品质，“一统天下”则玩味性地将吊顶的特性再次与军事目标相统一。吊顶所至皆可喻为“天下”。“一统”则自然而然地显示了产品“系统整合的统一性”，反映了“全质控”的品类属性。拥有“美饰装备”，自然“一统天下”。

一统天下，即是产品自身的集成性，也是暗藏“一统吊顶行业天下”之野心，一语双关，为传播推广埋下双重伏笔！

至此，名流电器的集成吊顶产品的尖刀策略基本完成，至少能在终端极大地震撼消费者，而在行业内，名流电器也达到了“我有你无”的独特差异点境界。

为了使名流的集成吊顶产品更具有尖刀作用，我们在每一种产品的表面，都贴上了“全质控”技术标志，并在标志下面特别注明“购买高质量集成吊顶，请认准全质控标志”。

五、渠道策略

双剑策划有一个习惯，在完成对产品的策略改造之后，首先要解决的第一个问题就是如何将这个产品策略信息快速地传播出去。如果找到了这个方法，然后才考虑渠道策略，因为只要你的产品拥有了独特的传播方式，就等于找到了打开市场的密钥，这个时候，你再去寻找经销商合作，就能轻易地吸引他们。因为说到底，产品好是硬道理，但如何卖产品更是重中之重。

名流电器的产品差异点找到了，区隔竞争对手的质量类别概念也设计好了，虽然下一步的品牌传播创意和执行方案还没有进一步设计，但考虑到名流电器当前的经销商队伍和全国稀稀拉拉的销售网络，我们觉得应该先解决它的渠道问题。

根据名流电器的现状，我们准备采取五个渠道拓展策略来完善它的渠道布局：

（1）人员拓展：计划训练五个人的拓展小组，经过标准化强化训练，使其成为尖刀部队深入市场一线，通过专业的客户寻找方法、谈判技巧及配套的产品创新策略和经销商新政策等，促使更多的经销商客户与名流电器合作。

对这一层面，我抱的希望不大，但如果这支队伍能将目标对象总数的10%谈判成功，就已经达到我想要的效果了。

（2）广告拓展：如果说人员的拓展能力不是一朝一夕就能完成的，我也不抱太大的希望，或者说没有把主要的精力放在这里的话，那么通过编辑好的具有强大吸引力的信息，在建材经销商经常浏览的各种媒体发布招商广告，是我最想做的一件事。我计划花20万元传播费用，来帮助名流电器在三个月内完成全国渠道的重新布局。选用的媒体是两家传统纸质媒体，一个是行业媒体，一个是经销商媒体，其他费用将全部用在网络媒体上。这样的招商策略，主要目的当然是吸引目标客户，其次是在行业内外初步塑造名流电器品牌形象，为下一步的品牌传播打下基础。

（3）异业联盟：异业联盟是我在市场调查中发现的，与集成吊顶有关联的一些行业有电工照明、地板、塑胶管材等泛建材领域，通过建立联盟圈子，促使产品有更高的能见度，同时也便于消费者一站式购买。通过与部分异业经销商的深入交流，发现他们其实有潜在的合作意向，只要合作厂家不给对方太大的任务压力，能提供反应及时的优质服务，他们很乐意在本业之外，增加一些顺便的轻松收入。这一方面我想通过人员拓展和广告招商进行解决。

（4）战略联盟：为了与“全质控”的战略理念保持一致并真正将方案落地，我们计划与当地一些建制完整的施工队进行战略合作，成立战略联盟，由名流电器出资与之达成协议，将施工队命名为“全质控施工队”，由名流电器派人员专门对其进行集成吊顶的安装施工技术培训和服务要领培训，配合名流电器在全国范围内的“全质控”运动。这个战略联盟相当于家用电器行业的特约维修点，主要是为了顾客的便利和体现全质控产品的安装专业性。

（5）工程突击：建立工程突击队也是我们为名流电器设计的一个渠道策略。这个突击队分为两个部分，一是总部建立一支专业进攻房地产工程项目的销售队伍，主要承担两个层面的任务，即直接拓展、谈判和承接工程项目，同时帮助经销商进行重大工程的洽谈和服务支持；二是帮助经销商培养工程拓展人员。这部分的工作关键在于队伍的招聘和训练，同时要设计好完善的激励政策。

其实我们的用意很简单，通过一次大规模的全国性招商活动来达到两个效果：一是吸纳更多有实力有野心的经销商进入名流的销售体系中，为2012年的销售增长打下基础；二是利用这次大规模的招商互动，对原有的经销商体系进行一次大调整，提拔帮助一些有想法的经销商冲刺销售额，同时也撤换一些销售乏力的弱势经销商，以此来完善名流的经销商队伍。而在整个渠道推广活动中，还可以整合名流的自身销售队伍，只要销售总量上去了，销售人员的收入就有保障，销售收入有保障，销售人员自然就有了销售激情，这是一招连环使劲连环作用的系统性策略。

六、品牌传播

集成吊顶产品与其他装饰材料产品一样，属于无需求时低关注度，有需求时高关注度，根据这一特点结合名流电器的实际情况，我们不准备推出影视广告，只在部分重点城市推出售点平面广告和网络广告。但这还不是传播的核心，低成本传播一直是双剑通过创新要采取的策略，因为，双剑在策划任何项目的时候，都会假设企业是没有传播费用投入的，这在双剑就叫背水一战，然后，我们才能根据这个假设下的艰苦条件来设计有效的品牌传播策略。

集成吊顶行业由于市场关注度低，许多企业在营销上的努力收效甚微，极少有消费者能说出集成吊顶的几大品牌，更少有消费者了解各品牌的具体卖点。这种市场关注度低的特征正为名流电器提供了巨大的营销契机，在消费者脑中，集成吊顶的概念接近于空白，谁第一个占据消费者心智，谁就是消费者心中的启蒙教师！由此，我们构思在2012上半年利用引爆力强的、易引起社会关注的主题，启动一个震撼全行业的事件营销方案，而这个事件切入的方向就是推行“全质控”标准，一统产业天下。

广告策略：虽然广告的作用越来越小，尤其是对建筑装饰材料产品，但为了名流电器品牌的知名度和全质控技术的推广，我们还是为名流电器设计了一组广告，但这只是普通的网站横幅广告。广告的主题以“集成吊顶，我要全质控的”为核心，旨在推广全质控的高质量集成吊顶概念，并促使网友点击广告链接，浏览名流电器的信息基地——公司官网。

公关策略：奠定行业地位，引发行业关注——名流全质控集成吊顶生产工艺研讨会。

通过利用行业协会、媒体和政府等社会资源，来整合推广名流电器的“全质控”战略，以达到名流电器率先在行业内大造声势的先声夺人效果，同时引发媒体对名流电器品牌的关注和传播。因为我们发现，通过百度搜索，有关名流电器品牌的正面新闻少之又少。现在是信息时代，很多经销商和消费者都会通过互联网搜索自己想要的信息，而名流电器在这方面非常缺乏，所以我们想通过这样一个公关运作，来增加媒体对名流品牌的曝光度。

事件策略：公关活动的核心是充分利用社会各界的资源，但这跟我们最终的消费者还有一定的距离，因此我们还想针对消费者、工程施工队和设计师等相关成员设计一个有较深参与度的事件营销活动，以使名流电器品牌真正植入消费者的心智，形成指认性购买。

“我爱全质控，质量大曝光”活动，就是在这样的情形下诞生的一个活动创意，当前中国各行各业的产品，都存在太多的诟病，消费者对本土企业生产的产品，总体抱有不信任态度，通过有奖征集产品质量曝光活动，激发广大消费者对优质产品的期待和对劣质产品的愤慨，动员广大消费者积极举报揭发假冒伪劣产品和所有无法保障消费者权益的行为，在全国兴起一场轰轰烈烈的质量大曝光运动。

促销策略：一般的促销活动，很容易被误导为降价行为，除非你的促销活动很有创意，让消费者乐意参与形成互动。为了解决集成吊顶无需求时低关注度、有需求时高关注度的问题，也为了配合几个传播活动的终端落地，我们策划了一个题为“免费安装，终身维修”的大型促销月活动。凡顾客在规定的期限内购买了名流电器的集成吊顶产品，名流电器的战略联盟单位——名流全质控施工队就会对客户采取免费安装和产品终身享有负责维修的服务特权，这一招，主要想让消费者对名流的质量产生认知，并感觉到购买的安全感。

这个活动需要广大经销商的配合，当时在我们的策略中，需要名流电器给所有参加活动的经销商一些折扣和返利，以金钱诱惑促使所有经销商完美配合本次促销活动。

网推策略：为了配合公关活动、事件营销和促销策略，我们专门为名流电器的品牌传播创作了一批软性文章，通过故事性软文、科普性软文和专家证言式软文等多种形式，分批分阶段地在各类建材专业媒体、网络论坛和社区进行发布。

同时，我们建议名流电器的企业网站进行改造，将呆板的企业介绍式网站，改造成航空母舰式的信息基地，使名流的博客、微博、微信、QQ空间等社会化媒体的传播信息有一个汇聚的平台，从而达到公司网站的最大化效能。

说实话，这是个非常节省的传播方案，因为我深知浙江企业家的花钱理念，他们不喜欢北方老板那样玩大手笔，而是希望每花出的一分钱，能带回10倍、100倍的利润来。正是由于这样，我才戴着镣铐跳舞，在非常有限的资源条件下，设计了这么一套几乎只需要四五十万元费用的整合营销推广方案。

七、执行受阻

也许是双剑的理念太新，我们在将整套方案向名流电器的管理层宣讲时遇到了不少阻力，他们对“全质控”的推广提出了很多担心，同时也希望我们能有一个比较直接的卖点概念，诸如“耐清洁”之类的。我知道他们的营销理念还比较传统，但不得不理解他们。我深入浅出地阐释了普通卖点的局限与“质量区隔概念”的力量，并建议徐总采用我们的方案。因为一个创新的方案，在没有投入以前，谁也无法断定它能成功还是会失败。除非明显的败笔，我们才可以考虑排斥，投入与否的关键是看它需要企业承担多大的风险，以及风险的可控性。

后来徐总认为，这个方案需要进一步消化，要过一段时间才能答复我们。之后，徐总果然将我们的PPT方案，演示给他的很多企业界好友，广泛地征集各方的意见，最终得到大家的赞同之后，才同意我们按这个方案执行下去。

我马上安排项目小组将执行方案进一步细化，同时安排专人进行渠道招商计划，包括招商信息的发布等。但不知道为什么，名流电器始终未能与发布招商广告的媒体确定发布日期。我也打了不少电话给徐总，他总是一拖再拖。为此我也专程多次飞往浙江，重点布置整个项目的执行事宜，但最终还是由于名流电器这边在方案费用的投入和下一步执行的队伍等上存在问题一搁再搁，导致时间被延误。

最后，我们也很被动地停止了方案的下一步执行，而这么一停，整个项目就面临终止。

过了一段时间，我们才发现名流电器正在使用我们的“全质控”战略方案，但由于对方案的理解较浅，没有把“全质控”当做一种独特的工艺、一种高质量标准、一种独特的差异化区隔和一种集成吊顶最优产品类别去推，只是当做普通的卖点和空洞的概念在使用，这肯定不会产生大的市场效应。

我想，大概是企业不愿意投入费用来推广，完全按照自己的理解执行我们的方案。双剑的方案有很多的独特性，没有双剑项目团队的全方位辅导，单靠企业自身的理解单方面执行方案肯定会有很多的失误和偏颇。直到今天，名流电器的“全质控”集成吊顶概念都没能在整个行业和市场掀起风浪，说明这个项目在执行上是失败了。

无论是方案策略错误还是企业自身执行错误，双剑都无法逃避失职的责任。我觉得我自己也有责任，为了方案的执行成功，有时候其实可以不计报酬地去配合企业客户执行好整个方案，但我在公司眼前利益面前，选择了终止合作。除此之外，还有不少值得总结的失误，具体体现在以下几点：

（1）项目费用太低。徐总是浙江人，浙江人的精明确实是全国闻名，当时我的报价被他一再还价，最后被逼得远低于成本价，我还是答应了。但这个价格是有前提的，那就是招商收益的提成和全年销售增长的奖励。但很可惜，由于方案未能实施，项目未能坚持到终点，提成和奖励就更无从谈起了。

（2）双方沟通障碍。我和徐总及项目团队与名流电器营销人员之间的沟通不是很顺畅，例如，全质控概念的使用及后续的推广乃至提升到名流电器的战略高度，这些崭新的思路，对尚处于传统营销意识的企业来说，需要更为耐心详细的沟通才能对接得上，而我们像对待其他品牌企业那样对待名流电器，显然无法产生效果。

（3）跟踪服务不到位。当时由于公司项目多业务比较忙，这个项目的费用又特别的低，我没有太多时间和精力参与其中，而派去企业内部跟踪执行的项目人员又太年轻，缺乏项目执行经验，导致与企业沟通受阻。

（4）企业品牌意识薄弱。最后一个原因，我只能是猜测，我觉得徐总和他的团队，对企业的品牌意识还是较为薄弱，毕竟企业的年营业额有限，无法使得他们像其他品牌那样顺利地运作，尤其在费用投入上有太多犹豫，哪怕我已经设计了更低成本的策略方案。

“全质控”策略直到今天还有推广成功的空间，只要企业把传播的资源集中到诉求点上发力，还会产生巨大的行业效应和市场效益，但是企业没有主动要求，我就不能霸王硬上弓。对于双剑来说，这是一个很大的遗憾。真心希望名流电器能越做越好！

【策划感悟】

通过与名流电器的合作，我得出一个结论，就是在与企业合作的价格上，坚决不能一而再、再而三地退守，本来我是想表达诚意，报一个低价，但是有不少企业老板其意识依然停留在“精明的生意人”概念上，尤其是江浙地区的民企老板。

在洽谈合作的时候，客户一直拍胸脯不断地表白说企业有钱，但到最终谈价格的时候或者策划方案需要一些基本的费用进行投入的时候，却始终一拖再拖，最终导致项目的执行出现严重偏差。像双剑与名流电器的合作就是如此，本来就是很少的一笔服务费用，却一拖再拖，甚至分成几部分来支付，最终因为项目的不投入，竟然拖欠我们的应付款，到如今不了了之。

说实话，我实在不愿意跟企业客户对簿公堂，通过法律途径去催款。总之一旦客户方违约，我就当自己遭受了欺骗，心里稍微不舒服一会儿后，很快就会淡忘了。因为对方把自己当成精明的生意人，我不是，我只是一个营销专家，我不会跟企业讨价还价，也不会死皮赖脸。能合作就合作，不能合作就终止，尽管我内心其实很为对方感到遗憾：项目的终止对于我来说，最多少收入后面的应付款和项目无法策划出结果，但对企业来说，造成的损失有可能远远大于企业支付给策划公司的服务费用。

案例十五
茶油
——商业竞争就是不流血的战争

合作客户：江西南山植物油有限公司（化名）
客户对接：南山植物油市场总监曹克（化名）

【案例背景】

这个食用油企业在跟双剑合作的时候签订了保密协议，所以我们不能在案例中公开这家企业的名称。在本案例撰写完成以后，我们将文章发给客户审核，因为我们在文中用了其他名称代替，而且连省份都改了，所以客户同意我们发表。

食用油行业的转基因问题，直到今天还在议论纷纷，尤其是媒体上爆发的方舟子与崔永元之间的争论，更是将转基因的安全问题上升到了民族危亡的高度，这说明，转基因虽然不足以致人死亡，但它存在着各种各样未知的危险，这是无法掩盖的。

如果把这个案子放到今天，我想我在策划中所提出的新闻公关策略能起到四两拨千斤的市场效果，但在当时，企业还是有太多的担心。

通过策划南山植物油项目，使我对食用油行业的营销有了自己的看法，我觉得中国有太多像南山一样的二三线食用油品牌，他们还没有找到破局的道路，还在以自己非常弱势的品牌跟强势的品牌竞争，这是非常错误的！

企业要学会错位竞争，跟强势品牌抗争绝对不能聚焦在品牌层面，而应该聚焦于产品策略，将你的产品策划成尖刀产品，竞争对手就会害怕了！

一、企业内部诊断

2009 年春节过后，我接触了一家植物油公司，该企业的一个姓钟的总裁助理（以下简称“总助”）告诉我，有一家“大型”的策划公司也在与他们接触，而且已经给他们提供了合作建议书。我一听就没兴趣了，我说，“你找他们吧，他们比我们强大!”但这个钟总助却说，他们提交的合作建议书，管理层看了没什么感觉。他说他们公司有一个市场策划总监很欣赏我，所以推荐给了管理层，由此钟总助在与那家大策划公司接触没找到合作的感觉后就联系了我。

我倒是很感谢这个市场策划总监能欣赏我，毕竟他给了我这个机会。后来我与这个策划总监成了好朋友，他的名字叫曹克，现在我们还常保持联系。

但我还是为自己感到很冤。为什么很多企业在找了“大型策划公司”后没感觉了才找到我们双剑呢？难道是因为我们比他们小、比他们弱吗？

我相信这些企业在找过大型策划公司之后再找我们，大部分是出于两种情况：一是对方报价太高，或者没有领会企业方的真实意图；二是对方给出了一个初步的建议书，而企业没有从建议书里看到他们所期望看到的东西……所以，这种被那些策划公司热衷的建议书，往往把一个挺有希望的项目打入了冷宫！

在签约合作以前，我从来不给任何企业出具什么策略建议书之类的文件，那些具有规范模板的文本，对于一个明智的企业来说，可看可不看，为什么？原因很简单，你还没支付一毛钱给策划公司，我不相信策划公司在没有对企业进行系统的诊断和外部市场调研的前提下，仅凭几天的酝酿就能给一家企业提供精准的策略建议，我也不相信哪一家企业会凭这份免费的建议书去进行市场实施。

所以，要胜过这些大型策划公司其实并非很难，只要让企业认识到自己真正需要的是什么，我们又如何帮助他们获得。这个植物油项目也是，我只飞了一趟南昌，给全体管理层上了一堂简单的策划思想课，30 分钟就把这家公司的管理层给吸引住了。

让我们先来看看这家植物油公司的大致情况吧。

江西南山植物油有限公司（以下简称南山植物油）是一家位于华中地区的民营食品企业，专门生产野茶油。合作以后我了解到，原来该企业在八年前就开始生产野茶油了，到今天全年的销售额虽然突破了亿元，但这个销售额的70%是由普通调和油贡献的，公司的核心产品野茶油，尤其是纯茶油的销售额只占了不到20%，市场仅局限在邻近三个省份。而该企业老板一开始就希望能在野茶油这个产品上创造点业绩，因为他认为野茶油将是行业未来的希望，也是普通寻常百姓餐桌上的必然之选。这个企业的管理层甚至还希望以健康油的概念杀入强势品牌控制的全国小包装食用油市场，以获得资本市场的青睐而谋求上市。

我接受这个项目之后，开始对这个企业的运作进行全方位诊断。我发现，除了公司在推广上的投入不足以外，更重要的是这个产品的核心诉求有问题。根据企业各种广告宣传资料，其核心传播诉求是“来自深山的木本植物油”，我觉得无论怎么看，这句话就是有问题。首先，木本植物和草本植物的好坏，连我这个营销专家也搞不清楚，更不要说普通消费者了；其次，传播诉求对象既然是最终消费者，那么消费者最想要的是直接的利益，而不是产品知识，一个产品的核心诉求点如果需要向消费者进行深入解释两层以上的意思，显然是很失败的。

核心诉求点除了突出与竞争对手的差异点和消费者利益点之外，还必须带有明显的攻击性，一个产品的核心诉求越尖锐就越容易被消费者记住。这是我的感悟，也是我在策划项目中常用的一套准则。

我的策划就是这么怪，本来我完全可以就这个产品寻找一些卖点，然后创意一些传播手法形成一个传播方案，该投广告的就投广告，该做促销的就做促销，就像大多数传统的营销策划方案一样，但我还是喜欢自找麻烦，习惯性地走上了一条本来不属于我应该了解的信息道路。

二、外部市场调查

随后我深入市场，对当下的食用油市场做了一次调查。我发现，在食用油主力阵地——大型KA卖场的食用油销售终端，一些品牌的竞争态势和终端表现实在令人揪心，尤其是市场地位处于第二、第三的食用油品牌，它们在企业实力、品牌影响力和终端销售力方面都与知名大品牌存在较大的差距，但看看这些品牌自己的言行（各种广告传播和终端行为），觉得它们与其说是在做营销，不如说是在以自己有限的资源跟那些实力雄厚的大品牌打消耗战！这还了得？我归纳了一下，大致有以下几点。

(1) 阵地地形不利。

如果这些食用油企业的最终目标是在以大型 KA 卖场为核心的销售终端产生销售业绩，那么这些销售终端无疑成为二三线食用油企业最想攻占的目标阵地。经过企业销售人员和经销商的努力，再加上高额的进入费用，企业产品总算得以进入 KA 卖场，可以说，不少二三线食用油品牌已经获得了进入阵地的许可，但很可惜，这些品牌要么不珍惜自己的阵地，要么因为各方面资源有限而获得的是一个较薄弱的阵地。

在沃尔玛、家乐福、大润发等大型 KA 卖场终端，我发现食用油专区的货架上和货架前的展示台上，三分之二的地盘被金龙鱼和福临门毫不客气地霸占了，余下的三分之一地盘，才是众多二三线品牌互相争抢之地。于是，在这些销售终端，很容易看到这么一种现象：金龙鱼和福临门两个江湖大佬，一副威严气派地站在专区最显眼的位置，整个排位看上去彷佛就是它们两个的专属（它们的产品线实在是太丰满了，这是二三线品牌所望尘莫及的）。顾客无论从哪个角度来，第一眼看到的，或者最大面积进入顾客视线的，都是它们两位的产品，更厉害的是，这两位江湖大佬还专门派出终端杀手——促销员。

“金龙鱼是食用油第一品牌，你看这 1：1：1 的营养均衡是金龙鱼提出来的……”这是金龙鱼促销员很自信的声音。

“福临门是国营大品牌中粮公司的，买了放心……”这是福临门促销员甜美的声音。

毫无疑问，90% 的消费者都被这两个江湖大佬给拦截了，因为这是事实，它们确实是中国食用油市场中最有实力的两大品牌，消费者也认可了。

那么我们来看看，那些好不容易花费大价钱才获准进入的二三线品牌是如何利用这个阵地的。以茶树籽油进入公众视野的湖南金浩，在沃尔玛和家乐福这些 KA 卖场中，仅有在货架上展示的一到两桶 4L 或 5L 的茶油产品，而且躲在一大群同类品牌之中，实在不怎么显眼；以玉米胚芽油为核心诉求的长寿花和西王，以及以专业花生油为核心的龙大等，与金浩是同样的命运——狭小的展示，屈居于货架的角落，顾客要特别细心才会发现货架上竟然还有这样的品牌产品。

是企业花不了更大的价钱，或是缺乏公关能力而无法拿到更多更大的货架排位？还是企业自身没有底气，干脆没有占领重要阵地的想法？我不得而知，如果是因为前者，我就更纳闷了，这些品牌在广告上的投入一点也不比那些大品牌逊色，但为什么对辛辛苦苦拿下的阵地却如此不用力、不去大做文章？

（2）攻击武器不锋利。

二三线食用油品牌在明显不利并有限的阵地空间与占据有利地形的大品牌进行竞争，本身就已经显示了彼此的巨大差异。但这还不是最重要的，最令人惊奇的是，这些二三线品牌的产品，竟然是如此的同质化！我百思不得其解，我们的阵地已经处于明显不利的地位，对手的身材也要比我们更魁梧，那我们手里的匕首应该要比竞争对手更锋利才对呀？可为什么我们手里的匕首与对手的完全一样？对手可以仗着高大威猛的身材，匕首不锋利也有足够的力气刺杀你，而你拿着这样钝的匕首又能刺杀谁呢？

因为经济实力、品牌影响力或者商场的公关能力不如对手，我们可以认命自己只能屈身于不利的终端位置，但再怎么着我们也不能输掉自己可以掌握的产品呀！我们可以把我们的产品策略设计得更尖锐一点更锋利一点，只要能在终端有一线的露脸机会，我们就能凭着锋利的寒光，快速刺杀对手，俘虏我们的目标消费者。可惜，我们没有这样做。

（3）南山植物油偏居一隅。

南山植物油只是在湖南、江西、湖北三个省才有销售，即使是在这些省中，大型 KA 卖场的销售终端也难觅南山植物油的踪影。我总共走访了这三个省的 32 家大型超市，发现仅有 12 家超市中有南山野茶油的产品，而且不是堆头，或者说不是在显眼的位置，只是在货架上放了两瓶玻璃瓶装的产品，除此之外，商超里没有任何有南山品牌字样的信息。

我询问了一下经销商才发现，进入大型KA卖场的费用都是经销商自己掏的钱，一个条码的费用已经让经销商头疼了，如果还要买堆头位置或者更显眼的展示位置和广告位，那得要多少钱呀？企业又不给任何支持，广告也不见打，做经销商的容易吗？

不难得出结论，南山植物油由于品牌影响力太低，广告投入资金有限，所以无法吸引有强大经济实力和分销能力的大经销商合作；目前合作的经销商无论其市场运作能力、资历和经济实力都是比较弱小的，这才导致南山植物油的渠道稀稀拉拉，市场能见度太低。

另外，我发现，即使是在有产品展示的零售终端，南山植物油的野茶油产品与金浩、金龙鱼、润心等品牌的茶油产品几乎无太大的差异，不光瓶形、颜色差不多，而且连产品的命名方式也雷同，也就是品牌名称加上产品名称。

金龙鱼花生油、金龙鱼玉米油、金龙鱼茶树籽油……金龙鱼仗着自己老大的头衔可以这么命名自己的产品，可你西王、长寿花、金浩和南山算老几？你竟然也学金龙鱼这样命名？长寿花胚芽玉米油、西王胚芽玉米油、金浩茶树籽油……这有什么不对吗？产品的标贴上大家都是这么写的呀？没错，这些都是产品的客观信息，但就是这些大家都一样的客观信息，使得你本来可以进行尖刀产品策略设计变得与众不同的，结果却与金龙鱼一样。

这么一来，大家的产品都是一样的了，唯一不一样的是，它叫金龙鱼，你叫长寿花或者南山。可无论你叫什么，顾客都不会认为你的产品比金龙鱼和福临门的要好！你怎么傻到拿自己没有什么名气的品牌名称去与早已名闻天下的品牌名称去竞争呢？

运用我的营销思维可以发现：顾客选择知名大品牌的原因，仅仅是因为其他品牌的产品与知名大品牌根本没有什么大的差异性优点，或者即使有差异性优点也没有向顾客提供绝对的证据。

看吧，顾客是这么想的，所以，知名大品牌们仅仅运用自己的品牌名称就能征服消费者，哪怕它们的产品并不怎么样。那么你们呢？南山等二三线品牌们，就凭你们这些初出茅庐一点名气都没有的小品牌，也想拿微不足道的品牌名称去征服消费者吗？即使你们现在投入较大的传播费用去提升品牌知名度也已经来不及了，因为，大品牌已经占据了消费者心智。想把消费者头脑中的心智榫头拔掉吗？可以，但你的心智概念必须比对手更尖锐，才能嵌入消费者的大脑，并挤走对手的品牌。如何才能做到？只有一个办法：增加质量类别区隔概念！

不要拿自己的品牌名称去与强大对手的品牌名称较量，除非你拥有比对手更强大的经济实力，也愿意与对手死拼，否则你永无胜算！唯一有机会的是，创造一个产品优质于对手的类别概念，以一种全新的产品优质类别与对手竞争，这样才可以做到你有它无的境界。对于消费者来说，他们不是喜欢大品牌，而是喜欢更优质的产品，只要你能提供明显优质于大品牌的好产品，无论你知名不知名，消费者都会买账。毕竟，消费者最终的目的就是想购买一个好产品。

（4）轰炸目标不明确。

前面我已经说过了，要说金浩等二三线食用油品牌没钱吧，也不对，因为我明明看到这些品牌也在电视频道、平面媒体及网络媒体大下血本，请名人代言的广告随处可见。当然，这样大的投入（其实，具体投入多少，我没有询问过更无法统计）也能带来一些销量的增长，但是，我要说的是最终的效益比，如果销量有10倍的增长空间，为什么要满足于3倍的增长呢？如果本身具有在局部市场上战胜大品牌的机会，为什么甘愿屈居人后呢？

好在南山植物油一直没有贸然地投入大的广告，不是不愿意投而是产品的市场覆盖区域太少，即使是这三个省的市场也不是100%的饱和，加上产品的销量本身又不高，所以企业一直迟迟没有下决心投入。

那么，其他那些二三线品牌用投入广告来提升品牌知名度以增加产品销量难道有错吗？当然没错，只是我想说的是，你前面一是阵地没有管理好，二是近身格斗的匕首又不锋利，在这两者不利的前提下，胡乱大投炮弹有用吗？老实说，没有明确的弹着点，炮弹大部分是无效的，最多能听到一些轰隆隆的爆炸声，但一个敌人都炸不死。为什么呢？

大家都知道整合品牌传播的核心要旨是一个声音说话，即将提炼出来的核心诉求点运用不同的传播手段加以整合突出，但问题是，你知道你提炼的诉求点正是消费者在意的吗？如果不能轻易影响消费者，你又凭什么认定这正是你的品牌整合点呢？

也许你会站出来说，难道我的玉米胚芽油不如金龙鱼的玉米油？我只能很遗憾地告诉你，玉米胚芽油不是你独家的优点，这是行业共用的属于产品类别的名称，长寿花在用，西王也在用，你们又给消费者出了一道难题，究竟哪家的玉米胚芽油更好呀？

事实证明，你越想教育消费者你就会输得越惨！消费者不是被教育的，而是被影响的，而最能影响消费者的就是非常明显的产品优质证据，而且是你独家拥有的。你有吗？

什么是独家拥有的？电热水器品牌都说自己的更安全，可惜都没有提供安全的证据，后来海尔提供了这个证据，而且是独家拥有的，这就是海尔的“防电墙”热水器；厨房吸油烟机都说自己的吸油烟机油烟吸净率高，但都没有提供证据，后来四川的格林格电器提供了这个证据，那就是油烟吸净率达到98.9%的“深附吸”旋流吸油烟机，因为只有它能爆炒辣椒都闻不到呛味！

如果你能在你的产品上找到这个独家优质证据，同时开创一个全新的高质量类别，那么你就拥有了区隔于对手的有力武器，而这才是你可以进行整合传播的诉求点，因为这正是那些貌似强大的对手所不具备的——用自己的优势去打击对手的弱势，这是战争取胜的关键。如果你拥有了这么一个弹着点，那么你的大规模炮火就有了用武之地，我保证你弹无虚发，招招要对手的命！

记住，不是让广告公司创意挖掘一个卖点，提炼一个貌似正确的诉求点，就可以动用你的飞机大炮去胡乱投放！在没有有利地形和稳固阵地的强大优势、没有尖锐的杀敌匕首的前提下，无论你多么有钱，怎么凶猛，你所投入的全部费用，起码有80%是被无端浪费掉了。如此兴师动众只为一点点临时性增长的蝇头小利，值得吗？这是在做营销吗？

市场的调查使我的内心有了一点底气，因为大部分食用油品牌都在模仿金龙鱼等大品牌，无论是产品还是推广策略都没有任何创新。南山植物油也一样，几乎被埋没在众多二三线食用油品牌中间，丝毫没有特色可言。

我觉得这个项目的难度不像我刚开始所感觉的那么高，虽然我还没有进一步进行深入策略性研究，但我相信，只要我运用横向思维创新方法，就一定能找到茶油的破局策略。

三、行业危机探秘

市场调查完一周以后我到北京出差，顺便托我的大学同学找到了一个在中国食品卫生安全监督部门工作的朋友。我们在三里屯一个酒吧里喝酒闲聊，我也由此发现了一个更值得我去探究的关于食用油行业的秘密。

我从与这位朋友的对话中得知，目前国内的大部分炼油厂纷纷从美国进口转基因大豆。因为从国内东北大豆产地运 100 吨大豆，比到沿海港口的货船上运 100 吨进口大豆的价格要高一倍。同时这些进口的转基因大豆产油率之高，是国内的大豆根本无法与之相比的。在国内市场上销售的食用油大多属于转基因产品，也就是说是对人体健康有潜在危害的不健康食品。而我国政府也采取了一些相应的措施，例如要求所有采用非转基因原料生产的油品，在瓶标上显示“非转基因”，而没有注明的就是转基因大豆产品。

转基因大豆油的安全性令人担忧。英国《独立报》曾披露转基因食品巨头孟山都公司的一份秘密报告。报告显示，给老鼠喂食转基因玉米后，导致其血液变化和肾脏异常。消息传出后，引起各界的广泛关注。我国最常见的转基因食品主要是转基因大豆油，由此引发消费者对转基因大豆油安全性的担忧。业内人士也表示：受转基因风波的冲击，中国食用油市场格局可能发生变化。

目前国内市场上销售的油品，大部分是调和油，而调和油的基础油就是大豆油。这个逻辑的背后就是：市场上 90% 以上的食用油存在不健康隐患！！！

通过与这位朋友的交流，我对整个食用油行业内部及行业的一些潜规则有了深刻的了解，我想设计一个破局策略，来捅一下这个马蜂窝！

四、产品基础策略

南山植物油生产的野茶油，却是真正来自深山的野生茶树籽油，其生产过程，也是在国家审核通过的规范厂房内进行，全程执行的是 ISO 生产标准体系，可以这么说，这是一种连二次污染的可能性都没有的健康食品！

我觉得南山植物油这个企业真的有机会获得市场成功，我很快便把自己的这些想法形成了一个有力的破局策略。

要出人头地，必须要引起争议性并产生轰动效应，同时要把这个行业搞乱了，最好能洗一次牌，重新确立排名座次！

我的格言是：做人，可以低调一点，内敛一点，含蓄一点，藏而不露，偶尔显峥嵘才是真君子！但企业之间的竞争，却不能这样，有时必须要有足够的野心，必须要有敢于打硬仗的雄心壮志，不然，你就永远不会有出息！

又过了一周，针对南山植物油的策划方案创意会在我的主持下开始。我召集公司全体员工进行了多次封闭式头脑风暴会，首先要求大家否定南山植物油一直奉如经典的“来自深山的木本植物油”这一复杂的核心诉求，原因是，这句话是由这个企业的老板提出来的。

很多企业的老板非常自恋，总以为自己说出来的话就是圣经。你可以在你的企业里这样认为，但你的产品是要走向市场的，消费者可没有理由听从你的一厢情愿！而我就是要打破这个南山植物油的神话。

“我们要创造一个非常直接并具有震撼性的核心诉求，这样才能产生效果。”我这样告诉我的员工，并要求大家往纵深进行创意。

我的传播格言是：一个产品的核心诉求不仅要把目标瞄准消费者的心智，同时还要直接瞄准竞争对手甚至整个行业，传播诉求越具有竞争性，传播的效果就会越好，而具有竞争性的传播诉求就更容易征服消费者。当你的核心诉求具有行业的竞争性目标时，品牌的知名度和争议性就越强，产品的销售也最容易产生爆涨！

我的竞争格言是：弱势品牌与强势品牌竞争时，不能将顾客的感知聚焦在品牌上，而应该聚焦在差异化的产品上，要创造出一个足以让消费者感知到自己的产品要比强势品牌的产品质量更好的区隔概念来，只有这样，才有可能打败强势品牌，因为知名度低，恰恰是我们弱势品牌的弱点。

我们从南山野茶油的产品、野茶树、炼油过程及营养价值等方面进行了全方位梳理，很快，一整套产品策略就诞生了。

产品定位：最安全的优质野生植物油；

产品名称：野茶油；

质量区隔：原植炼；

产品卖点：纯野生，零污染；

技术卖点：源自深山野生茶树籽，100% 纯净原生态精炼；

广告口号：爱家人，用好油。

其中，“原植炼”的区隔概念和“纯野生，零污染”卖点这两个策略，成为创意会上的最亮点：纯野生——区别于其他非野生植物油；零污染——非常明确地给予消费者一个有力的健康利益点，同时这个核心诉求，就像一把利剑，可以攻击整个食用油行业的不健康产品。

产品是第一广告，所以一个合格的产品策略设计必须要具备能让消费者有效辨别产品好坏并区隔竞争产品的质量类别概念。这个概念必须是完整的三个字，而且，一听一看就是一种新的产品种类，一种通过创新方法生产出来的高质量产品类别和技术。

什么是“原植炼”的食用油？就是源自深山野生茶树籽、100% 纯净原生态精炼的植物油，每一滴原油都能找到它出生的那一棵茶树，每一瓶野茶油都有它清晰的原始出生证明！

“原植炼”作为一个技术标志，很快被南山植物油所接受，并注册成商标。

产品的核心策略一经确定，我立即着手南山原植炼野茶油的传播推广创意整合。我准备了一个以舆论引爆行业纠纷的第三方新闻公关方案，准备以此攻击性策略来引爆这场食用油战争。我要求在方案设计中至少有3位著名食品专家和12位产业研究专家、企业管理者和市场营销专家，以及至少100家以上的专业和主流新闻媒体组成的“曝光核弹”，选定一个日期，集中向社会揭露当前影响食用油健康的黑手，以攻击整个行业存在的安全隐患弊端。我试图在形成社会热点和造成恐慌的同时，顺势推出这个南山植物油的“原植炼”野茶油广告和渠道招商广告，借以向全社会说明，当前的食用油不健康，而现在我们推出的纯野生零污染的原植炼茶油，正是一种非常健康环保的取代型新油种。

我在策划南山植物油内部产品规划时严格要求，上市之初，原植炼野茶油的价格维持现有水平，待到产品有了规模效益时稍微降低价格，一直降到两倍于普通食用油的价格点杀住，以使更多食用调和油的消费者转换成野茶油。因为我非常清楚，国内企业的很多产品质量都很难达到国际要求，尤其是在一些食品添加元素的问题上，国内企业确实不如欧美企业做得好，所以很多出口产品因质量问题而被当地海关及相关执法部门扣押，并引起贸易摩擦。所以，消费者会更关注高品质的产品，只要价格上不是太昂贵，消费者是会转移目标的。

为了稳妥起见，我专程飞到北京，再次拜会了上次那个朋友，询问这个方案启动以后国家政府机构可能出现的几种态度，同时也是为了更好地把握舆论与政府、专管机构及竞争对手之间的关系。这位朋友看了我的方案以后，给了我一些中肯的建议。与他交流之后，我心里就更有了底，同时对如何把握整个活动的热度、热点影响力及可能波及的一些相关问题作了更为详细的应对思考，并相应准备了一些突发事件的应急之策。

然后，我才飞往南昌，与南山植物油的管理层商谈起此事。当这个方案在这家公司的核心管理层宣讲后，引起了全场的热烈反响，大部分管理人员热血滚滚，建议赶快投入运作，最好一炮打响。而公司里的两个副总却不主张这么做，尤其是常务副总经理赵家华，他认为这样对整个行业不好，同时本身会遭遇行业强势品牌的报复，企业自身也不是很强硬……后来这个副总咨询了公司的法律顾问，法律顾问审核了《广告法》后，认为“纯野生，零污染”的核心诉求中的“零”字，属于绝对性诉求，是违法的，建议企业不要乱用，以免遭遇不必要的麻烦。而主管市场的副总却认为，“纯野生，零污染”首先是一个事实，其次这只是本品牌的一个定位语和卖点诉求，根本不会触犯法律，最多也是打一个擦边球而已，主要的目标是推出新品类“原植炼”野茶油。

五、渠道拓展策略

很多二三线食用油企业最大的问题其实还是渠道问题，在中国，只要你的产品能被行业50%以上的经销商所接受，那么你已经成功了一半，你的产品离畅销也就不远了。

但想吸引经销商的重视，不光是要企业投入足够的资金去砸广告，还需要企业的产品有独特的亮点，而且这个亮点必须是行业的独创。我遗憾地发现，越是弱势的企业，花在产品策略上的精力和资源就越少。有不少企业甚至还学那些知名品牌的做法，盲目地请一些策划公司给自己的产品进行定位策划，以为只要定位精准市场就能打开。殊不知，中国的市场营销，定位根本起不了作用，因为即使你的定位精准，那跟消费者又有什么关系？另外，一个品牌的定位策略必然需要强大的广告支撑，不然，谁知道你的定位是啥玩意儿呀？

南山野茶油凭什么吸引渠道商？就是因为它独创了“原植炼”生产技术，将食用油的安全性做到了极致，这是中国食用油行业第一个带有明显质量暗示概念的区隔标志，远比金龙鱼的1∶1∶1的传播概念更直接更明朗，因为消费者一看就能感知到原植炼的内涵，而1∶1∶1概念，却需要太多的阐释才能让消费者明白。而且，这个1∶1∶1概念还不是一个商标符号，只是一个空洞的概念。但原植炼就不同了，它是可以注册的一个子品牌，又是一种独特的食用油安全生产技术，还是一种高端食用油的标准，一个帮助消费者区隔其他品牌食用油质量的符号，集多重功能于一体。

我计划在《中国经营报》《销售与市场》杂志和新浪等门户网站投放招商广告，并针对当前食用油行业面临的地沟油和转基因危机，准备在两个月后召开一个“食用油安全暨原植炼技术研讨会”，我将邀请部分专家和食用油厂家及全体经销商参加，通过现场氛围的烘托，将南山原植炼野茶油产品的全国招商一锤定音！

除了这些招商创意以外，我还联系了两家具有食用油行业重点经销商资源的第三方招商公司。根据洽谈的效果显示，对方可以根据客户的要求，选择客户所需要的区域经销商和高质量经销商，并按要求可以邀请经销商到指定的地点。也就是说，通过与第三方招商公司的合作，我们还可以召开专题性的小型招商会。

这是考虑到万一第一波招商广告打出去之后，经销商的反馈不尽如人意，或者联系的经销商实力不够，或者都是传统流通经销商，没有大型KA卖场的经销商，那么我就可以通过第三方招商公司的配合，直接找到全国KA卖场食用油经销商，开小灶，完成渠道的战略性布局。

我知道这些还不够，又将南山植物油的28名销售人员集中起来，进行了魔鬼式的徒手营销培训，教会他们如何寻找食用油经销商，如何与之洽谈合作等一些基本技能，然后，让他们带上精心印制的《食用油盈利秘籍之招商手册》，分别进入指定市场，进行面对面的人员招商。

在南山植物油总部，我又培训了四个电话接线员，分别从产品话术、销售政策话术和疑难解答话术等方面进行严格的逼迫式训练，直到每个人都能对答如流，然后负责接听来自全国各地的经销商客户的电话。

六、方案再次论证

对于南山植物油公司的整合传播方案，我采取了一个当年五谷道场的策略模式，即以自己的优势来攻击行业的弊端，也就是说，以代表安全高质的“原植炼”野茶油，来攻击行业中的转基因食用油和非野茶油的弊端，以新闻公关的方式在全国炸响。起爆的时间就定在“食用油安全论坛暨原植炼技术研讨会”上，以行业白皮书的形式引爆。

但我的方案总是这样，因为创新性比较强，一般人很难接受，或者说需要时间消化。我也明白，由于策划思维的独特性，我的策略总是出乎企业客户的意料，我认可他们对我的策略的某种犹豫，南山植物油也一样，管理层似乎有不同的意见存在。

为了竭力争取南山植物油采用我的策略，我与赵家华副总之间进行了一次非常严谨的对话：

赵：首先肯定沈老师的策略之凶猛，原植炼的概念也很好，我们已经注册了，但是……

我：赵总担心什么呢？

赵：我担心的地方很多。

我：说说看，我们一起探讨一下。

赵：我认为金龙鱼、福临门、鲁花这些食用油行业的强势品牌不是那么容易被打败的。

我：这个我同意……但是，我们的目的不是为了打败对手，而是为了快速提升南山植物油品牌在全国的知名度呀，按照常规，你即使投5000万元的广告费，也无法在短时间内将知名度快速提升到与这些强势品牌同等的高度……

赵：我明白你的意思，我是指，我们这样把矛头对准它们，会不会惹火它们而令它们对我们进行反击？到时候，请问您用什么方法接招？

我：赵总，我可以不让南山公司直接出面，南山公司就做一个什么也不知道的无辜者，挑起事端由我们的第三方新闻公关人员负责。

赵：那我们南山公司又如何从这事件本身中获益呢？

我：当我们的专家团捅开了这个隐藏的马蜂窝之后，你估计一下全社会会出现什么样的局面呢？

赵：……市民们可能会产生恐慌。

我：对，他们会恐慌，甚至会对接下来究竟应该吃什么食用油而产生疑惑。

赵：有这个可能。

我：不是可能，而是一定会这样！

赵：那你又有什么办法呢？

我：在我们把事端挑起之后的10天到半个月左右，南山公司突然在全国主要媒体，例如《中国经营报》和相关网络等专业媒体上公开打出以"纯野生，零污染"为核心诉求的招商广告。

赵：那又怎么样？食用油的经销商又不是普通的经销商，他们被那些强势品牌控制住了，不可能随时动摇和转移厂家的呀！

我：你想过没有，消费者不敢买产品，行业这么一乱，最直接受到影响的应该就是这些强势品牌的经销商，他们会面临两种选择：一是退货或退出商场货架，二是滞销，产品放在货架不动了……

赵：有可能。

我：是的，所以我们这个时候的招商广告，会使他们产生错觉。

赵：什么错觉？

我：他们会认为，这个转基因的食用油，是不是真的以后不能再卖了。

赵：……

我：而这个时候国家一定会出面调停。

赵：对，我就是想说这个，政府是不会眼睁睁看着整个食用油产业被我们整垮的。

我：你说得对，我们的目的也不是为了破坏这个产业，而是把这清澈的河水搞浑了，以衬托南山品牌的全国入市。所以，我们必须抢在政府出面之前打出"纯野生，零污染"为核心诉求的南山野茶油的招商广告。

赵：还有一个问题。

我：请说。

赵：你提出的"纯野生，零污染"核心诉求里起码有两个字触犯了《广告法》中的绝对性词语，广告无法通过审核怎么办？

我：你是指"纯"和"零"？

赵：是的。

我：这只是产品的卖点。再说我查过了，"纯"是可以用的，只要是真实不夸大；至于“零”表面上一时不太会引人注意，因为这不带有明显的绝对印记，不如“第一”之类的词，那样的词会触怒行业同道，而我们应该不会。

赵：要是通不过呢？

我：通不过也不影响，因为我们有原植炼这个法宝！

赵：我觉得你这样有点草率……

我：赵总，企业要善于合理地避开一些限制，为什么财税上有“合理避税”这一说法？

赵：那我们也不能冒这个险呀，毕竟我们还非常弱小啊！

我：……您的担心我能理解，我们的产品是真的零污染的，所以过了这个村儿，就没这个店了，赵总，您得想清楚啊！

赵：还有一个我担心的地方，就是我们提出了“纯野生零污染的原植炼”野茶油概念，那跟我们生产同样产品的企业很多啊，例如湖南、浙江等地，他们也一样是纯野生的呀！

我：那没关系，如果你南山独此一家，还不成气候呢，不如让他们跟风，一起把野茶油产业做大。再说，我们是第一个提出，消费者只会记住第一个喊出口号的品牌！

赵：……我还是感觉不稳当，感觉太冒险了。

我：赵总，任何一个创新的营销策略，在实施以前，谁也无法担保它会不会成功。所以我们要尽一切可能给予实施，前提是，我会降低投入成本，规避风险，这样的尝试，对企业而言是有益的……

赵：那么，推广这样一个策划方案需要多少费用呢？

我：30 万元！

赵：30 万元够了？！

我：是啊，启动这样一个公关活动给我 30 万元足够了。

赵：光靠这么一个破局策略，我们真的能产生期望的市场影响力？

我：当然不行！这个策略基本的作用是衬托南山品牌入市，最重要的是为快速建立渠道做铺垫；而我们的地面应对策略也已经做好！这个行业破局仅仅只是起点火的作用，当然，如果效果达到预期，我相信南山的品牌知名度可以达到一个沸点，起码值央视3000万元的广告效果。

赵：哦……这样吧，我们内部再研究一下，这毕竟不是一个普通的营销策略，老板也希望能稳步地发展，请沈老师原谅我们的慎重。

我：没关系，我能理解！我相信赵总能把握好机会！

七、策略方案执行

整个方案提交给南山公司之后整整有一个月，企业未能下定决心，我也专程去南山公司与管理层有过两次非常深入的沟通，而且在沟通的过程中争论得也比较激烈。

我百思不得其解的是，一个全新的营销策划方案，在不需要企业投入巨额资金，几乎没有任何风险的情况下，为什么企业客户还会对此顾虑重重?

我想这可能是因为我们大部分人是逻辑思维，逻辑思维的经验主义使得我们在思考问题的时候，总是对创新的没有遇过的新策略产生担忧，这也是我遭遇最多的麻烦之原因，有时候为了说服一个客户执行我的策略，真的需要花费很大的精力。

南山植物油的策略方案经过几番论证，终于答应部分执行，对于带有行业攻击性的策略，企业采取了回避措施，不主张我投入实施，也就是说，把整个方案打了个6折。

后来我也妥协了，反正只要企业自己愿意承担后果，我就只能顺坡下驴。

40天后，“原植炼优质食用油技术研讨会暨南山原植炼新品上市发布会”在南昌市召开，由于40天前就在《销售与市场》和《中国经营报》上打出了大幅招商广告，以及在几十家与食品和营销有关的网站上投入了链接广告，所以到达南昌参加招商会的经销商有400多人，通过企业营销中心的努力和企业老板的真诚接待，在招商会上签署合作意向合同的经销商，都在招商会后的一个月内，支付了货款，启动了自己的区域市场。

根据招商会的效果，我才向企业老板提出了为南山品牌的原植炼野茶油拍摄一个广告片，以配合全国各地的经销商进行产品动销。在经过企业同意之后，我们立刻策划了广告片的创意，并委托广州的一家广告摄制公司完成了拍摄。

同时又配合企业的营销中心，对全国的销售队伍进行了大规模的培训，然后将他们全部派下基层，全力协助经销商的分销和促销活动。

所有的广告物料也一一下发到了全国各经销商手里，南山食用油产品的市场能见度一下子由原来的三个省，发展到了220多个城市。

八、尾声

很遗憾，作为一个营销杀手，我们不能给企业100%的成功保障，我也不能让一家企业去冒这样的风险，但是，企业经营又怎能没有风险呢？有时候风险与机会是均等的，但是这些道理，对南山植物油这样的民营企业又有什么实质性的帮助呢？

几个月后，南山植物油充满原生态风韵的原植炼广告片在几个省的电视台投放，"爱家人，用好油"的广告语也随着我们的广告片响彻全国。

但是，南山植物油的品牌地位依然混杂在二三线食用油品牌中间，没有快速凸显出来，我在想，假如当初企业同意我投入实施"搅动中国食用油行业，借势托起南山原植炼野茶油品牌"这个攻击性极强的新闻公关活动，那现在的食用油格局又会怎样？

我知道局面也许不会有太大变化，但南山原植炼野茶油的影响力一定不会是现在这个样子，销售额也一定要比现在的4亿元增长得更多，因为新闻的力量远远要超越广告的影响力。

虽然方案未能100%投入实施，但这个公司的很多人员对我的凶猛怪招非常欣赏，尤其是市场总监曹克。在机场与我分别时他很敬佩地告诉我说："沈老师，你的思想和策划手法真像个杀手，一个令竞争对手产生恐惧的营销杀手……"

我说，因为我善于横向思维，所以我才能找到普通人想不到的怪招。

【策划感悟】

这个项目的策划结果给了我很多的感悟，首先，我能肯定自己从大处着手的思路是正确的，也是比较容易找到破局策略的。但同时，也告诉了我很多以后应该注意的地方。例如，中国男人由于多年的和平演变，已经缺乏了一定的血性，这同样体现在企业与企业之间的竞争上。在中国，一直推崇“竞争双赢”的概念，仿佛企业间的竞争真的是可以双赢的，其实这是一种误区。商业竞争就是不流血的战争，只要有助于自己的企业健康发展，只要对社会有益，任何攻击性的策略都可以实施。无论这个策略是会毁灭竞争对手，还是会给这个行业带来一些较大的变革阵痛，这都是必须的。

在商业竞争中，儒家思想真的要不得！但是，目前社会上那些专讲儒家文化的国学家依然在向我们的企业老板传授他们的儒家理念。

爆炸性的新闻公关活动流产，我很遗憾，因为失去了一个可以快速让南山品牌扬名立万的机会，其中的原因应该归咎于企业管理层不想惹事的儒家文化。

另外，我知道我的横向思维能创造出很多匪夷所思的营销创新策略，但不是每一个企业的老板都会认同我的创新作风，哪怕我的创新实践其实根本不需要企业承担任何风险。企业老板有其个人的爱好和习惯，我在策划时应该充分加以考虑，不能一味地由着自己的性子来，有时候也要改变一下杀手般凶狠的策划个性。

衷心祝愿南山茶油品牌越做越好！

参与本项目的策划人员是：沈坤、孙自伟、刘忠、廖建斌。

案例十六

LED照明

——挑战传统，创新破局

合作客户：深圳深明光电科技有限公司

客户对接：深明光电总经理王英

一、项目概况：对 LED 的基础认知

我第一次涉足 LED 照明行业是 2009 年与深圳龙运照明有限公司的合作。这家公司是专门为国内高铁和国外机构提供高质量 LED 照明产品的，不过，龙运照明有限公司与我公司合作的却是该公司创新的一种技术，即情境照明变频技术，需要我们对照明市场做一次深入的调研，来预测这个产品的市场前景。

当时，我与该公司龙总一起，深入北京市场，对北京地区的家居照明市场和消费者进行了全方位的调查。最终得出结论：这项技术转化到实体产品有一定的难度，无法形成独立产品，建议该公司放弃或者转让该技术。

时间进入 2013 年年底，深圳又一家以 LED 为核心技术的照明企业深明光电科技有限公司（以下简称深明光电）找到我，希望与我进行深度的合作。深明光电是一家专门从事 LED 照明应用的生产型公司，公司大部分利润来源于外贸出口，小部分利润来自于在国内市场的摸索，但由于行业竞争激烈，外贸出口量下降明显，而国内市场也看不到未来。

公司核心管理层想到了寻找外脑公司支持。在遍访国内多家营销策划机构未果后，于 2013 年 11 月来到双剑进行洽谈，并当场确定由双剑承接对该公司国内市场的 LED 照明产品进行全方位营销策划的项目。

由于彼此对合作协议条款的修改，项目合作直到年底才正式敲定，而项目启动也推迟到 2014 年春节后了。

二、市场调查：掌握第一手资料

春节刚过，项目组就兵分四路，分别对华东地区、西北地区、华南地区和华中地区进行深入的市场调查。我负责西北市场，但我把调研重点放在西安一个城市，因为我明白，与其撒胡椒面似的广度调查不如深挖洞似的重点调查。

此次调研的重点，我聚焦在消费者座谈会上，其他如照明市场和传统五金店渠道，虽然走的点比较多，但只是走马观花，只是通过与专卖店和五金店营业员的交流获取一些有价值的信息。

其他小组的调研，我则让他们按照调研计划完整实施。因为我会从自己走访过的市场中获得独特的感受，而我没有去过的市场，就需要项目组给我相关数据和归纳一些市场特点。

经过十多天的市场调查，我们获得了一些大致的市场结果。

（1）LED 照明产品虽然质量远比传统照明产品要好，但消费者通常还是习惯性购买传统照明产品。LED 照明产品的发展，需要进一步潜移默化地对消费者进行教育。

（2）LED 照明产品在工程上使用非常普遍，但家庭装饰用的相对比较少，除非工程队推荐。

（3）LED 产品质量不稳定，质量好坏差异更大，而普通消费者根本无法辨别孰优孰劣，具体体现在瓦数的虚标上。如灯泡上明明标注为 4W 的，但实际可能就只有 2W，普通消费者根本看不出来。

（4）LED 产品价格比较混乱、落差大，名牌如飞利浦的价格高一些，而一些小厂商的就很便宜，如一套 200 多元的 LED 日光灯，批发价才 10 元钱。据专业人员反映，质量高的 LED 使用多年不会有太大变化，而质量差的使用几个月就会光度变弱。

（5）LED 照明经销商普遍不看好 LED 家庭市场，但认为工程市场很有前途。

（6）LED 照明产品渠道单一，就是通过专业市场和五金小店流通两种渠道模式。

（7）通过座谈会我们了解到，普通消费者根本不懂 LED 照明有什么好处，环保概念对他们没有任何影响力。他们更关注灯饰的美观与否，对光源产品不关注，有使用过 LED 产品的消费者甚至认为 LED 的光源不如节能灯的光度感觉好。

（8）对于心目中最好的家庭照明描绘，消费者纷纷表示，希望灯光更人性化、更美观、更环保一点。

（9）从行业角度看，LED 照明发展势头迅猛，业界叫好声一片，但是反观市场现状，却发现 LED 照明依然只是叫好不叫座，看似美好而已。我仅仅在西安市场走访了 7 天，就发现了很多问题，"新品"仍然乏善可陈，缺乏亮点，缺乏新意，产品低水平、多重复和渠道传统等问题普遍存在。

（10）消费者根本不懂什么是 LED，不知道这三个字母具体代表什么。

后来其他几个调研小组碰头交流，结果几乎都差不多。

我综合各路调查获取的信息，开始对深明光电和他们的产品营销进行思考，发现无论是企业本身，还是品牌、产品或者团队，都没有找到可以突破的亮点，营销上的突围几乎不可能！

三、思考分析：决战前的酝酿

深明光电自身仅有十几款各种瓦数的照明灯泡，在国内也没有自己的专属销售渠道，营销团队也需要全新创建，这是一张白纸似的公司！

按照传统的思路，我应该为深明光电的产品进行市场定位、包装设计、制定价格，然后设计渠道招商，创意一下品牌的传播思路就可以了。但是，如此简单的策划，从来就不是我的风格。通过市场调查和对深明光电自身资源和实力的诊断，我发现深明光电的 LED 照明要想在竞争激烈的行业里有所收获，必须进行颠覆性的破局，而不仅仅是简单地按照行业现有的方式去运作。

我的思考点有以下几个方面。

（1）战略选择：深明光电的 LED 照明产品必须学大家以工程为核心、以家装为辅吗？传统照明产品的运作模式，都是在照明市场开设专卖店，部分进入五金店。深明光电也必须这么走吗？

（2）渠道思考：专业照明市场有优势，也有劣势。优势即行业集中，便于消费者选择和比较价格，同时可以一站式购物；劣势即专业市场中品牌众多，不是每一个消费者都能找到对应品牌的门店，同时，新品牌在专业市场里完全充当了著名品牌的陪衬。

更为重要的一点是，消费者到专业市场去购买照明产品，绝对不是冲着某一品牌去的，而是去市场中挑选的，这就决定了新品牌进入专业市场需要绝对的创新力量和传播力量才能在市场中收获利益。

另外，照明行业的经销商该做的都已经在做了，因为一个区域经销商的各种投入较大，经销商进入门槛较高，这对深明光电的渠道招商带来障碍。

（3）横向思考：LED 照明行业除了现在这种运作模式，还有没有更好的模式？

（4）当前行业中，尚没有一个照明品牌是针对家用个人市场的，原因有可能是认为家用市场太小、忠诚度低、营销过于复杂。那么，针对这种情况，深明光电能不能避开行业最激烈的工程市场，把营销的焦点对准家庭用户？

（5）如果聚焦家庭个人用户，我们该如何进行营销推广？渠道策略该如何设计？投入费用又该是多少？

（6）LED 是半导体照明的学名，目前已经广泛被行业作为新型环保节能照明产品的统称，深明光电的 LED 能否提炼出与行业差异化的产品亮点，并形成独特的质量区隔？

（7）我们要为深明光电做的不仅仅是按部就班地让产品上市，在中国照明行业多一个品牌的产品，而是要有所建树，甚至要为整个 LED 产业创造一个奇迹。所以，我们绝对不能走传统老路，而是应该进行彻彻底底的创新破局！

我想，要想策划成功，首先要为深明光电创造一个独特的LED产品名称。因为我们觉得，如果我们依然使用行业通用的LED名称，就会给消费者造成一个错觉：哦，你们也是做LED的，那么，雷士照明、飞利浦照明的LED产品，是不是比你们的更好一些？

其次，必须为深明光电制定全新的营销战略，而战略的核心要旨就是必须解决深明光电渠道问题。因为传统的渠道无法为深明光电带来任何突破性发展，深明光电在品牌实力和影响力不足的前提下，即使投入再多费用也无法找到有实力的经销商客户，而没有实力经销商的加盟，所谓的渠道也无法满足深明光电对自身发展的强大需求。

通过对天猫、京东和淘宝等网络商城的搜索调查，发现照明行业的著名品牌如雷士照明、佛山照明及跨国品牌飞利浦等都已经在网上开设旗舰店，也就是说，现在按照传统的思维方法，我们所能想到的策略，行业中的品牌已经都在做了……

我的策划习惯就是对现有行业和企业的常规做法进行纵横思考，这个思考其实也是对市场和项目的一种重新审视，像一张模型拼图，我要找到最佳最完美的那一块……也只有在思考中，我才能紧紧地抓住行业的本质，为客户创造出颠覆性的创新策略。

四、策略创造：创新核武器

横向思维头脑风暴会已经成为我突破任何商业瓶颈的一个常规武器，只要驾驭得好，只要全体成员齐心协力，运用这种方法我从来没有失败过！

2014年3月16日，我召集项目组和新成员8人，封闭在公司对面城市客栈酒店的一间套房里，先是用传统的创意风暴法，在现有的照明市场中寻找与众不同的创新策略，但经过整整半天时间的创意努力，仍然找不到可以采用的策略。

当天下午，我们继续创意，但这次，我改变创意方法，改传统的逻辑思维创意方法为横向思维创意法。因为传统的头脑风暴本质是逻辑思维的，也就是说你的思维再怎么活跃也依然在逻辑之中。不合逻辑的事我们都不会认可，更不会去做了。

反映在这个创意会上，就是我们的头脑始终在LED照明这个概念中思考问题，所以出来的策略自然也不会离其左右，这就是我们整个上午都没有结果的原因。横向思维创意方法的精髓之一就是要让全体创意人员从LED照明这个概念中逃离出来，而且逃离得越远越好。

传统的逻辑思维总是习惯从起点出发进行思考，如我们的LED照明项目，我们始终在思考，这样的产品该怎么定位？渠道该怎么设计？品牌又该如何传播？等等，这就是典型的从起点出发。横向思维的精髓之二就是要改变思维的路径，即不是从起点出发而是由终点出发回到起点，这样，我们就可以穿越一条从来都不会去涉足的全新道路。

除此之外，与逻辑思维追求思维的连贯性相对应的是，横向思维的思考方式往往追求思维的断裂，体现在创意上就是利用偶然性来进行必然性的创意，这就是横向思维精髓之三！

通常我在一个项目的思考进入绝境的时候，就会采用上述三种横向思维方法，有时只用一种，有时是两种，也有可能是三种方式一起用，这要看创意的结果和项目突破的难易度。

从终点返回到起点：深明光电项目的终极目标是什么？就是让所有人都来购买它的产品。于是，在创意之初，我就在投影仪上打下了以下文字：

什么情况下，我们所有人都会喜欢购买深明光电的LED产品呢？

然后，通过思维逃离方法，我让全体创意人员远离了LED照明概念……

通过巧妙地运用横向思维创新武器，在晚上10点之前，我们终于制定出了深明光电LED照明产品突围的全部营销策略，而且每一个策略都具有独特性，至少，对整个LED照明行业来说，绝对是史无前例的！

五、核心策略：十剑式破局

（一）核心营销战略：家庭为主，工程为辅

市场调查结果显示，LED照明行业普遍以工程销售为主，以家庭装修市场为辅，渠道模式也是以大型专业市场批发为主，五金流通渠道为辅。而我为深明光电设计的营销战略，却是以家庭用户市场为主、工程市场为辅，同时以家庭用户市场品牌的影响力来带动工程市场。

因为工程市场已经拥有太多的强势企业和品牌，深明光电必须避开锋芒，另辟蹊径。所以，直接攻击家庭照明市场反而更有市场前景，关键要看我们如何来运作这一市场，而如果打开家庭照明市场，那么其市场潜力远远比工程市场大得多！

（二）核心诉求是健康，其次是节能和环保

在调查中我们发现，在照明行业中充斥着节能和环保的传播诉求，而我们在对消费者的调查中又获知，普通消费者根本不会太重视照明光源的节能。也就是说整个行业都没有出现过将光源诉诸健康的企业，也许，他们认为“健康”概念过于空泛。

我将深明光电诉诸健康的理由是：通过将普通家庭用于家居照明的白炽灯、荧光灯和节能灯等对身体有害的传统光源，调换成深明光电的新光源产品，从而改善健康。

一个产品的诉求，只有涉及消费者的切身利益，传播才能产生效果。营销人都知道，健康是一个空泛的概念，运用不当不会产生效果。而我定位健康，是想通过一系列让最终用户产生疼痛感的策略来唤醒消费者对健康照明的重视，从而打开家庭照明市场。

（三）产品区隔：智谱光

消费者普遍对LED的概念模糊不清，而且LED是行业简称，它的全称是**Light-Emitting Diode**，意即“发光二极管”，是一种能发光的半导体电子元件。

但这个名称本身不具有产品是不是优秀的任何含义，也不属于深明光电所独有，所以与其传播LED，不如深明光电自己创造一个能代替LED，却又能彰显自身LED产品技术亮点的新概念、新名词。

我在策划任何一个企业的任何产品时，必须要为这家企业的产品创造一个独特的区隔概念，这个概念必须包含有质量暗示和技术标准暗示，听上去又像是一个全新的品类，同时又能注册成品牌商标。

（四）产品核心机理

智谱光究竟是一个什么东西？智谱光健康家居照明系统是由深明光电根据现代人对健康光源的需求，结合国际最先进的LED照明技术，采用自我研发的全智能超强双驱动芯片研发的使居室光照科学化和人性化的新一代健康家居照明系统。

智谱光照明系统具有比节能灯、荧光灯等传统照明更强劲的光透率，但光芒度更柔，光谱频闪为零，能有效保证使用者在居室阅读、就餐和休闲时的科学光照度，身心更加健康。

（五）产品定位：新一代健康光源

运用智谱光照明系统的灯具，具有给人的身心带来健康愉悦的效果，它彻底与传统的白炽灯、荧光灯甚至节能灯区隔开来，在节能（耗电量低）、环保（零污染）、健康（零频闪）、光效（光透率更强）方面远远超越传统光源。如果说白炽灯是第一代光源、荧光灯和节能灯是第二代光源的话，那么，智谱光健康照明则是第三代也是新一代的健康光源。

通过对智谱光系列产品的核心定位，可以区分行业同类产品，同时给消费者一个暗示，智谱光是行业中质量最好的照明产品，也是最新一代的高性能技术产品，便于消费者产生信任感和做出购买决策。

（六）技术卖点：LED 全智能光谱调节系统，光透纯无频闪呵护家庭健康

这两句技术性卖点语言，主要用于向目标顾客简单阐述什么是智谱光，对使用者来说又具有什么利益，然后将它们概括进一个特殊设计的技术性符号，出现在深明光电的所有光源产品的包装上和宣传资料上。

完整的区隔符号必须具备三个核心点，即代表一种最高最新的技术、代表一种全新的质量标准、代表一种全新诞生的产品类别。

智谱光符号下面，我们会有一行小文字提示消费者：购买高性能优质 LED 照明，请认准智谱光标志。

（七）品牌定位：全球智谱光照明开创者

对全球照明行业来说，LED 是现在最为火热的一个概念，但它毕竟是一个全球通用的光源名称，不具有独特性。深明光电为了区隔于同行，才自己开创一个既能代表 LED 新光源，又完全区隔于行业的“智谱光”新名称，所以，从这一点来说，智谱光是深明光电所创，也是深明光电所独有，以“全球智谱光照明开创者”来定位深明光电品牌，完全适合。

（八）口头卖点：双核保证，健康光源

双核保证是产品的差异点，健康光源是给予消费者的利益点。这是为产品包装和宣传资料准备的直接性卖点诉求。

这两句话的卖点，将会出现在深明品牌传播的资料上和网站上，推出广告时也会一并出现，时刻提示消费者。

（九）品牌广告语：好光好身体

好光好身体，说明智谱光是一种对人体有益的健康光源，同时也向外界表明，深明光电是一家专业从事智谱光健康光源生产的环保型企业，也是有责任感的环保企业。

这既是产品卖点的补充和延伸，又是给消费者的一个承诺，同时也代表了一些选择智谱光照明的消费者的价值观。

（十）产品规划：家居核心，精准定位

深明光电的产品规划完全围绕着家庭家居照明展开，我们完全改变了原来的照明灯具以所处家居位置而定的传统命名方式。

灯光不仅仅是用来照亮，更是用来增加情调和带来健康视觉效果的，因此，我们创造性地将原本毫无情趣的传统名称，改变成既有实际功能又有生活情调的浪漫名称，给普通照明带来人情味。这只有智谱光健康照明能做到，而其他品牌无法做到。

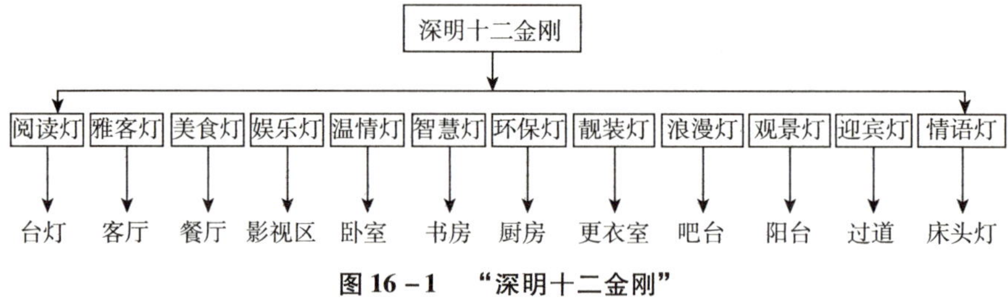

图 16－1 “深明十二金刚”

如图 16－1 所示，“深明十二金刚”是我们根据一个家庭常用的一些需要照明的区域对灯具进行的特殊命名，但这不仅仅是命名，深明光电需要配合双剑进行技术改造，将不同区域满足不同使用需求的灯光进行特殊设计。例如影视区域的照明就需要暗淡一点，而餐厅区域的照明又需要聚焦餐桌中央菜肴，这就需要分别对待，进行个性化改造，从而真正突出深明智谱光健康照明的科学性，也便于在行业内脱颖而出！

六、渠道策略：最便捷的通道

传统照明渠道的特点几乎都是工程第一，其次是走流通渠道，在各城市 KA 卖场开设专卖店，由当地经销商负责投资和经营，也有部分是直接通过五金店等其他渠道批发流通。

传统渠道有其固有的弱点。首先，专卖店都开在专业市场，只能影响有目的地寻找产品的顾客；而真正有目的的客户，到了专业市场之后又被数百家品牌的专卖店所包围。这时候，大品牌的优势就非常明显，我们成了被挑选的对象，这对深明光电非常不利。其次，现有的经销商或者五金店的营销意识非常薄弱，除了工程之外，几乎是坐商，等待顾客上门。最后，五金小店的脏乱差，根本无法衬托出智谱光照明的高科技和健康价值。所以，我们必须把专卖店开到离消费者最近的地方去，即开设大型住宅社区专卖店。

（一）渠道模式：连锁加盟体系，创建中国第一个家居照明连锁专卖体系

通过调查我们发现，照明行业统统走入了一个传统的怪圈，哪怕是代表高科技的 LED 照明。那就是企业寻找当地最优秀的经销商合作，这些经销商大部分是省级或市级经销商，他们的职能就是在当地的专业市场开专卖店，然后去拓展工程市场，或者向传统五金店批发。这种方式的不足有以下几点：一是覆盖有限，二是形象不到位，三是无法教育消费者，四是不能提供优质服务，五是五金店的品牌忠诚度很低，以价格为主要影响因素。

所以，我们决定抛开现有传统渠道，帮助深明光电自建专属产品渠道，而且自建一条“迷你家庭照明专卖店”的销售渠道，即由个人投资者加盟的投资较少的小型专卖店，具体如图 16 –2 所示。

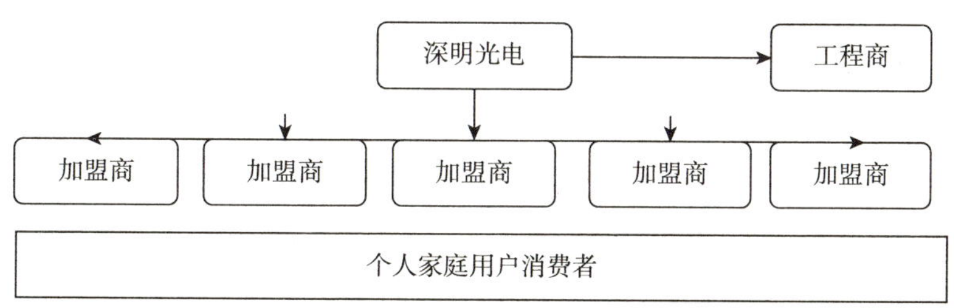

图 16 –2 “迷你家庭照明专卖店”的销售渠道

这样做优势明显：合作者更多，消费者更便利，深明光电控制力更强，辐射能力更强，品牌影响更明显；也有弱势：管理要求高，单店盈利率低，门外汉居多，企业需要培训等。

（二）专卖店名称：光天使

深明光电的光天使迷你专卖店就是为广大消费者提供健康光源的天使。这个名称有含义，也有形象联想，且没有在照明行业被注册使用过。“光天使”三个字比“深明”更适合做一个消费品牌名称。所以，我们建议，可以将“深明”当做生产企业名称使用，而把“光天使”当做产品品牌使用。

（三）光天使定位：家庭美光师

光天使是最便利的为消费者提供健康光源的专卖店，它的使命就是为家庭家居提供符合家庭光源的科学设计和有利于身心健康的光源产品，“家庭美光师”的定位符合它的功能与身份，也符合我们的品牌总诉求。

从前期的市场调查中我们获知，中国的消费者对灯光的认知一直处于“照明”这一概念上，他们并不了解光照本身能带来个人情绪变化和光照有美化物质的功能。家庭美光师的作用，就是想通过光天使专卖店的推广来告诉消费者，灯光不仅仅用来驱赶黑暗，更能让人感受美。商场的橱窗陈列、跨国名牌化妆品的展示等，对灯光照明就有很高的要求；餐厅内的科学美光，能让人感受到菜肴的美味可口和环境的舒畅典雅；而卧室中的微暗光芒，能让人感受到温馨和暧昧……

家庭美光师，就是一个能给千千万万家庭带来美丽光芒的天使。

（四）专卖店产品布局：光源、灯饰、副产品和电工类

具体如图 16－3 所示。

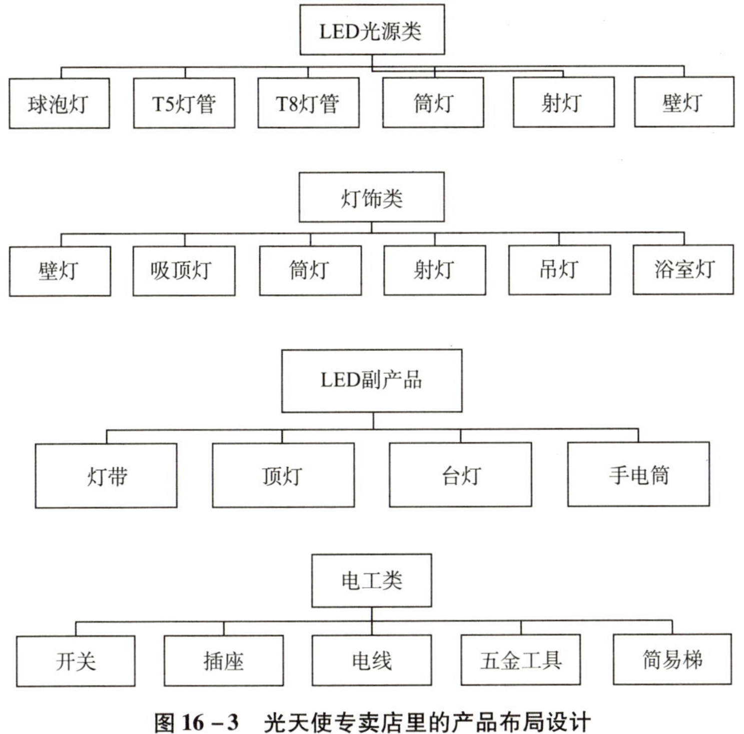

图 16－3　光天使专卖店里的产品布局设计

（五）专卖店功能：专门解决家庭照明难题

光天使作为一种崭新的照明产品门店，其单店的盈利能否保证，决定了这个模式的成败。为此我们围绕着家庭在照明方面可能遭遇的难题，给光天使增加了销售产品之外的相关增值服务功能，从而使光天使成为一家专门解决家庭照明难题的专业机构。我们还可以增加为家庭用户进行现有光源是否合理健康的检测服务，然后提供照明建议。

（六）营业员功能：美光师、销售员和电工

光天使专卖店的营业员不是普通的销售人员，而必须是具备特殊能力的专家。首先，他必须是一名专业美光师，是能帮助客户解决家庭美光的专家；其次，是一名电工，必须能解决客户居家照明的一切难题。

光天使专卖店的功能如图 16－4 所示。

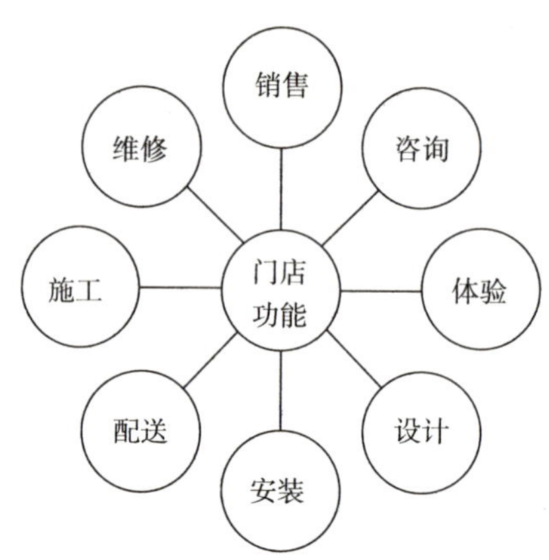

图 16－4　光天使专卖店的功能

销售：主销——深明智谱光产品；配销——其他照明产品及配套产品；

体验：迷你店的智谱光家居照明系统，可让消费者体验人性光的健康好处；

咨询：解答家居照明的科学性和人性化，诊断当前使用光源的健康性；

设计：根据居室环境和身心健康，为消费者做出最科学的家居光照方案；

施工：负责所有经本店出售产品的安装，承接家庭光照工程，提供规范服务；

配送：负责呼叫中心订购、在线订购和本店购买产品的近距离配送服务；

安装：加盟商可以与施工队协议或者自己培训施工队对外承接各种照明工程；

维修：除负责本店产品的售后维修服务外，向社区提供家居照明产品维修服务。

（七）光天使性质：PK 传统五金店

光天使是照明产品专卖店，也是时尚五金店，更是能为社区居民提供电工类服务的物业服务部门，它还是能给家居装修户带来全新光照效果的美光设计室，又是能体验到美光感受的体验店，哦，它还是互联网下单用户的产品配送站……它打击的是传统五金店。

（八）运营模式：O2O 全网联动

（1）线上推广：通过对光天使照明品牌商城的推广，将品牌和产品的销售信息传播到全国各地；

（2）在线下单：促使消费者更便利地直接在网上商城订购或利用微信在线下单，完成网络购买；

（3）呼叫中心：深明或光天使品牌推出广告时，公布光天使购物号码，顾客在电话中完成订单；

（4）门店销售：分布全国各地的光天使照明专卖店，就近对社区居民进行产品销售和服务；

（5）招牌广告：分布全国各地的数千家光天使照明专卖店，本身就是一种最直接也是最好的广告；

（6）延伸服务：以实体店为品牌基地，围绕着家居照明应用，可向社区居民提供各类延伸服务；

（7）品牌价值：O2O 模式确立并正常运用之后，光天使承载了深明品牌形象，品牌价值无限飙升；

（8）稳定客户：呼叫中心和在线下单为广大实体店加盟商提供了更大销售范围，确定盈利保证。

在市场调查中我们获知，LED 照明行业已经有不少企业在天猫等网上商城开设专卖店，但他们只是把网络当成另一种销售的窗口。深明光电的 O2O 销售体系则有别于行业通常的做法。

首先，我们将创建 LED 照明行业第一个独立网络商城，同时这个网络商城将覆盖全国市场，并与全国各地的光天使专卖店形成一体，消费者可以在浏览网站的同时下单，而线下数千家光天使专卖店将负责短距离配送和现场体验。

其次，照明产品是一个需要后期安装服务的产品，不像其他产品那么完整，所以，光天使专卖店就要承担起产品的后期安装维修服务。

七、招商拓展：销售网络布局

（一）目标客户：有创业野心的个人

我们的客户是那些有几十万元闲钱或者对创业有强烈愿望的个人，他们可以不懂照明行业，但他们必须具备与深明光电一起艰苦创业的信心和发家致富的野心。最好是国营单位下岗的专业电工，这些专业人员可以省去深明光电的培训时间和费用。

开店做生意，是中国人头脑中经商的首选，因为开店不需要技术，更不需要其他如人脉方面的支撑，只要开店，客人自然会来，尤其是品牌加盟店。

（二）招商策略：广告为主，会议为辅

通过在目标受众聚焦的专业杂志如《商界》、航空杂志、高铁杂志和专业连锁加盟招商网、创业信息网等网站发布光天使连锁加盟招商信息，吸引投资者加盟。同时，准备筹划一个大型招商会，通过一个创意，将潜在创业人士和投资者召集到我们设定的会议现场，详细介绍光天使项目的前景及操作方法，但在招商启动之前，我们必须做好充分的准备。

（三）样板店设计：光天使样板店

在深圳创建1～3家实体样板店，其规格必须与未来加盟店的格局完全一致，包括专卖店的外部形象与内部格局的设计，如招牌设计、货架设计、空间设计，以及产品展示、产品广告、人员服饰乃至人员服务标准等，为加盟商感知未来自己加盟的店铺做参考。

（四）公益活动招商：多方联动，公益为上

为了更集中地解决连锁加盟招商难题，我们专门创意设计了一个由深

明光电牵头，由区域再就业指导办公室、银行和工商部门共同参与的“光天使个人创业实战训练营”创业专家、讲师和创业项目由深明光电邀请和提供，会议的费用也由深明光电承担，区域再就业指导办公室负责目标人员的召集和组织，银行提供部分创业贷款，工商部门负责审核办理经营证件等。这个活动将以省区为单位进行滚动推进。

（五）专业招商外包

这是我们为以防万一而设计的一个保险策略。目前在营销行业有一种专业的招商外包公司，他们具有专业的招商团队、庞大的信息资源和信息发布的媒介资源等。深明光电毕竟是刚开始做国内市场的外贸公司，对他们来说，渠道招商和市场运作都属于全新的领域，需要一段时间的适应，而交给专业的招商公司去做，将会提升渠道招商的速度。

（六）招商任务和目标：一年开出 500 家专卖店

我们初步为每一个加盟商计算过各种投入和必须提交给深明光电的产品费用，加盟商只需要具备 25 万元，就可以成为一家社区专卖店的老板，其中货款为 10 万元，其他为房租、装修和人员费用。

第一年我们的招商目标为 500 家光天使专卖店，为深明光电带来至少 5000 万元的基础销售收入，然后以 500 家光天使店铺的影响力，继续吸引加盟商合作，并快速提升产品销售收入。

（七）招商工具包

双剑根据整个招商计划和任务，专门为深明光电策划设计了《专业的招商话术》《连锁加盟招商计划》（附有加盟政策的连锁加盟合同），以及加盟培训辅导专业团队和地面拓展团队的组建等。

（八）加盟商的性质：光天使销售员

光天使一旦加盟成功，深明光电就在全国各地拥有了成千上万个 LED 工程项目的业务员。加盟商除了平时接受社区业务之外，他们也会凭借各自的人脉关系和商业敏感性，去拓展工程项目，他们将在家庭照明市场上产生巨大影响，也将从工程市场上直接受惠，因为一个有创意的公司和一个懂得创新的公司最能受到公众的好评！

而直到目前为止，LED照明类最大的公司也不会有这么多业务员，深明光电算是做出了一个非常大的创新举措！

（九）光天使网站设计：为加盟商提供互联网营销

我们为深明光电创意设计了一个用于光天使O2O运营的光天使美光网，这个网站的功能其实就是一个家庭美光照明产品的网络商场，也是深明光电光天使的加盟推广网，当然，也是深明光电的官网。深明光电在推广时，顺带推广光天使美光网，网站必须吸引更多家庭美光爱好者，并让这些网民成为粉丝。它未来的职能就是提供网络选购下单的照明行业商城，为全国各地的光天使专卖店提供客源流量，光天使地面店将提供现场体验和产品配送乃至产品安装和检修等服务，从而形成完美的家庭美光O2O！

（十）效果预估

由此，我们就掌控了渠道——我们自己拥有渠道，并可以出租盈利；我们就掌控了客户——拥有了模式便拥有了长期稳定的客户源；我们就拥有了模式——这个模式由我们所创，也由我们管理；我们就拥有了品牌——门店与产品品牌合二为一，积累资产；我们就拥有了资源——数千家门店资源，吸引其他厂商合作；我们就拥有了整合力——打通上下游，成为核心资源的控制者；我们就拥有了创新力——将电工类的照明产品转变成时尚产品……

也许我们就能快速吸引VC风投，成为照明行业唯一以盈利模式取胜的品牌，可计划两年后在资本市场上市，成为公众公司，并大规模渗透化，增加开店速度，达到完整的品牌全国覆盖。

八、品牌传播：让品牌影响世界

（一）传播目标

以新闻公关、事件营销及全网推广为核心的低成本品牌传播来快速提升光天使品牌知名度，以线下社区推广来帮助加盟商形成专卖店产品的畅销，是传播的主要任务。

（二）品牌战略

首先撬开家庭换光市场，其次智抢家装市场，最后是攻抢工程市场。换光市场就是让当前已经使用多年的家庭灯光产品进行大换代，从而给光天使的智谱光产品提供销售机会，同时也给广大消费者提供享受健康光源的机会。

（三）平面传播

以光天使官网商城的推广和线下社区推广为主，辅以微博、微信和圈子软文推广等手段，影响大多数已安装照明的家庭用户参与换光行动。同时，也会在全国主要城市的核心媒体，推出大规模的平面广告，如报纸、杂志和社区电梯广告。平面广告以“光天使来了——全新智谱光健康光源产品闪亮上市”为核心主题的告知性广告为主。

（四）公关活动之一：全民换光

通过轰轰烈烈的以“选择智谱光源，减少光波污染”为核心主题的环保行动——“全民换光”运动，来促进广大消费者对智谱光和健康光源的重视，所以，“全民换光”既是一个公益性大活动，又是一个促销性质的光天使推广活动。通过活动，我们要清晰地告诉消费者，“白炽灯、荧光灯和节能灯等传统照明产品已被证实对人的眼睛、肌肤、情绪等身心健康带来隐患……”如果活动策划得好，可以起到一箭双雕的作用。

（五）公关活动之二：光天使平面模特评选

我们将举办一次面向全国高等院校和全社会的“光天使品牌形象大使选拔赛”，以个人品德、才艺和容貌为核心要素，进行“超女选秀”一样的大规模层层选拔，以这个活动本身促成光天使品牌的推广，同时也确实为光天使品牌物色最佳的品牌形象代言人。

（六）事件营销之一：举办首届光源节

整合社会和政府资源，选择光天使智谱光产品上市后的某一日作为“环保光源节”，展开轰轰烈烈的公益环保活动。活动可以运用社会的力量将节日影响力做大，做到每年一届，提升光天使品牌和地方政府的影响力，从而在战略上将智谱光产品的上市和品牌推广当做100%的公益活动来做，以社会规范约束目标人群，在购买家庭照明产品时主动选择光天使智谱光照明产品。同时大规模的换光行动将家庭原来安装使用的传统光源产品全部彻底调换，深明光电将免费提供拆装和调试服务。线上线下一网打尽。

（七）事件营销之二：智谱光 PK 节能灯

当前消费者对节能灯的节能和安全环保有所了解，但对 LED 的性能所知甚少。我们完全可以以智谱光产品的优秀性能 PK 传统节能灯，让更多消费者了解智谱光，同时也给智谱光一次大规模曝光的机会。

我们的做法是，先创意拍摄一部幽默的微电影，将光天使智谱光和传统节能灯设计成两个武林门派的高手进行较量，最终智谱光必然战胜节能灯；然后将微电影投放到优酷、土豆和微信平台，形成病毒式传播。

（八）光天使网站推广

光天使网络商城，将成为消费者了解智谱光健康照明产品并直接在线下单的平台，这个网站推广的投入较大，所以一开始只能以企业官网进行推广，随着招商拓展的推进，在传播品牌时可以顺带推广光天使商城。这样当顾客在浏览网站时，可以被网站上的各种产品所吸引。等到企业规模达到一定程度，此商城甚至可以扩大成行业商城，为线下众多的光天使专卖店提供各种援助。

（九）社会化媒体推广

创建“光天使”微信平台，并选择一个最终获胜的“光天使品牌形象大使”作为光天使公众微信平台的操作人，进行微信平台运作，以其个人的影响力和美光信息的传播，吸引成千上万的网民成为光天使的粉丝。

（十）影视推广策略

如果资金允许，我们还是希望深明光电能够创意拍摄一部带有公益性质的光天使智谱光产品推广的广告片。虽然广告的效果已经大为降低，但只要我们策划得好，完全可以将一部纯粹的商业广告片，拍摄成一部能最大限度吸引目标受众观赏的好片子，成为一部耐看的广告片。

（十一）组织保障策略

为了确保深明光电光天使专卖店的招商成功和品牌推广策略的完美实施，我们专门为深明光电设计了完全以市场为导向的企业营销组织，包括电子商务运营等部门。因为通过实施双剑策划的一系列大规模创新策略，使得深明光电从原本只是单纯生产 LED 照明产品的生产企业，一跃而成为一家掌控千万个销售终端的全新品牌商。而且，盈利模式也发生了巨大的改变，企业未来的上市之路非常明朗，这对深明光电来说是一次蓝海机会，也是一次巨大的挑战，因为这样的创新转变，意味着企业的经营思想也发生巨变，乃至整个公司的战略和组织结构也将随之变化。

九、方案效果：震撼不是一点点

2014 年 3 月 31 日下午，深明光电总经理王英携核心管理层一行六人，应邀来到深圳市双剑公司。在双剑会议室里，由我主持向深明光电全体管理层宣讲了以“挑战传统，创新破局——深明 LED 光源产品整合营销策略大纲”为主题的营销策划方案，整个宣讲时间为 120 分钟。我详略得当、深入浅出地剖析了整个方案的策略成因、策略基础和从策略成型到策略执行的全步骤，尤其是突破传统照明市场的大胆创新构想，获得了深明光电全体管理层的高度赞赏。

双剑全体项目人员包括公司其他项目的员工也一起参与了方案宣讲会。方案一讲完，深明光电的管理层就议论纷纷，因为他们根本没有想到双剑会给他们提供这样一套全新的营销破局新思路。管理层们也根据各自的角度向我提出各种各样的疑问，但所有的疑问都被我一一做了令人满意的回答。这说明，双剑的策划案都有完整的可能性预案，以应对策略执行中的各种障碍。

由于方案太具有行业颠覆的创新性，王总要求我给他们几天时间，他们想回去内部再消化消化。我欣然应允。

三天以后，王总亲自给我打电话说，完全同意我们的策略，并希望快速进入执行期的作业计划。他们已经按要求注册了智谱光和光天使两个品牌商标，并按我的要求成立由我方策划人员与深明光电营销人员、LED 专业技术人员组成的项目执行小组，正式开始执行这套策略。

不难预料，不久的将来，中国的 LED 照明市场必将出现第一个专属品牌，并一改传统照明品牌与消费者的疏离现象，成为消费者最贴心的照明品牌。

十、策划后记：一场令人遗憾的战役

2014 年 4 月 28 日，正当我们紧密锣鼓地推进项目时，我接到了王总的电话，获知了一个令人遗憾的消息——由于深明光电董事长个人原因，公司的光天使项目不得不暂停。随后我们通过协调，愉快地办理了项目终止协议，能给我们带来健康美丽光源的光天使家庭美光专卖店，最终离我们而去了……

这不能不说是一个巨大的遗憾。但是，从某一个角度来说，尽管这个方案未能被完美执行，但方案中的突破性创新还是具有很高的行业借鉴价值。所以，在 2015 年元旦过后，我与深明光电的王总沟通，在他的同意下，我稍微修改了方案中涉及企业隐私和商业秘密的地方，将整个方案的 PPT 通过我的个人微信平台“沈坤横向思维”（微信号：skhxsw）与我的平台粉丝、全体营销爱好者和企业好友公开分享。这个方案获得了网友们的很高评价，有一个客户甚至要求我直接将这套方案嫁接给他，要我与深明光电协调……

好策略得不到推广，不能不说是一个策划人的遗憾，所以，我想来想去，决定将这一方案当做策划案例写出来。毕竟，双剑的努力可以为整个 LED 行业提供一个突围的参考。至少可以告诉行业，LED 的营销突围有很大的机会，光天使也许只是其中的一条路，只要通过横向思维创新，比光天使更好的 LED 照明推广之路必然存在！

沈坤 2015 年策划作品：跨界打劫的小卤之约

90 后美女跨界打劫，创全新生态 O2O

小卤之约时尚吃货营整合模式闪亮登场

时尚美女卢婧婧邀您共谋时尚吃货千亿大业

一、互联网倒逼——传统门店迎来关闭大潮

互联网思维强势来袭，线下门店纷纷被以快捷、低价和全新体验为核心的电商店铺打得落花流水狼狈不堪；咖啡、奶茶、蛋糕、卤味和相关零食等休闲店铺客流量严重下降，开门是亏损，关门就等死——店铺老板只能翘首，等待奇迹的降临……

二、跨界来打劫——全生态美女吃货营诞生

90 后美女卢婧婧出生于湖南浏阳，是电子商务高材生 + 时尚吃货，家中经营祖传卤味熟食但规模较小。2015 年卢婧婧与湖南湘嘴巴食品公司携手，创造了以鸭脖为核心的休闲卤味专卖店小卤之约品牌，为了满足吃货欲望，又将咖啡、奶茶、冰淇淋、果冻和巧克力等纳入其中，成为名副其实的时尚“吃货营”，而这些吃货行业的年产值总盘远超千亿元！

三、互联网思维——全网 O2O 盈利更保障

小卤之约吃货营店铺开设位置都选择在时尚白领聚集的步行街、CBD、校园区和大型社区，店铺内设有时尚桌椅，供吃货们休闲并品尝美食，同时也可作为情侣们的约会圣地。

为满足吃货们的购物便利，小卤之约同时开设淘宝店铺、微信店铺和官网商城，吃货们只要在手机上轻轻一按，19 分钟内，诱人美食送货上门！全网覆盖，无缝营销！

四、全新产品链——保证你赚钱赚到手发烫

小卤之约吃货营共有以下 11 类吃货产品：以鸭脖领衔的“卤味产品”、“咖啡饮品”、“奶茶饮品”、“冰淇淋蛋筒”、“果汁饮品”、“可乐饮品”、“精品巧克力”、“时尚果冻”、“卡通公仔”、“女性红枣”和时尚快餐等！多重利润来源，天天顾客盈门。

小卤之约已经不是与周黑鸭和绝味们竞争的传统鸭脖店，也不是奶茶店、咖啡店和冰淇淋店，但却在以一种可怕的方式，蚕食着上述对手。单品专卖体系必将被跨界整合品牌所消亡，何况还有更可怕的互联网思维！你心动了吗？心动不如行动！

五、强者大联合——中国最凶猛的时尚军团

湖南省湘嘴巴食品有限公司，是一家专业经营畜禽肉类食品的连锁品牌企业，在湖南本地经营多年。2015 年与 90 后美女卢婧婧合作，转型为一家 O2O 全生态休闲连锁店资源整合者，并正式向全国扩张。为确保项目成

功，专门聘请了具有“魔鬼营销人”美誉的沈坤老师为策划顾问，全程为小卤之约吃货营的营销推广出谋划策。2015 年，中国商业创新世界，必将是小卤之约的天下。

六、有限加盟——只求志同道合者同行

为确保“小卤之约”品牌的专业统一性，本次招商要求合作的加盟商必须具备以下条件：(1)热爱卤味事业，具有激情和梦想的 80 后、90 后；

(2)具有高校、商圈店铺资源的个人与机构；

(3)欢迎卤味店、休闲店、奶茶店、餐饮店和其他店铺改行加盟小卤之约；

(4)愿意遵守统一价格体系，遵守区域市场保护，与小卤之约共同发展的有志之士。

做生意就要选刚需行业，选产品就要找美女最爱，长远发展就要做年轻模式！如果您识得商机，请快速与我们联系并索取项目资料！

沈坤:双剑与中国其他策划公司的本质差别

一、其他公司运用经验策划，我们用横向思维创新突破

其他营销策划公司都是凭自己的策划经验做策划,或者套用其他项目的策划手段,这样的策划能对你有帮助已经是万幸了,失败基本是必然的!

双剑完全颠覆了以经验思维做策划的传统手法,不要问我们有没有做过××行业。我们不要经验,因为我们有横向思维武器,而这种横向思维在中国营销界沈坤可谓无出其右。横向思维是专门用于创新破局的一种创造力思维方法,有了这个武器,双剑就比大多策划公司棋高一着,这等于为企业做了成功的安全保险。

二、其他公司只向你推销一个方案，我们给你更多选择

由于策划公司全部是运用逻辑思维做策划的,因而策略的创新程度严重受限,有时候几乎跟企业的营销人没什么差别。这时好不容易获得一个点子,策划公司就会拼命向企业推荐,甚至认为企业不懂!

双剑从来不推销方案,而是一开始就从多个角度对客户所处的市场环境进行全方位破局,至少会给企业提供两套以上的营销策略,让你充分感受营销创新的无穷边界和伟大力量。

三、其他公司只对产品进行策划，我们给你顶层设计

其他策划公司基本是就事论事,直接针对企业的核心产品进行卖点挖

掘、品牌定位、渠道拓展和传播创意等策划，做出来的方案既看不出有什么亮点，却也找不到不满意的地方，让你无从决策。

双剑基于企业客户的核心需求，仅仅把产品当作企业盈利的工具之一。我们会从行业发展和企业野心等多角度思考，为企业进行顶层设计，创造性地给企业客户创造更多可以盈利的机会和全新的商业模式。

四、其他公司由团队策划，双剑由沈坤亲自操刀

其他策划公司由下面的员工组建团队来策划。你能相信，这些每个月拿几千元薪水的打工者，能为你策划出什么惊天动地的创意来吗?

双剑所有的项目全部由沈坤亲自操刀，员工只做辅助性工作，项目总监都由沈坤亲自担任，连策划方案和具体文案也由沈坤操刀。毕竟，不是每一个人对市场营销和创新策略都有独特的敏感度。

五、其他公司金钱第一，双剑把成功的成就感放在第一

其他策划公司是以经济效益为核心的盈利导向型公司。这些公司基本上以盈利为第一要素，只要企业客户延迟支付或者拒绝支付服务费，就会停止合作。

双剑却一反常规，把追求策划成果的快感放在第一位！当与客户发生策略认知偏差时，双剑会主动承担责任，支持企业延迟支付或者拒付服务费，但我们会继续服务，直到企业满意为止。

六、其他公司传统策划，双剑线上线下立体推动

其他公司是以广告为核心的传统策划。在互联网电子商务凶猛发展的

当下,忽视互联网的存在是不明智的!

双剑从 2013 年就开始涉足电商品牌策划,成功策划了互联网方便面品牌“精灵 12 餐”、电商休闲品牌“小卤之约”和电商卤味品牌“仙卤八部”,充分展示了双剑在互联网电商品牌策划方面的创新能力!

“本土管理实践与创新论坛”成立

长期以来，中国企业在学习西方管理、本土化实践中不断进步。经济进入新常态，管理也要进入深水区。东西方企业与管理，有共性，也有个性。本土管理领域正在产生自己独特的理论与模式。尤其在移动互联时代，中国的情况与西方更不同，有很多新课题，需要本土专家们一起研究。

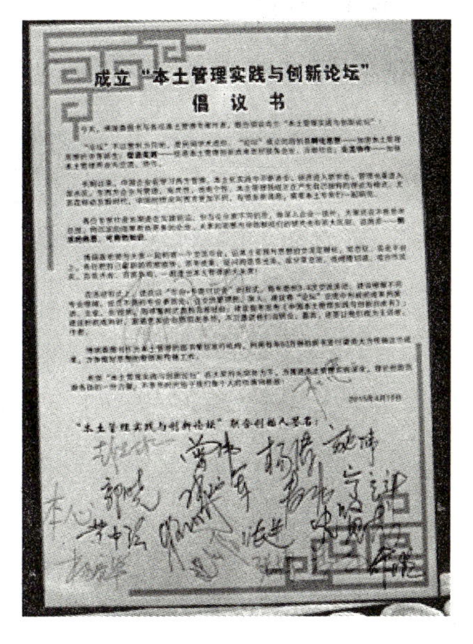

成立“本土管理实践与创新论坛”

倡议书

“本土管理实践与创新论坛”联合创始人签名：

为此，博瑞森图书与各位本土管理专家作者，联合成立“本土管理实践与创新论坛”！“论坛”不以盈利为目的。“论坛”的宗旨是：

孵化思想——加速本土管理思想的孕育诞生

促进实践——促进本土管理创新成果更好服务企业、贡献社会

交流协作——加强本土管理界业内交流、协作

通过这个论坛，让本土实践与思想的交流定期化、常态化。在此平台上，各位作者把自己最新的观察感悟、思考成果、疑问困惑拿出来，或分享交流、或碰撞切磋、或合作攻关。通过举办“年度论坛”、出版《年度报告》等方式，百花齐放、百家争鸣，一起走出本土管理的大未来！

“本土管理实践与创新论坛”联合创始人

彭志雄、曾伟、宋新宇、杨涛、施炜、郭晓、张学军、秦国伟、宁立新、黄中强、程绍珊、张进、史贤龙、杨永华、高可为、史立臣、张博、李志华、张本心、余世耀、杜忠（以年龄为序，以示本土管理群体思想传承之意）

博瑞森图书分类导读图 + 书目

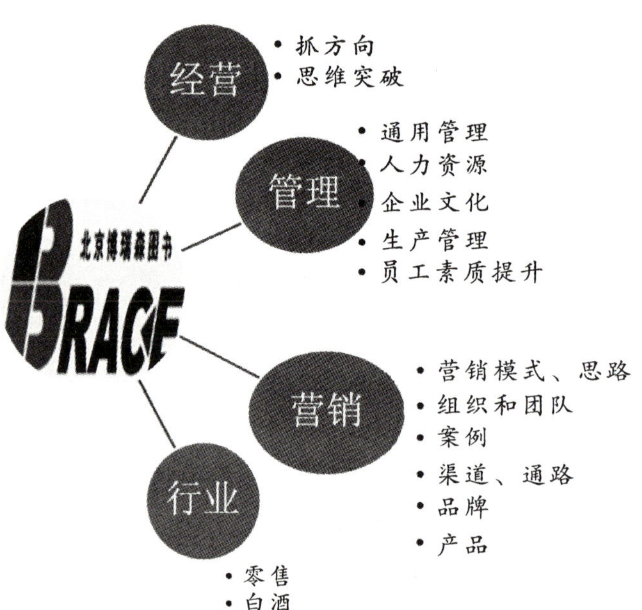

经营
- 抓方向
- 思维突破

管理
- 通用管理
- 人力资源
- 企业文化
- 生产管理
- 员工素质提升

营销
- 营销模式、思路
- 组织和团队
- 案例
- 渠道、通路
- 品牌
- 产品

行业
- 零售
- 白酒
- 食品/快消品（乳业、食用油、茶叶、调味品等）
- 农业（农资、农产品、农牧企业）
- 医药（医药营销、处方药、药店）
- 家居建材
- 工业品
- 金融

更多实战好书，请关注“**博瑞森管理图书网**”

BRACE 北京博瑞森图书 http://www.bracebook.com.cn

博瑞森图书：多读干货，少走弯路

行业类：零售、白酒、食品/快消品、农业、医药、建材家居等

	书名．作者	内容/特色	读者价值
零售·超市·餐饮·服装·汽车	1. 总部有多强大，门店就能走多远 2. 超市卖场定价策略与品类管理 3. 连锁零售企业招聘与培训破解之道 4. 中国首家未来超市：解密安徽乐城 5. 三四线城市超市如何快速成长：解密甘雨亭 IBMG 国际商业管理集团　著	国内外标杆企业的经验＋本土实践量化数据＋操作步骤、方法	通俗易懂，行业经验丰富，宝贵的行业量化数据，关键思路和步骤
	涨价也能卖到翻 村松达夫　【日】	提升客单价的15种实用、有效的方法	日本企业在这方面非常值得学习和借鉴
	零售：把客流变成购买力 丁　昀　著	如何通过不断升级产品和体验式服务来经营客流	如何进行体验营销，国外的好经营，这方面有启发
	餐饮企业经营策略第一书 吴　坚　著	分别从产品、顾客、市场、盈利模式等几个方面，对现阶段餐饮企业的发展提出策略和思路	第一本专业的、高端的餐饮企业经营指导书
	赚不赚钱靠店长：从懂管理到会经营 孙彩军　著	通过生动的案例来进行剖析，注重门店管理细节方面的能力提升	帮助终端门店店长在管理门店的过程中实现经营思路的拓展与突破
	汽车配件这样卖：汽车后市场销售秘诀100条 俞士耀　著	汽配销售业务员必读，手把手教授最实用的方法，轻松得来好业绩	快速上岗，专业实效，业绩无忧
白酒	变局下的白酒企业重构 杨永华　著	帮助白酒企业从产业视角看清趋势，找准位置，实现弯道超车的书	行业内企业要减少90%，自己在什么位置，怎么做，都清楚了
	1. 白酒营销的第一本书 2. 白酒经销商的第一本书 唐江华　著	华泽集团湖南开口笑公司品牌部长，擅长酒类新品推广、新市场拓展	扎根一线，实战
	区域型白酒企业营销必胜法则 朱志明　著	为区域型白酒企业提供35条必胜法则，在竞争中赢销的葵花宝典	丰富的一线经验和深厚积累，实操实用
	10步成功运作白酒区域市场 朱志明　著	白酒区域操盘者必备，掌握区域市场运作的战略、战术、兵法	在区域市场的攻伐防守中运筹帷幄，立于不败之地
	酒业转型大时代：微酒精选2014－2015 微酒　主编	本书分为五个部分：当年大事件、那些酒业营销工具、微酒独立策划、业内大调查和十大经典案例	了解行业新动态、新观点，学习营销方法
快消品·食品	乳业营销第一书 侯军伟　著	对区域乳品企业生存发展关键性问题的梳理	唯一的区域乳业营销书，区域乳品企业一定要看
	食用油营销第一书 余　盛　著	10多年油脂企业工作经验，从行业到具体实操	食用油行业第一书，当之无愧
	中国茶叶营销第一书 柏　龑　著	如何跳出茶行业"大文化小产业"的困境，作者给出了自己的观察和思考	不是传统做茶的思路，而是现在商业做茶的思路
	调味品营销第一书 陈小龙　著	国内唯一一本调味品营销的书	唯一的调味品营销的书，调味品的从业者一定要看
	快消品营销人的第一本书：从入门到精通 刘　雷　伯建新　著	快消行业必读书，从入门到专业	深入细致，易学易懂
	变局下的快消品营销实战策略 杨永华　著	通胀了，成本增加，如何从被动应战变成主动的"系统战"	作者对快消品行业非常熟悉、非常实战
	快消品经销商如何快速做大 杨永华　著	本书完全从实战的角度，评述现象，解析误区，揭示原理，传授方法	为转型期的经销商提供了解决思路，指出了发展方向
	一位销售经理的工作心得 蒋　军　著	一线营销管理人员想提升业绩却无从下手时，可以看看这本书	一线的真实感悟
	快消品营销：一位销售经理的工作心得2 蒋　军　著	快消品、食品饮料营销的经验之谈，重点图书	来源与实战的精华总结
	快消品营销与渠道管理 谭长春　著	将快消品标杆企业渠道管理的经验和方法分享出来	可口可乐、华润的一些具体的渠道管理经验，实战
	成为优秀的快消品区域经理 伯建新　著	37个"怎么办"分析区域经理的工作关键点	可以作为区域经理的'速成催化器'
	销售轨迹：一位快消品营销总监的拼搏之路 秦国伟　著	本书讲述了一个普通销售员打拼成为跨国企业营销总监的真实奋斗历程	激励人心，给广大销售员以力量和鼓舞

续表

农业	**农资营销实战全指导** 张　博　著	农资如何向“深度营销”转型，从理论到实践进行系统剖析，经验资深	朴实、使用！不可多得的农资营销实战指导
	农产品营销第一书 胡浪球　著	从农业企业战略到市场开拓、营销、品牌、模式等	来源于实践中的思考，有启发
	变局下的农牧企业发展9大策略 彭志雄　著	食品安全、纵向延伸、横向联合、品牌建设……	唯一的农牧企业经营实操的书，农牧企业一定要看
医药	**新医改下医药营销与团队管理** 史立臣　著	探讨新医改对医药行业的系列影响和医药团队管理	帮助理清思路，有一个框架
	医药营销与处方药学术推广 马宝琳　著	如何用医学策划把“平民产品”变成“明星产品”	有真货、讲真话的作者，堪称处方药营销的经典！
	新医改了，药店就要这样开 尚　锋　著	药店经营、管理、营销全攻略	有很强的实战性和可操作性
	电商来了，药店应该怎样开 尚　锋　著	电商崛起，药店该如何突围？本书从促销、会员服务、专业性、客单价等多重角度给出了指导方向	实战攻略，拿来就能用
	在中国，医药营销这样做：时代方略精选文集 段继东　主编	专注于医药营销咨询15年，将医药营销方法的精华文章合编，深入全面	可谓医药营销领域的顶尖著作，医药界读者的必读书
	OTC医药代表药店开发与维护 鄢圣安　著	要做到一名专业的医药代表，需要做什么、准备什么、知识储备、操作技巧等	医药代表药店拜访的指导手册，手把手教你快速上手
建材家居	**建材家居营销实务** 程绍珊　杨鸿贵　主编	价值营销运用到建材家居，每一步都让客户增值	有自己的系统、实战
	建材家居门店销量提升 贾同领　著	店面选址、广告投放、推广助销、空间布局、生动展示、店面运营等	门店销量提升是一个系统工程，非常系统、实战
	10步成为最棒的建材家居门店店长 徐伟泽　著	实际方法易学易用，让员工能够迅速成长，成为独当一面的好店长	只要坚持这样干，一定能成为好店长
	手把手帮建材家居导购业绩倍增：成为顶尖的门店店员 熊亚柱　著	生动的表现形式，让普通人也能成为优秀的导购员，让门店业绩长红	读着有趣，用着简单，一本在手、业绩无忧
工业品	**解决方案营销实战案例** 刘祖轲　著	用10个真案例讲明白什么是工业品的解决方案式营销，实战、实用	有干货、真正操作过的才能写得出来
	变局下的工业品企业7大机遇 叶敦明　著	产业链条的整合机会、盈利模式的复制机会、营销红利的机会、工业服务商转型机会……	工业品企业还可以这样做，思维大突破
	工业品市场部实战全指导 杜　忠　著	工业品市场部经理工作内容全指导	系统、全面、有理论、有方法，帮助工业品市场部经理更快提升专业能力
	工业品营销管理实务 李洪道　著	中国特色工业品营销体系的全面深化、工业品营销管理体系优化升级	工具更实战，案例更鲜活，内容更深化
金融	**交易心理分析** （美）马克·道格拉斯　著 刘真如　译	作者一语道破赢家的思考方式，并提供了具体的训练方法	不愧是投资心理的第一书，绝对经典
	精品银行管理之道 崔海鹏　何　屹　主编	中小银行转型的实战经验总结	中小银行的教材很多，实战类的书很少，可以看看
	支付战争 Eric M. Jackson　著 徐　彬　王　晓　译	PayPal创业期营销官，亲身讲述PayPal从诞生到壮大到成功出售的整个历史	激烈、有趣的内幕商战故事！了解美国支付市场的风云巨变
房地产	**产业园区/产业地产规划、招商、运营实战** 阎立忠　著	目前中国第一本系统解读产业园区和产业地产建设运营的实战宝典	从认知、策划、招商到运营全面了解地产策划
	人文商业地产策划 戴欣明　著	城市与商业地产战略定位的关键是不可复制性，要发现独一无二的“味道”	突破千城一面的策划困局

续表

经营类：企业如何赚钱，如何抓机会，如何突破，如何"开源"			
	书名．作者	内容/特色	读者价值
抓方向	让经营回归简单．升级版 宋新宇　著	化繁为简抓住经营本质：战略、客户、产品、员工、成长	经典，做企业就这几个关键点！
	企业由小到大要过哪些坎 卢　强　著	老板手里的一张"企业成长路线图"	现在我在哪儿，未来还要走哪些路，都清楚了
	企业二次创业成功路线图 夏惊鸣　著	企业曾经抓住机会成功了，但下一步该怎么办？	企业怎样获得第二次成功，心里有个大框架了
	老板经理人双赢之道 陈　明　著	经理人怎养选平台、怎么开局，老板怎样选/育/用/留	老板生闷气，经理人牢骚大，这次知道该怎么办了
	简单思考：AMT 咨询创始人自述 孔祥云　著	著名咨询公司（AMT）的 CEO 创业历程中点点滴滴的经验与思考	每一位咨询人，每一位创业者和管理经营者，都值得一读
	企业文化的逻辑 王祥伍　黄健江　著	为什么企业绩效如此不同，解开绩效背后的文化密码	少有的深刻，有品质，读起来很流畅
	使命驱动企业成长 高可为　著	钱能让一个人今天努力，使命能让一群人长期努力	对于想做事业的人，'使命'是绕不过去的
思维突破	移动互联新玩法：未来商业的格局和趋势 史贤龙　著	传统商业、电商、移动互联，三个世界并存，这种新格局的玩法一定要懂	看清热点的本质，把握行业先机，一本书搞定移动互联网
	画出公司的互联网进化路线图：用互联网思维重塑产品、客户和价值 李　蓓　著	18 个问题帮助企业一步步梳理出互联网转型思路	思路清晰、案例丰富，非常有启发性
	重生战略：移动互联网和大数据时代的转型法则 沈　拓　著	在移动互联网和大数据时代，传统企业转型如同生命体打算与再造，称之为"重生战略"	帮助企业认清移动互联网环境下的变化和应对之道
	创造增量：穿越企业互联网转型的"黑洞" 刘红明　著	传统企业需要用互联网思维去创造增量，而不是用电子商务去转移传统业务的存量	教你怎么在"互联网 +"的海洋中创造实实在在的增量
	7 个转变，让公司 3 年胜出 李　蓓　著	消费者主权时代，企业该怎么办	这就是互联网思维，老板有能这样想，肯定倒不了
	跳出同质思维，从跟随到领先 郭　剑　著	66 个精彩案例剖析，帮助老板突破行业长期思维惯性	做企业竟然有这么多玩法，开眼界
	麻烦就是需求　难题就是商机 卢根鑫　著	如何借助客户的眼睛发现商机	什么是真商机，怎么判断、怎么抓，有借鉴

管理类：效率如何提升，如何实现经营目标，如何"节流"			
	书名．作者	内容/特色	读者价值
通用管理	1. 让管理回归简单．升级版 2. 让经营回归简单．升级版 3. 让用人回归简单 宋新宇　著	宋博士的"简单"三部曲，影响 20 万读者，非常经典	被读者热情地称作"中小企业的管理圣经"
	边干边学做老板 黄中强　著	创业 20 多年的老板，有经验、能写、又愿意分享，这样的书很少	处处共鸣，帮助中小企业老板少走弯路
	阿米巴经营的中国模式 李志华　著	让员工从"要我干"到"我要干"，价值量化出来	阿米巴在企业如何落地，明白思路了
	欧博心法：好管理靠修行 曾　伟　著	用佛家的智慧，深刻剖析管理问题，见解独到	如果真的有'中国式管理'，曾老师是其中标志性人物

续表

流程管理	1. 用流程解放管理者 2. 用流程解放管理者2 张国祥　著	中小企业阅读的流程管理、企业规范化的书	通俗易懂，理论和实践的结合恰到好处
	跟我们学建流程体系 陈立云　著	畅销书《跟我们学做流程管理》系列，更实操，更细致，更深入	更多地分享实践，分享感悟，从实践总结出来的方法论
战略落地	公司大了怎么管：从靠英雄到靠组织 AMT 金国华　著	第一次详尽阐释中国快速成长型企业的特点、问题及解决之道	帮助快速成长型企业领导及管理团队理清思路，突破瓶颈
	低效会议怎么改：每年节省一半会议成本的秘密 AMT 王玉荣　著	教你如何系统规划公司的各级会议，一本工具书	教会你科学管理会议的办法
	年初订计划，年尾有结果：战略落地七步成诗 AMT 郭晓　著	7 个步骤教会你怎么让公司制定的战略转变为行动	系统规划，有效指导计划实现
企业案例·老板传记	宗：一位制造业企业家的思考 杨　涛　著	1993 年创业，引领企业平稳发展 20 多年，分享独到的心得体会	难得的一本老板分享经验的书
	简单思考：AMT 咨询创始人自述 孔祥云　著	著名咨询公司（AMT）的 CEO 创业历程中点点滴滴的经验与思考	每一位咨询人，每一位创业者和管理经营者，都值得一读
	六个核桃凭什么：从 0 到 150 亿 张学军　著	首部全面揭秘养元六个核桃裂变式成长的巨著	学习优秀企业的成长路径，了解其背后的理论体系
	借力咨询：德邦成长背后的秘密 官同良　王祥伍　著	知名物流企业德邦的真实历史记录，讲述德邦是如何借助咨询公司的力量，进行自身成长与发展的	来自于德邦内部的第一线资料，真实珍贵，令人受益匪浅
	三四线城市超市如何快速成长：解密甘雨亭 IBMG 国际商业管理集团　著	国内外标杆企业的经验 + 本土实践量化数据 + 操作步骤、方法	通俗易懂，行业经验丰富，宝贵的行业量化数据，关键思路和步骤
	中国首家未来超市：解密安徽乐城 IBMG 国际商业管理集团　著	本书深入挖掘了安徽乐城超市的试验案例，为零售企业未来的发展提供了一条可借鉴之路	通俗易懂，行业经验丰富，宝贵的行业量化数据，关键思路和步骤
人力资源	回归本源看绩效 孙　波　著	让绩效回顾“改进工具”的本源，真正为企业所用	确实是来源于实践的思考，有共鸣
	曹子祥教你做绩效管理 曹子祥　著	复杂的理论通俗化，专业的知识简单化，企业绩效管理共性问题的解决方案	轻松掌握绩效管理
	把招聘做到极致 远　鸣　著	作为世界 500 强高级招聘经理，作者数十年招聘经验的总结分享	带来职场思考境界的提升和具体招聘方法的学习
	人才评价中心．超级漫画版 邢　雷　著	专业的主题，漫画的形式，只此一本	没想到一本专业的书，能写成这效果
	走出薪酬管理误区 全怀周　著	剖析薪酬管理的 8 大误区，真正发挥好枢纽作用	值得企业深读的实用教案
	集团化人力资源管理实践 李小勇　著	对搭建集团化的企业很有帮助，务实，实用	最大的亮点不是理论，而是结合实际的深入剖析
	我的人力资源咨询笔记 张　伟　著	管理咨询师的视角，思考企业的 HR 管理	通过咨询师的眼睛对比很多企业，有启发
	本土化人力资源管理 8 大思维 周　剑　著	成熟 HR 理论，在本土中小企业实践中的探索和思考	对企业的现实困境有真切体会，有启发
	HRBP 是这样炼成的之“菜鸟起飞” 新　海　著	以小说的形式，具体解析 HRBP 的职责，应该如何操作，如何为业务服务	实践者的经验分享，内容实务具体，形式有趣

续表

企业文化	**华夏基石方法:企业文化落地本土实践** 王祥伍　谭俊峰　著	十年积累、原创方法、一线资料,和盘托出	在文化落地方面真正有洞察,有实操价值的书
	企业文化的逻辑 王祥伍　著	为什么企业之间如此不同,解开绩效背后的文化密码	少有的深刻,有品质,读起来很流畅
	企业文化激活沟通 宋杼宸　安　琪　著	透过新任 HR 总经理的眼睛,揭示出沟通与企业文化的关系	有实际指导作用的文化落地读本
	在组织中绽放自我:从专业化到职业化 朱仁健　王祥伍　著	个人如何融入组织,组织如何助力个人成长	帮助企业员工快速认同并投入到组织中去,为企业发展贡献力量
生产管理	**高员工流失率下的精益生产** 余伟辉　著	中国的精益生产必须面对和解决高员工流失率问题	确实来源于本土的工厂车间,很务实
	车间人员管理哪些事儿岑立聪　著	车间人员管理中处理各种"疑难杂症"的经验和方法	基层车间管理者最闹心、头疼的事,'打包'解决
	1. **欧博心法:好管理靠修行** 2. **欧博心法:好工厂这样管** 曾　伟　著	他是本土最大的制造业管理咨询机构创始人,他从 400 多个项目、上万家企业实践中锤炼出的欧博心法	中小制造型企业,一定会有很强的共鸣
	欧博工厂案例 1:生产计划管控对话录 **欧博工厂案例 2:品质技术改善对话录** **欧博工厂案例 3:员工执行力提升对话录** 曾　伟　著	最典型的问题、最详尽的解析,工厂管理 9 大问题 27 个经典案例	没想到说得这么细,超出想象,案例很典型,照搬都可以了
	苦中得乐:管理者的第一堂必修课 曾　伟　编著	曾伟与师傅大愿法师的对话,佛学与管理实践的碰撞,管理禅的修行之道	用佛学最高智慧看透管理
	比日本工厂更高效 1:管理提升无极限 刘承元　著	指出制造型企业管理的六大积弊;颠覆流行的错误认知;掌握精益管理的精髓	每一个企业都有自己不同的问题,管理没有一剑封喉的秘笈,要从现场、现物、现实出发
	比日本工厂更高效 2:超强经营力 刘承元　著	企业要获得持续盈利,就要开源和节流,即实现销售最大化,费用最小化	掌握提升工厂效率的全新方法
	比日本工厂更高效 3:精益改善力的成功实践 刘承元　著	工厂全面改善系统有其独特的目的取向特征,着眼于企业经营体质(持续竞争力)的建设与提升	用持续改善力来飞速提升工厂的效率,高效率能够带来意想不到的高效益
员工素质提升	**跟老板"偷师"学创业** 吴江萍　余晓雷　著	边学边干,边观察边成长,你也可以当老板	不同于其他类型的创业书,让你在工作中积累创业经验,一举成功
	销售轨迹:一位快消品营销总监的拼搏之路 秦国伟　著	本书讲述了一个普通销售员打拼成为跨国企业营销总监的真实奋斗历程	激励人心,给广大销售员以力量和鼓舞
	在组织中绽放自我:从专业化到职业化 朱仁健　王祥伍　著	个人如何融入组织,组织如何助力个人成长	帮助企业员工快速认同并投入到组织中去,为企业发展贡献力量
	企业员工弟子规:用心做小事,成就大事业 贾同领　著	从传统文化《弟子规》中学习企业中为人处事的办法,从自身做起	点滴小事,修养自身,从自身的改善得到事业的提升

续表

营销类：把客户需求融入企业各环节，提供"客户认为"有价值的东西			
	书名．作者	内容/特色	读者价值
营销模式	**变局下的营销模式升级** 程绍珊　叶　宁　著	客户驱动模式、技术驱动模式、资源驱动模式	很多行业的营销模式被颠覆，调整的思路有了！
	卖轮子 科克斯【美】	小说版的营销学！营销理念巧妙贯穿其中，贵在既有趣，又有深度	经典、有趣！一个故事读懂营销精髓
	弱势品牌如何做营销 李政权　著	中小企业虽有品牌但没名气，营销照样能做的有声有色	没有丰富的实操经验，写不出这么具体、详实的案例和步骤，很有启发
	老板如何管营销 史贤龙　著	高段位营销16招，好学好用	老板能看，营销人也能看
	动销：产品是如何畅销起来的 吴江萍　余晓雷　著	真真切切告诉你，产品究竟怎么才能卖出去	击中痛点，提供方法，你值得拥有
组织和团队	**升级你的营销组织** 程绍珊　吴越舟　著	用"有机性"的营销组织替代"营销能人"，营销团队变成"铁营盘"	营销队伍最难管，程老师不愧是营销第1操盘手，步骤方法都很成熟
	用数字解放营销人 黄润霖　著	通过量化帮助营销人员提高工作效率	作者很用心，很好的常备工具书
	成为优秀的快消品区域经理 伯建新　著	37个"怎么办"分析区域经理的工作关键点	可以作为区域经理的'速成催化器'
	一位销售经理的工作心得 蒋　军　著	一线营销管理人员想提升业绩却无从下手时，可以看看这本书	一线的真实感悟
	快消品营销：一位销售经理的工作心得2 蒋　军　著	快消品、食品饮料营销的经验之谈，重点突出	来源于实战的精华总结
	销售轨迹：一位快消品营销总监的拼搏之路 秦国伟　著	本书讲述了一个普通销售员打拼成为跨国企业营销总监的真实奋斗历程	激励人心，给广大销售员以力量和鼓舞
	用营销计划锁定胜局：用数字解放营销人2 黄润霖　著	全方位教你怎么做好营销计划，好学好用真简单	照搬套用就行，做营销计划再也不头痛
	快消品营销人的第一本书：从入门到精通 刘　雷　伯建新　著	快消行业必读书，从入门到专业	深入细致，易学易懂
营销案例	**解决方案营销实战案例** 刘祖轲　著	用10个真案例讲明白什么是工业品的解决方案式营销，实战、实用	有干货、真正操作过的才能写得出来
	招招见销量的营销常识 刘文新　著	如何让每一个营销动作都直指销量	适合中小企业，看了就能用
	我们的营销真案例 联纵智达研究院　著	五芳斋粽子从区域到全国/诺贝尔瓷砖门店销量提升/利豪家具出口转内销/汤臣倍健的营销模式	选择的案例都很有代表性，实在、实操！
	中国营销战实录：令人拍案叫绝的营销真案例 联纵智达　著	51个案例，42家企业，38万字，18年，累计2000余人次参与……	最真实的营销案例，全是一线记录，开阔眼界
	双剑破局：沈坤营销策划案例集 沈　坤　著	双剑公司多年来的精选案例解析集，阐述了项目策划中每一个营销策略的诞生过程，策划角度和方法	一线真实案例，与众不同的策划角度令人拍案叫绝、受益匪浅

续表

产品	**产品炼金术Ⅰ:如何打造畅销产品** 史贤龙　著	满足不同阶段、不同体量、不同行业企业对产品的完整需求	必须具备的思维和方法,避免在产品问题上走弯路
	产品炼金术Ⅱ:如何用产品驱动企业成长 史贤龙　著	做好产品、关注产品的品质,就是企业成功的第一步	必须具备的思维和方法,避免在产品问题上走弯路
	新产品开发管理,就用 IPD 郭富才　著	10 年 IPD 研发管理咨询总结,国内首部 IPD 专业著作	一本书掌握 IPD 管理精髓
品牌	**中小企业如何建品牌** 梁小平　著	中小企业建品牌的入门读本,通俗、易懂	对建品牌有了一个整体框架
	采纳方法:破解本土营销 8 大难题 朱玉童　编著	全面、系统、案例丰富、图文并茂	希望在品牌营销方面有所突破的人,应该看看
	中国品牌营销十三战法 朱玉童　编著	采纳 20 年来的品牌策划方法,同时配有大量的案例	众包方式写作,丰富案例给人启发,极具价值
渠道通路	**快消品营销与渠道管理** 谭长春　著	将快消品标杆企业渠道管理的经验和方法分享出来	可口可乐、华润的一些具体的渠道管理经验,实战
	传统行业如何用网络拿订单 张　进　著	给老板看的第一本网络营销书	适合不懂网络技术的经营决策者看
	采纳方法:化解渠道冲突 朱玉童　编著	系统剖析渠道冲突,21 个渠道冲突案例、情景式讲解,37 篇讲义	系统、全面
	学话术　卖产品 张小虎　著	分析常见的顾客异议,将优秀的话术模块化	让普通导购员也能成为销售精英
	销售:如何与客户高层打交道 贺兵一　著	一套完整有效的销售策略	有工具,有方法,有案例,通俗易懂